COLLECTION DE TEXTES

POUR SERVIR A L'ÉTUDE ET A L'ENSEIGNEMENT DE L'HISTOIRE

VIE DE LOUIS LE GROS

PAR

SUGER

SUIVIE DE

L'HISTOIRE DU ROI LOUIS VII

Publiées d'après les manuscrits

PAR

Auguste MOLINIER

PARIS
ALPHONSE PICARD, ÉDITEUR
Libraire des Archives nationales et de la Société de l'École des Chartes
82, Rue Bonaparte, 82

1887

SUGER

VIE DE LOUIS LE GROS

ET

HISTOIRE DU ROI LOUIS VII

COLLECTION DE TEXTES

POUR SERVIR A L'ÉTUDE ET A L'ENSEIGNEMENT DE L'HISTOIRE

VIE DE LOUIS LE GROS

PAR

SUGER

SUIVIE DE

L'HISTOIRE DU ROI LOUIS VII

Publiées d'après les manuscrits

PAR

AUGUSTE MOLINIER

PARIS

ALPHONSE PICARD, ÉDITEUR

Libraire des Archives nationales et de la Société de l'École des Chartes

82, RUE BONAPARTE, 82

1887

PRÉFACE

I.

VIE DE SUGER [1]

Suger naquit vers l'an 1081; de sa famille, on sait peu de chose; elle était d'humble condition, lui-même a pris soin de nous l'apprendre dans un passage célèbre de la *Vie de Louis VI* [2] et dans son testament; son père Hélinand figure au nécrologe de Saint-Denis. On lui a parfois donné pour frère Alvise, évêque d'Arras, et cet Alvise ayant dans sa jeunesse été moine à l'abbaye de Saint-Bertin, on en a conclu que Suger et lui étaient originaires du pays de Saint-Omer, du diocèse de Thérouane [3]; mais ce sont là des hypothèses que rien jusqu'ici n'est venu confirmer.

Quoi qu'il en soit, Suger, entré de bonne heure à Saint-Denis en qualité d'écolier, passa d'abord dix ans au prieuré de l'Étrée, à Saint-Denis même, et s'y lia avec le jeune prince Louis, confié par son père, le

---

1. *Principaux ouvrages à consulter sur Suger* : L'article de l'*Histoire littéraire de la France*, t. XII, paru en 1763, pp. 361-405. — Préface de M. Lecoy de la Marche, en tête de l'édition des *Œuvres complètes*. (Société de l'Histoire de France. Paris, 1867, in-8°.) — Gervaise (Abbé), *Histoire de Suger*. Paris, 1721, et La Haye, 1730, 3 vol. in-12. — Huguenin, *Étude sur l'abbé Suger*, thèse. Paris, 1855, in-8°.
2. Voir plus loin, p. 98, et la *Vie de Suger*, par le moine Guillaume, éd. Lecoy, p. 380.
3. D. Liron, *Singularités historiques et littéraires*, II, 44-64, et *Hist. littéraire*, XII, 361.

roi Philippe, aux moines de l'abbaye. Ces premières relations furent bientôt interrompues. Tandis que l'héritier de la couronne, de retour auprès de son père, s'occupait à guerroyer contre le roi d'Angleterre, Guillaume le Roux, Suger allait terminer son éducation dans une école monastique du centre de la France, peut-être à Saint-Benoît-sur-Loire. Ses études se prolongèrent jusque vers l'an 1106 ; de retour à Saint-Denis vers cette date, devenu favori de l'abbé Adam, il commence à prendre part à l'administration du monastère, tout en accompagnant son père spirituel dans de nombreux voyages ; c'est ainsi qu'en 1106 il assiste au concile de Poitiers ; l'année suivante, il se rend auprès du pape Pascal II, rencontre ce pontife à La Charité-sur-Loire et défend devant lui l'abbaye de Saint-Denis contre les accusations de l'évêque de Paris, Galon ; on le trouve encore avec l'abbé Adam à Châlons-sur-Marne, où il assiste à l'entrevue du pape et des envoyés de l'empereur Henri V, puis à Troyes, pendant la tenue du concile (mai 1107). Ces voyages fréquents ne l'empêchent pas de remplir différentes charges dans le monastère ; il est successivement prévôt de Berneval, en Normandie[1], puis de Toury, en Beauce, et dans ces fonctions, il fait preuve d'activité et d'énergie, lutte avec courage contre les déprédateurs des biens de l'Église et tient tête aux plus redoutés, au célèbre Hugues du Puiset lui-même. Cependant il était redevenu familier de Louis VI ; dès 1106, il est

---

1. *De administratione*, éd. Lecoy, 184-185.

assez intime à la cour pour assister à des entretiens confidentiels entre le roi Philippe et l'héritier de la couronne; il est auprès du nouveau roi lors de son sacre à Orléans (1108), l'accompagne dans la plupart de ses expéditions militaires et reçoit de lui mission de négocier avec Hugues du Puiset en 1112. La même année, il assiste à Rome au concile de Latran; en 1118, il va à Maguelonne saluer de la part du roi le pape Gélase réfugié en France.

Quatre ans plus tard, en 1122, Suger revenait d'Italie (le roi l'avait chargé de négociations avec le pape Calixte II), quand il apprit à la fois la mort de son père spirituel, l'abbé Adam, et sa propre élection comme abbé de Saint-Denis. Ce choix, fait à l'insu du roi, avait choqué celui-ci, mais cette irritation ne pouvait être que passagère, et le nouvel abbé rentra bientôt dans les bonnes grâces de Louis VI. Pendant les cinq années qui suivent, Suger accompagne le roi dans la plupart de ses courses militaires, fait deux fois de suite le voyage d'Italie, et néglige même, à en croire les contemporains, l'administration de son abbaye pour les soins du gouvernement. Mais en 1127, les exhortations de l'austère saint Bernard finissent par l'emporter, et Suger dès lors vit moins à la cour et se consacre tout entier à la réforme de Saint-Denis. Louis VI peut d'ailleurs toujours compter sur les conseils de son ancien ami; Suger est auprès de lui quand il s'agit de choisir entre le pape Innocent II et l'antipape Anaclet; il assiste aux entrevues du roi et du souverain pontife, console le roi, cruellement frappé par la mort de son fils aîné, Philippe, et le décide à faire couronner le frère du défunt (1131). Sûr de l'affection de l'abbé de Saint-Denis, le roi le charge de guider le jeune prince Louis dans son voyage d'Aquitaine, en 1137, et cette absence prive Suger de la consolation d'assister aux derniers moments de son royal ami.

A l'avènement de Louis VII, l'abbé de Saint-Denis a environ 55 ans; jamais pourtant il n'a été plus actif; tuteur et conseiller du jeune roi, il prend une part de plus en plus directe au gouvernement du royaume, sans toutefois négliger l'administration de son abbaye, dont il fait reconstruire l'église et dont il enrichit le trésor; c'est vers le même temps qu'il compose les travaux littéraires qui nous sont restés de lui. Quand Louis VII, à l'instigation de saint Bernard, prend la croix en 1146, Suger, qui a vainement cherché à le détourner de cette périlleuse aventure, devient régent du royaume de France; pendant deux ans il administre avec autant de fermeté que de prudence, et sait se concilier l'affection de la plupart des grands et des prélats, tout en faisant respecter l'autorité royale dont il est le dépositaire. Le retour de Louis VII le rend à sa chère abbaye; mais, infatigable dans ses projets, il préparait une expédition en Terre-Sainte, expédition qu'il voulait entreprendre à ses frais et conduire lui-même, quand la mort vint le prendre à l'âge de 70 ans, le 12 janvier 1151[1].

---

1. Le *Chronicon ad cyclos paschales* (éd. Berger, *Bibl. de l'Ecole des Chartes*, t. XL, p. 278) dit 1150, qu'on peut traduire 1151, nouveau style. Beaucoup d'auteurs font mourir Suger en 1152, mais Josselin, évêque de Soissons, mort le 24 octobre 1151, ayant assisté aux derniers moments de l'abbé de

II.

LES ŒUVRES HISTORIQUES DE SUGER.

Inutile de faire ici l'éloge de Suger; cet éloge a été écrit par un de ses disciples et amis, le moine Guillaume [1], mais ce médiocre panégyrique ne nous offre que peu de traits à remarquer. Notons-y pourtant le goût chez Suger des recherches historiques, le soin apporté par lui à la garde et au classement des archives du monastère, et comme qualités personnelles, beaucoup de fermeté et de prudence, une honnêteté scrupuleuse, une mémoire excellente, toutes qualités précieuses chez un homme d'état. Mieux que l'opuscule de frère Guillaume, les écrits de Suger lui assurent l'estime et la reconnaissance de la postérité.

Ce n'est pas que l'abbé de Saint-Denis soit un écrivain de profession; il ne semble pas qu'avant de se livrer aux travaux historiques qui ont illustré son nom, il ait jamais produit aucun de ces écrits que les plus grands prélats de l'Église au XII° siècle n'ont point dédaigné de mettre au jour; on n'a jamais cité sous son nom ni sermons, ni traités théologiques. On a de lui la *Vie de Louis VI*, un fragment de l'histoire de Louis VII, un long et curieux traité sur l'administration de l'abbaye de Saint-Denis, le récit de la consécration de la basilique reconstruite et

---

Saint-Denis, il faut en conclure, avec les Bénédictins, que celui-ci mourut le 12 janvier 1151. (*Hist. littéraire*, XII, 373, note et 413-414.)

1. Publié par M. Lecoy de la Marche dans les *Œuvres de Suger*, pp. 377-411.

embellie par ses soins; enfin un petit nombre de lettres politiques, datant presque toutes du temps de sa régence et un testament très étendu, rédigé en juin 1137, et dans lequel on reconnaît aisément son style[1]. Des écrits aussi variés, et pour le temps aussi considérables, prouvent chez leur auteur une instruction étendue. Suger, en effet, semble avoir assez bien connu ceux des auteurs latins qu'on étudiait de son temps, c'est à dire les poètes. Son biographe, Guillaume, nous apprend qu'il avait un grand goût pour les vers profanes (*gentiles*), qu'il savait Horace par cœur[2]; ce n'est pas cependant cet écrivain qu'il cite le plus souvent; Lucain semble avoir été son poète préféré, Horace vient après, avec Térence, Juvénal et Ovide : nous n'avons retrouvé aucune citation expresse de Virgile.

La lecture assidue de ces poètes n'a pas été sans influence sur le style de Suger; ce style est un composé assez bizarre de tournures poétiques, de réminiscences bibliques et d'expressions plates, traduites directement du français. Notre auteur a évidemment pris pour modèle Lucain, qu'il cite souvent et dont il a imité le style concis et énergique dans la mesure de ses forces. Aussi pourrait-on relever dans la vie de Louis VI une foule d'expressions poétiques et beaucoup de fragments d'hexamètres. En voici quelques exemples : *cuspide lancearum perfossi* (p. 15); *hectorei lacerti, gigantei impetus* (p. 67);

---

[1]. Voir Tardif, *Monuments historiques*, n° 425; un fac-similé vient d'en être publié dans l'*Album paléographique* de la Société de l'Ecole des Chartes.
[2]. Ed. Lecoy, p. 381.

pila minantia (p. 65); *aut magno Oceano arceantur* (p. 75); *longa pace solutis* (p. 51); *successus urgere suos* (p. 37, 82); *fortuna locorum bella gerit* (p. 51); *multis ictibus ignem* (p. 63); *calcaribus urget* (p. 37), etc. Si, à ces nombreuses expressions poétiques, on ajoute celles que Suger a empruntées à la Vulgate, on reconnaîtra bientôt que la vie de Louis VI est un centon, une marqueterie sans originalité réelle. Toutefois il serait injuste de comparer le style de Suger à celui de ses grands modèles antiques; il faut, pour l'apprécier, le rapprocher de la langue courante du xii° siècle. Les défauts de ce style sont l'obscurité, l'affectation, l'emphase, l'abus soit des procédés oratoires, soit des tournures poétiques[1]; mais rarement il tombe dans la banalité, et on y relèverait souvent des descriptions pittoresques, des alliances de mots heureuses. Citons seulement l'entrevue entre le pape Pascal et les envoyés de l'empereur Henri V à Saint-Menge-lez-Châlons; Suger nous y peint assez bien ces derniers, arrogants, emportés, splendidement vêtus *(summe falerati)*, et surtout l'un d'eux, le duc Welf, au corps énorme, toujours précédé d'un écuyer, l'épée au poing (p. 26-27); citons encore le récit du couronnement de l'empereur Henri V à Rome en 1114, celui du séjour d'Innocent II à Saint-Denis en 1131, etc. Suger, la chose est évidente pour qui le lit attentivement, a voulu avant tout éviter la monotonie et la banalité; qu'il y ait toujours réussi, on ne saurait l'affirmer, mais il est bon de lui tenir compte de

---

1. Ainsi Suger abuse des comparaisons (voir p. 60, 71, etc.), des redoublements (p. 14, etc.).

cet effort parfois heureux. Au surplus, il faut l'avouer, sa langue n'est pas toujours suffisamment pure et exacte; il confond assez souvent des mots de forme semblable, commet nombre de fautes d'accord de genre ou de temps, et sans compter certains passages obscurs, quelques-unes de ses phrases manquent de verbe, et se ponctuent difficilement [1]. Enfin on peut y relever nombre de gallicismes [2] et de néologismes ; ainsi le mot *miles* est tantôt pris dans le sens de *chevalier*, tantôt dans celui de *soldat*; *hostis* veut dire tantôt *ost, armée*, tantôt *ennemi*.

Ces remarques s'appliquent surtout à la *Vie de Louis VI*, les deux autres traités historiques de Suger, ses lettres également, sont écrits avec plus de simplicité, si bien que Duchesne inclinait à attribuer le *Liber de administratione* au moine Guillaume, biographe de l'abbé de Saint-Denis. Ce dernier ouvrage est un très curieux tableau de la vie intérieure d'une grande abbaye au xiie siècle ; certains chapitres sont des plus précieux au point de vue archéologique, et tous les érudits qui se sont occupés de l'histoire de l'art les ont étudiés avec fruit [3]. Mais inutile de nous occuper ici de ce curieux traité ; notons seulement qu'il fut entrepris par Suger à la demande du chapitre de Saint-Denis, dans la 23e année de son administration, c'est-à-dire en 1144 ou 1145.

---

1. Voir p. 18, 25, 47, 79.
2. Voir, par exemple, p. 68.
3. Quelques-uns ont même tiré du texte de Suger des conclusions bien exagérées, témoin Labarte, dans son *Histoire des arts industriels*.

La Vie de Louis le Gros. — Cette dernière date est importante pour nous, car l'auteur y cite (chap. XII) la vie de Louis VI composée par lui, d'où l'on doit conclure que ce dernier ouvrage était dès lors terminé. Écrit peu après la mort du roi[1], ce panégyrique est d'autant plus précieux pour l'historien. Tout ici se réunit pour en accroître l'importance : le caractère du roi, le plus actif des premiers Capétiens, la position personnelle de l'auteur. Suger connaissait parfaitement tous les évènements rapportés par lui, beaucoup s'étaient même passés sous ses yeux. A-t-il tout dit ? A-t-il tout vu ?

La vie de Louis VI est un panégyrique, le biographe a donc dû parfois soit altérer légèrement, soit cacher la vérité ; tel est le cas pour les campagnes de la jeunesse du roi ; le récit de Suger est assez souvent en contradiction avec celui d'un autre historien contemporain, également bien informé, nous voulons parler d'Ordéric Vital. Citons encore une erreur qui lui fait donner à Louis VI, en 1112, le titre d'associé au trône (*dominus designatus*), quatre ans après la mort de Philippe I[2]. Plus souvent il a passé sous silence certains faits peu avantageux pour son héros ; rien dans son ouvrage sur les variations de la politique de Louis VI envers la commune de Laon, sur les démêlés de ce prince avec les prélats du domaine royal. Ce n'est pas que cette partialité bien évidente empêche l'abbé de Saint-Denis de rendre justice aux adversaires de son royal ami ; s'il dissimule la gravité

---

1. Après 1138, en tout cas (v. p. 123).
2. Page 31.

de la défaite de Brémule, infligée au roi de France en 1119, il ne parle jamais qu'avec les plus grands éloges du roi d'Angleterre, Henri Beauclerc, et réserve ses invectives pour les ennemis invétérés du roi et de l'Église, Hugues de Crécy, Hugues du Puiset, Thomas de Marle, le comte de Corbeil, et ce que l'on sait de quelques-uns de ces barons pillards n'est pas de nature à faire accuser l'historien d'exagération. Plus réservé quand il s'agit des affaires de la cour, Suger ne s'arrête point à raconter les dissensions entre le roi Philippe et l'héritier du trône, les luttes d'influence entre les puissantes familles de Garlande et de Rochefort. Il est royaliste, dévoué aux intérêts de la papauté et de l'église de France ; hostile aux communes, comme la plupart des clercs de son temps, il ne voit dans ces bourgeois insurgés que des serfs révoltés contre leurs maîtres légitimes et traite de vénérable l'évêque de Laon, Gaudri, tué en 1112. Il pense d'ailleurs en Français, parle avec mépris de l'empereur Henri V, avec dédain des Allemands [1]. Il a en un mot les sentiments qui seyent à un grand dignitaire de l'Église au xii° siècle, au familier d'un roi capétien. Plus mêlé que la plupart des chroniqueurs du moyen-âge à la vie du siècle, il fait preuve dans ses jugements d'une netteté, d'une précision que ses émules ne connaissent guère, et on reconnaît souvent, malgré l'obscurité de la langue, que le narrateur a joué un rôle politique dans l'État.

---

1. Voir p. 28 et le récit des démêlés entre Guillaume le Roux et le prince Louis.

Toutefois la vie de Louis VI est avant tout une composition littéraire, d'où plusieurs imperfections au point de vue historique [1]; la plus regrettable est l'absence presque absolue de dates ; Suger indique parfois exactement le jour ou le mois, mais jamais l'année. Ses expressions favorites sont *eodem tempore, ea tempestate, secundo post anno*, etc. Ce n'est pas que sa chronologie soit entièrement défectueuse ; en général les évènements racontés par lui se sont bien succédé dans l'ordre où il les rapporte ; si parfois, comme pour les expéditions de Louis VI en Auvergne, il réunit des faits appartenant à des années différentes, il faut tenir compte des nécessités de la forme littéraire adoptée par lui. Suger n'a point songé à nous raconter tous les évènements dont il avait eu connaissance ; il a voulu seulement, au moyen d'un recueil d'épisodes historiques, mettre en lumière les vertus de son royal ami. Inutile de lui demander une juste proportion dans ses récits : tel fait peu important tiendra plusieurs pages ; à tel autre au contraire, capital pour nous, il accordera à peine une courte mention. Le système ne laisse pas d'être fort dangereux, et tout autre que Suger deviendrait, grâce à cette méthode, le moins sûr des guides, car, pour conserver quelque autorité avec de semblables préoccupations littéraires, il faut que l'historien soit absolument bien informé. Suger lui-même est parfois sujet à caution ; à l'exemple des historiens anciens, il met des discours dans la

---

1. Préoccupé avant tout de ne point ennuyer le lecteur (v. p. 85), il a dû passer bien des faits sous silence.

bouche de ses personnages; il a pu parfois entendre les harangues dont il rappelle ainsi le souvenir, mais tout le monde reconnaîtra que, tels qu'il les rapporte, ces discours ne présentent point d'authenticité. Enfin, c'est à son goût pour la rhétorique qu'il faut attribuer les développements excessifs donnés à certains épisodes, tels que l'affaire de la Roche-Guyon.

Les anciens éditeurs ont divisé le texte de Suger en 32 chapitres d'étendue inégale; les 21 premiers (pp. 1-79) répondent à une table incomplète des rubriques, que renferment trois manuscrits; à partir du 22ᵉ, la division du texte est fort arbitraire; nous l'avons maintenue pour la commodité des renvois, mais en mettant les numéros de chapitres entre crochets, pour bien marquer qu'il n'existait rien de semblable dans l'original. Cette division est reproduite dans le sommaire développé qui suit cette préface. On remarquera en le lisant combien Suger a été bref sur tous les évènements postérieurs à l'an 1131; c'est qu'en effet, à dater de 1127 ou 1128, Suger se retire du siècle, et pour l'arracher à l'administration de son église, il faut la venue du pape Innocent II ou des évènements graves, tels que la mort du prince héritier, une maladie dangereuse du souverain[1].

---

[1]. Suger avait également tiré de son ouvrage des leçons pour l'anniversaire de Louis VI à Saint-Denis. Ce petit opuscule est cité sous son nom par la *Chronique de Morigny* (Duchesne, IV, p. 382). Il a été publié comme une œuvre indépendante par D. Martène, *Ampl. collectio*, IV, p. XXXVII-XL, d'après un manuscrit de Saint-Denis. Voici le début, d'après le manuscrit 543 de la Mazarine (fol. 264), écriture du XIIᵉ siècle avancé : « Gloriosus igitur et famo-
« sus rex Francorum Ludovicus, regis magnifici Philippi filius, altus pueru-
« lus, antiqua regum Karoli magni et aliorum excellentiorum hoc ipsum

La vie de Louis VI nous a été conservée par sept manuscrits, dont voici la liste, avec l'indication des lettres qui servent à les désigner dans la présente édition :

A. Bibliothèque Mazarine, n° 543. Sur ce volume, voir le *Catalogue des manuscrits de la Bibliothèque Mazarine*, I'., pp. 321-323, et un savant mémoire de M. Lair, dans la *Bibliothèque de l'École des Chartes*, XXXV (1874), pp. 567-570. Exécuté à Saint-Denis même, ce manuscrit renferme une sorte d'histoire universelle depuis la naissance du Christ, histoire formée par la juxtaposition d'œuvres distinctes, telles que le *Liber pontificalis*, l'histoire d'Hugues de Fleury, la chronique de Guillaume de Jumièges, etc. Ce vénérable manuscrit peut être regardé comme donnant la première forme des *Grandes chroniques de Saint-Denis*. L'âge peut en être assez aisément déterminé; au fol. 222, en effet, se lit une courte liste des rois de France qui se termine aux mots suivants : *Ludovicus rex genuit Philippum, Ludovicum et Henricum*. On peut en conclure qu'au moment où le volume fut écrit, le jeune Philippe, mort d'un accident en 1131, vivait encore, tout au moins

---

« testamentis imperialibus testificantium consuetudine, apud Sanctum Dyoni-
« sium tanta et quasi nativa dulcedine ipsis sanctis martyribus suisque adhe-
« sit, usque adeo ut innatam a puero eorum ecclesie amiciciam toto tempore
« vite sue multa liberalitate et honorificentia continuaret, et in fine, summe
« post Deum sperans ab eis, seipsum et corpore et anima, ut si fieri posset
« ibidem monachus efficeretur, devotissime deliberando contraderet. Qui post
« tricenariam gloriosi regni Francorum administrationem, illustrem ecclesia-
« rum defensionem, continuam pauperum et orphanorum tuitionem, ut
« humane complexionis mos est, corporee gravitatis mole et laborum conti-
« nuato sudore aliquantisper fractus, corpore non animo deficiebat. » (P. 123, l. 14).

La 7ᵉ leçon finit au mot *confugiunt* (p. 125, l. 2); la 8ᵉ au mot *preparasse* (p. 127, l. 12); la 9ᵉ va jusqu'à la fin de l'ouvrage.

Louis VI régnait-il, et ce prince est mort en 1137. A notre sens, la première partie de ce volume pourrait être attribuée sinon à Suger lui-même, du moins à ses disciples. Le panégyriste de cet abbé, le moine Guillaume, parle quelque part[1] des connaissances historiques de Suger; serait-il étonnant qu'il eût conçu l'idée de cette compilation? Lui attribuer la paternité du manuscrit 543 serait peut-être téméraire, mais il a certainement connu l'existence de ce volume et en a probablement favorisé l'exécution.

Un peu plus tard, vers le milieu du xii° siècle (1160?), on ajouta au recueil une excellente copie de la *Vie de Louis VI*, copie prise vraisemblablement sur le manuscrit autographe de l'auteur. Cette copie de l'ouvrage de Suger est à la fois la plus ancienne et la meilleure de toutes celles qui nous sont parvenues, et c'est d'elle ou d'un exemplaire tout semblable que dérivent les autres manuscrits que nous possédons de l'ouvrage.

B. Bibl. Nationale, ms. lat. 17546 (Notre-Dame 135), in-folio, 39 ff. à 2 col. Fin du xii° siècle. Renferme (fol. 1-19) une partie de la chronique d'Adon de Vienne, avec une continuation allant jusqu'à 1109 et empruntée à Réginon, à Aimoin et aux continuateurs de celui-ci, puis (fol. 19 v°-39) la vie de Louis VI jusqu'aux mots : *scismaticum Burdinum* (p. 95 de la présente édition). Le manuscrit était encore complet au xvi° siècle, époque où il appartenait à Loisel, qui le communiqua à Pithou pour l'édition de 1596,

---

[1]. Ed. Lecoy, p. 382.

indiquée plus bas. Le texte de cet exemplaire est passable, mais inférieur à celui de A. Des variantes que nous donnons, on doit conclure : 1° que le copiste de B s'est permis un certain nombre de corrections au texte qu'il avait sous les yeux ; 2° que le manuscrit suivi par lui était un manuscrit de la même famille que A, mais non celui-ci.

C. Bibl. Nat., ms. lat. 17657 (Notre-Dame 133), in-folio, 163 ff. à 2 col. xii° siècle. Renferme différentes vies de Charlemagne (celle du xii° siècle, le Pseudo-Turpin et Eginard); fol. 17, Guillaume de Malmesbury, *Gesta Anglorum;* fol. 116 v°, trois fragments empruntés à la *Vie de Louis VI.* Début et fin du premier : *Post mortem..... materiam* (p. 6-8), — du second : *Contigit autem eumdem..... ultione* (p. 45-52), — du troisième : *Per idem tempus contigit..... Apuliam amisit* (p. 21-24). Au fol. 120, commence la chronique de Guillaume de Jumièges ; enfin, fol. 158, d'une autre main, a été ajouté un quatrième fragment de l'œuvre de Suger : *Anno dominice incarnationis... replicemus* (p. 24-32). Ce dernier fragment a été écrit peu après le concile de Latran de 1179 ; le texte des trois premiers a été copié vers le milieu du xii° siècle, après l'achèvement de l'ouvrage de Guillaume de Malmesbury, terminé vers 1147. Entre ce manuscrit C et le suivant D, il y a des ressemblances indéniables ; l'un et l'autre dérivent d'un original commun, reproduit exactement dans C, très mal transcrit par le scribe de D. Ce manuscrit était analogue à A.

D. Bibl. Nat., ms. lat. 12710 (Saint-Germain, lat. 646, anc. 1085), in-4°, 88 ff. Fin du xiie siècle. Ce manuscrit a été étudié avec grand soin par M. Lair (*Bibliothèque de l'École des Chartes*, XXXV, 1874, pp. 543-580). Il a été écrit peu après 1180; au xvie siècle il était dans les Pays-Bas ; M. Lair y a reconnu un recueil de copies et d'extraits, formé par un historien français de la fin du xiie siècle pour servir à la composition d'une chronique des rois de France. La vie de Louis VI y a été transcrite en entier. Les rapports entre le texte de A et celui de D sont certains, mais ce dernier n'a pas été copié directement sur l'autre. L'exemplaire employé par le copiste de D paraît être celui-là même sur lequel le scribe de C avait pris ses extraits. Le fait est d'autant plus singulier que l'auteur des autres extraits contenus dans D paraît avoir connu et employé le manuscrit de la Mazarine, A. La copie de D est d'ailleurs détestable, pleine de fautes grossières. Pour la vie de Louis VI, ce recueil si curieux n'offre aucun intérêt, et en lui empruntant quelques variantes, nous avons seulement voulu indiquer exactement dans quels rapports ce manuscrit est avec A.

E. Bibl. Nat., ms. lat. 5925, in-fol. Milieu du xiiie siècle. Ce magnifique volume renferme un recueil de chroniques dont l'ensemble constitue une histoire générale de France jusqu'à l'an 1223 ; c'est l'une des principales sources des Chroniques françaises de Saint-Denis [1] ; on peut le rapprocher du manuscrit A.

---

[1]. Article de M. L. Delisle, *Mémoires de la Société de l'histoire de Paris*, IV, 206-210.

Le manuscrit E se rattache autant à A qu'à B, et il faut ici supposer un nouveau manuscrit intermédiaire, perdu comme celui mentionné plus haut.

F. Bibl. Nat., ms. lat. 5949 A. Copie faite au xviie siècle pour André Duchesne d'un manuscrit de l'abbaye de Saint-Denis. C'est du moins d'après cette copie que nous avons connu l'ouvrage. Mais le manuscrit original vient d'être retrouvé à la Bibliothèque Mazarine (ms. 554, in-fol., parchemin, 652 pages à longues lignes, écriture de Charles V). Un examen trop rapide nous l'avait fait prendre jadis pour une copie partielle de la Chronique de Guillaume de Nangis (seconde rédaction); une étude plus approfondie nous a permis de constater l'identité absolue de ce volume et du ms. 5949 A[1]. Ces deux volumes renferment une grande chronique universelle allant de 1057 à 1270; on y trouve la chronique de Guillaume de Nangis combinée avec diverses histoires spéciales, dont la vie de Louis VI. Mais le texte de ce dernier ouvrage donné par ces manuscrits diffère souvent du texte reçu; on examinera tout à l'heure cette délicate question. Remarquons seulement pour l'instant que les leçons de F sont venues souvent corroborer, parfois corriger celles des autres manuscrits. La rédaction de l'ouvrage paraît devoir être rapportée au milieu du xive siècle.

G. Bibl. Nat., ms. lat. 6265. In-8°, papier, 106 ff. Il a appartenu à Claude Fauchet. On y trouve la vie de Louis VI, l'*Historia Ludovici VII*, des extraits

---

[1]. La copie de Duchesne est faite avec assez de soin pour que la collation des fragments rapportés plus loin (pp. 132-146) ne nous ait fourni que quelques corrections sans importance.

d'Hugues de Fleury et une partie des *Gesta Normannorum* de Guillaume de Jumièges. Ce manuscrit, copié en 1515, reproduit un volume de Saint-Magloire de Paris (voir fol. 80), qui dérivait du manuscrit E ou d'un manuscrit analogue. Le scribe de G a fréquemment corrigé les fautes de l'original; sa copie n'a d'ailleurs aucune valeur.

Inutile de dresser le tableau de la filiation de ces manuscrits, il présenterait trop de points douteux. Les manuscrits à consulter se réduisent en réalité à trois : A, B et F. Les leçons des autres ne peuvent servir qu'à confirmer le choix de l'éditeur ou à corriger quelques fautes de copiste. Il ne faut pas oublier au surplus, que dans les *Chroniques françaises de Saint-Denis*, on trouve une traduction littérale de l'œuvre de Suger; cette traduction faite, semble-t-il, sur le manuscrit E, ne l'a pas constamment suivi; dans certains cas, la leçon traduite se rapproche plutôt du texte de F.

Cette remarque nous amène à parler de ce dernier manuscrit. En 1873, M. P. Viollet, ayant à consulter le ms. 5949 A, constata, après un rapide examen, qu'il se trouvait en présence d'une œuvre relativement récente, mais digne d'intérêt, composée à Saint-Denis même par un moine anonyme, qui avait mis en œuvre des ouvrages perdus ou mal connus[1]. M. Viollet examina entre autres certains passages de la vie de Louis VI et crut reconnaître que le compilateur avait employé un texte de cet ouvrage différent de celui

---

1. *Bibliothèque de l'Ecole des Chartes*, XXXIV, p. 241-254.

que fournissent les autres copies. M. Lecoy de la Marche avait déjà donné en note, dans son édition des œuvres de Suger, quelques additions du xvie siècle, trouvées par lui sur les marges du manuscrit de la Mazarine (A), additions précédées dans ce manuscrit de la note suivante : *Nota. Cecy est d'augmentation tiré des chroniques de Suger.* Or, il suffit de comparer ces additions aux passages correspondants du manuscrit F, pour reconnaître que l'annotateur du manuscrit 543 les a empruntées à ce manuscrit[1]. Le manuscrit F a encore été examiné par M. Fr. Delaborde pour son édition des œuvres de Rigord et de Guillaume le Breton [2], mais ce savant n'a étudié que la partie de ces Annales relative au règne de Philippe-Auguste. Enfin M. Luchaire, dans un remarquable mémoire lu à l'Académie des Inscriptions et Belles-Lettres le 6 avril 1887 et publié dans la *Revue historique*[3], a repris l'étude de MM. Viollet et Delaborde, en faisant porter son examen sur l'ensemble de l'œuvre. Voici les conclusions auxquelles il est arrivé : la chronique en question a été écrite à Saint-Denis même, vers le milieu du xive siècle; beaucoup plus considérable autrefois, — nous n'en possédons peut-être pas le quart, — elle a été employée au xve et au xvie siècle par Nicole Gilles et Belleforest, connue plus tard de Duchesne et consultée avec fruit par Doublet,

---

[1]. Il semble d'ailleurs que cet annotateur a eu entre les mains le manuscrit 554 de la Mazarine, original du lat. 5949 A. Comparez les notes marginales de Maz. 543, fol. 264 v° et 554, p. 146; elles paraissent du même temps et de la même main.

[2]. *Étude sur la chronique en prose de Guillaume le Breton* (Bibl. des Écoles d'Athènes et de Rome, 22e fascicule), p. 34 et suiv.

[3]. XXXIV, pp. 259-276.

l'historien de Saint-Denis. L'auteur anonyme a pris pour canevas la chronique de Guillaume de Nangis, en y intercalant par fragments quelques-uns des principaux ouvrages sur l'histoire de France connus de son temps. C'est ainsi qu'il a découpé la vie de Louis VI par Suger, et classé chaque morceau tant bien que mal à sa place chronologique; la majeure partie de l'ouvrage y est passée. Seulement, et c'est ici que la question se complique, le texte de Suger fourni par lui est souvent très différent du texte reçu; les variantes données plus loin en feront foi.

Ces variantes sont de plusieurs espèces : on a d'abord les modifications dues aux bévues des copistes successifs ; toute personne ayant la pratique des manuscrits sait combien elles peuvent être nombreuses et parfois inexplicables. Ajoutons-y les changements imposés au compilateur par la nécessité de relier le texte de Suger au reste de l'ouvrage, par le passage de la forme personnelle employée par l'abbé de Saint-Denis à la forme impersonnelle [1]. Beaucoup d'autres modifications peuvent encore être attribuées à l'anonyme du xive siècle ; presque toujours, il a brisé la phrase compliquée de Suger, et modifié légèrement l'ordre des mots, rendant ainsi le style plus clair, mais aussi plus plat. Cependant, à côté de ces corrections sans valeur propre, le texte de F fournit soit des modifications, soit des additions d'un tout autre caractère. Les unes ajoutent une circonstance nouvelle au texte primitif; d'autres corrigent une

---

1. Exemples, p. 72 et suivantes.

phrase obscure, suppléent un mot oublié ; d'autres enfin rétablissent une phrase incomplète et par suite incompréhensible. Nous citerons quelques exemples de chacune de ces espèces de corrections :

1° *Addition de circonstances nouvelles;* p. 11, note *f*, absence de Mathieu de Beaumont au moment de la prise de Luzarches par Louis VI ; — p. 14, note *x*, une phrase sur l'impuissance d'Ebles de Roucy, phrase qui renferme un fragment d'hexamètre ; — p. 39, note *o, erga eandem ecclesiam*, le mot *eandem*, nécessaire au sens, est ajouté ; — p. 42, note *p*, les mots *custodes oppidi* ajoutés éclaircissent la phrase ; — p. 49, note *o*, addition de cette circonstance que le comte Thibaut venait de faire sa paix avec le roi. — Nous pourrions multiplier les exemples ; il suffira de renvoyer le lecteur au récit de l'invasion allemande de 1124 ; la comparaison entre le texte de F et celui de A sera tout à fait instructive à cet égard [1].

2° *Addition d'un mot absent ou correction d'une phrase fautive;* p. 18, note *u*, les mots *per Ludovicum* ajoutés après *exheredari;* — p. 32, note *d*, seul F donne *exheredatione* qui est nécessaire au sens ; — p. 60, note *a*, bon exemple de phrase corrigée et éclaircie ; — p. 70, note *p*, le mot *Puisiaci* ajouté désigne d'une façon plus précise l'héritier du comté de Corbeil.

3° *Rédaction obscure corrigée;* p. 12, note *n*, défaite des troupes du prince Louis devant Chambly ;

---

1. Voyez encore p. 11, 12, 13, 14, 24-32, 41, 52, 58, et les notes du mémoire de M. Luchaire, notamment p. 267.

la rédaction de F est plus claire à tous égards que celle de A; — p. 24, note *v*, F coupe heureusement en deux une phrase sur l'empereur Henri, phrase qui n'a pas moins de 15 lignes dans la présente édition; — p. 63, note *n*, une phrase mal construite et maladroitement imitée de la Vulgate est remplacée par une proposition nette, claire et ajoutant quelques circonstances nouvelles au récit.

On pourrait multiplier les exemples de ces différentes espèces de corrections. Beaucoup nous paraissent l'œuvre d'un contemporain, qui seul pouvait connaître les circonstances minimes et sans importance notées par lui et corriger ou compléter à coup sûr le texte de Suger, souvent si peu explicite. Faut-il admettre que vers la fin de sa vie l'abbé de Saint-Denis avait entrepris une nouvelle rédaction de la vie de Louis VI ? D'autre part, il semble bien que quelques-unes de ces corrections ne peuvent être attribuées à un autre qu'à Suger lui-même; dans un passage, par exemple, où le style direct a été conservé (p. 25, note *e*), nous trouvons les mots suivants ajoutés : *et nos qui historiam domini Ludovici scripsimus.* Peut-on attribuer cette addition à un autre qu'à l'auteur ? On pourrait, semble-t-il, conclure de ces remarques :

1° Que Suger, sur la fin de sa vie, avait entrepris une nouvelle œuvre historique, comprenant un remaniement de la vie de Louis VI;

2° Que cet ouvrage, resté probablement inachevé, a été mis à contribution par l'auteur des annales du manuscrit F.

Cette hypothèse, déjà émise par M. Viollet, acceptée avec quelques restrictions par M. Luchaire, nous paraît rendre compte de toutes les difficultés; bien mieux elle explique une note énigmatique de notre anonyme, dans un passage publié souvent depuis Duchesne [1] et que voici : « Anno Domini MCXXIII, « Sugerius, Sancti Dionysii monachus, Scripturarum « scientia clarus, in diaconatus ordine constitutus, in « abbatem monasterii est electus. Qui temporibus illis « historie Francorum scriptor erat. » Cette hypothèse, disons-nous, nous paraît à peu près acceptable, mais avec les éléments dont nous disposons, il serait imprudent de trancher la question ; on ne saurait distinguer avec quelque certitude les modifications attribuables à Suger lui-même des corrections dues au compilateur du xiv° siècle ; le texte de F est d'ailleurs bien inférieur à celui de A et de ses dérivés. Voici le parti que nous avons dû prendre à son égard : nous donnons en note les leçons de F, partout où elles présentent un réel intérêt; quand la nouvelle rédaction est par trop différente de l'ancienne, quand les variantes se multiplient au point de rendre utile une comparaison continue, nous rejetons le texte de F en appendice à la suite de la vie de Louis VI; nous y joignons la table des chapitres [2] de la partie des Annales anonymes comprise entre 1100 et 1137, en négligeant

---

1. Voir notamment dans l'édition Lecoy, p. 253; Mazarine 554, p. 198.
2. Nous indiquons les chapitres empruntés à l'*Historia Anglorum*, d'Henri de Huntingdon ; M. Viollet avait déjà noté l'emploi par notre anonyme de cette importante chronique. Beaucoup des chapitres dont la source n'est pas indiquée dans la liste imprimée par nous paraissent tirés de la *Chronique* de Guillaume de Nangis, qui a servi comme de canevas, de cadre chronologique à l'anonyme.

toutefois ceux qui sont relatifs à l'histoire d'Orient ; le compilateur, en effet, a emprunté presque tout ce qu'il dit du royaume latin de Jérusalem au *Secreta fidelium* de Sanudo. Les érudits auront ainsi sous les yeux les moyens de résoudre eux-mêmes la question ; nous croyons qu'ils se prononceront dans le même sens que MM. Viollet, Luchaire et que l'auteur de la présente édition [1].

L'ouvrage de Suger a été assez répandu au moyen-âge ; sans parler des nombreuses copies qui nous en sont parvenues, il est passé tout entier sous la forme de traduction française dans les *Grandes Chroniques de France*. La vie de Louis VI a été en outre plusieurs fois mise à profit par des chroniqueurs plus récents ; nous citerons seulement le moine de Saint-Germain-des-Prés, auteur de la continuation d'Aimoin dont il sera question plus loin, Guillaume de Nangis, qui l'a utilisée soit directement, soit par intermédiaire pour la composition de sa grande chronique universelle ; l'anonyme, auteur de la compilation du manuscrit F ; enfin un autre anonyme qui vivait vers 1368, et auquel nous devons une chronique latine abrégée dont les Bénédictins ont publié de longs fragments [2] ; cet ouvrage renferme un résumé généralement assez fidèle de la vie de Louis VI.

Quatre éditions de l'œuvre de Suger ont paru jusqu'à ce jour :

---

1. Les leçons du manuscrit F n'ont été adoptées qu'assez rarement et seulement là où elles corrigent une faute évidente du texte ordinaire. Le cas est peu fréquent.
2. *Hist. de France*, XII, p. 208-215.

1° Pithou, dans ses *Historiae Francorum scriptores XI* (Francfort, 1596), pp. 95-135. L'éditeur paraît avoir employé le manuscrit B, alors complet, mais le texte a été imprimé avec négligence et d'après une copie détestable.

2° Duchesne, *Historiae Francorum scriptores coaetanei*, IV (Paris, 1641), pp. 281-327, d'après deux manuscrits, qui sont celui de Loisel (noté par nous B), et un manuscrit de Saint-Denis (E). Le texte de Duchesne est infiniment supérieur à celui de Pithou.

3° Les Bénédictins, continuateurs de D. Bouquet, ont donné la vie de Louis VI dans le tome XII des *Historiens de France*, paru en 1781, pp. 10-63. Ils ont revu le texte de Duchesne sur les manuscrits du roi lat. 5925 (E) et lat. 6265 (G), sur un manuscrit de Saint-Denis (A) et un autre de Saint-Germain (D). Leur texte a été reproduit par l'abbé Migne (*Patrologia latina*, t. 189, cc. 1253-1340).

4° M. Lecoy de la Marche a publié la vie de Louis VI dans l'édition des *Œuvres complètes de Suger*, préparée par lui pour la Société de l'Histoire de France (Paris, 1867). Le texte de cette édition, supérieure aux trois précédentes, a été établi sur tous les manuscrits connus, sauf notre manuscrit F; l'éditeur avait dû utiliser des travaux préparatoires antérieurs, d'où quelques hésitations dans le choix des leçons; il avait d'ailleurs constaté l'excellence du texte de A, qu'avaient méconnue ses prédécesseurs; ceux-ci paraissent avoir préféré les manuscrits B et E. L'édition de M. Lecoy de la Marche est presque entièrement dépourvue de notes historiques.

Nous mentionnerons pour mémoire quelques fragments de Suger publiés par l'auteur du présent travail dans les *Monumenta Germaniae historica* (*Scriptores,* XXVI, pp. 47-59). Pour être complet, on doit encore signaler la traduction de la vie de Louis VI parue dans le tome VII de la collection des *Mémoires relatifs à l'histoire de France,* publiée de 1824 à 1835 par Guizot. Cette traduction, sans valeur critique, a été faite sur le texte des *Historiens de France.*

Enfin il serait injuste, quand on parle de la vie de Louis VI, de ne pas mentionner le travail de M. Huguenin[1]; l'auteur n'a point recouru aux manuscrits, il s'est contenté de corriger par conjecture le texte de Suger. La plupart des corrections proposées par lui sont ingénieuses; beaucoup nous paraissent inacceptables ou même inutiles; nous avons cependant tenu à les mettre toutes sous les yeux des lecteurs, en les faisant figurer dans les variantes.

Des notes accompagnant le texte de la vie de Louis VI, les unes sont consacrées aux variantes dont on a donné un choix copieux; dans les autres sont datés les faits et identifiées les personnes. On trouvera peut-être ces dernières notes trop nombreuses; on reconnaîtra, croyons-nous, qu'on les a faites aussi brèves que possible. L'orthographe même du texte a été établie presque constamment sur le manuscrit A; écrit à Saint-Denis même, par un contemporain de Suger, cet exemplaire reproduit

---

1. *Étude sur l'abbé Suger*, thèse. Paris, 1855, in-8°.

très vraisemblablement le texte de l'abbé de Saint-Denis, à peu près tel que celui-ci l'avait composé et transcrit.

III.

HISTOIRE DU ROI LOUIS VII.

Parlant quelque part des travaux littéraires de Suger, le moine Guillaume s'exprime ainsi: « Il a raconté en excellent style les gestes du roi Louis ; il avait aussi commencé l'histoire du fils de ce prince, mais, prévenu par la mort, il n'a pu achever ce dernier ouvrage [1]. » Odon de Deuil, dédiant à Suger son histoire de la deuxième croisade, fait également allusion à ces projets littéraires de l'abbé de Saint-Denis, l'invite à les poursuivre et à retracer la vie du fils, comme il a écrit celle du père ; c'est pour lui rendre service, ajoute-t-il, qu'il a écrit le récit de l'expédition du roi en Orient [2]. Suger avait donc entrepris l'histoire de Louis VII, et il y travaillait en 1149, date de l'achèvement de l'œuvre d'Odon de Deuil.

On ne connaît que deux courtes chroniques, l'une et l'autre anonymes, ayant pour objet la biographie de Louis VII. La première, intitulée *Gesta Ludovici VII*, s'arrête à l'année 1152 ; la seconde, désignée généralement sous le nom d'*Historia gloriosi regis Ludovici*, s'étend jusqu'à l'année 1165. Les *Gesta* se terminant à l'année 1152, date présumée de la mort de Suger, les premiers critiques ont attribué

---

1. Edit. Lecoy, p. 382.
2. *Monumenta Germaniae historica, Scriptores*, XXVI, p. 60.

cet ouvrage à l'abbé de Saint-Denis [1]; d'autres, plus clairvoyants, ont reconnu dans l'*Historia* un texte plus ancien que les *Gesta* et dans ces derniers un mauvais abrégé de l'*Historia* [2]. Le premier, Paulin Paris [3] a affirmé, sans donner ses raisons, que les *Gesta* étaient une traduction latine presque littérale, restée inachevée, de la partie des *Grandes Chroniques* françaises de Saint-Denis relative au règne de Louis VII. Cette opinion a été reprise de nos jours et la démonstration de Georges Waitz [4] peut passer pour définitive. Les *Grandes Chroniques* de Saint-Denis ont traduit l'*Historia* à peu près textuellement, en y ajoutant de longs extraits des anciennes traductions françaises de Guillaume de Tyr, du *Livre d'Eracles*. Les *Gesta* sont la mise en latin du texte français, et faite probablement au xiv° siècle, cette nouvelle traduction était destinée à combler une lacune fâcheuse du manuscrit lat. 5925, lequel ne renfermait aucun texte pour les années 1137-1180 [5].

Les *Gesta* se trouvent ainsi écartés; de source de première main, ils passent au rang de traduction

---

[1]. Par exemple Lacurne de Sainte-Palaye, dans une médiocre dissertation publiée en 1733. (*Mémoires de l'Académie des Inscriptions*, X, p. 563-570.)
[2]. Voir *Histoire littéraire*, XIV, 185-186.
[3]. *Grandes Chroniques*, III, p. 419.
[4]. *Ueber die Gesta und Historia regis Ludovici VII* (dans le *Neues Archiv*, t. VI, p. 119-128). — Sur les rapports entre les *Gesta* et Guillaume de Tyr, voir Jaffé, *Das Verhaeltniss der Gesta Lud. VII zu Wilhelm von Tyrus* (dans *Schmidt's Zeitschrift fur Geschicht. Wissenschaft*, II (1844), 572-577; Kugler, *Studien zur Geschichte des zweiten Kreuzzuges* (Stuttgart, 1866, p. 21-31); enfin Streit, *Ueber das Verhaeltniss der Gesta Lud. VII zu W. v. T.* (dans *Forschungen zur Deutschen Geschichte*, XVII (1877), p. 618-619.)
[5]. Voir à ce sujet un travail de M. Delisle, *Mémoires de la Société de l'Histoire de Paris*, IV, p. 209-210. Les *Gesta* sont également reproduits en grande partie dans les manuscrits Maz. 554 et latin 5949 A (ms. F.).

relativement récente, sans autorité; on ne saurait donc y chercher des débris de l'œuvre de Suger. Reste l'*Historia*; cette chronique allant jusqu'à l'année 1165, on ne pourrait en tout cas attribuer à l'abbé de Saint-Denis que le récit des évènements antérieurs à 1151, date de la mort de ce prélat. Mais si on examine ce texte avec attention, on ne tarde pas à reconnaître qu'il se compose de deux parties de longueur et de valeur inégales; la première, la plus courte, constitue un tableau, rédigé avec soin, bien composé, de la situation respective de la France, de l'Empire et de l'Angleterre, vers l'an 1137; à la suite sont réunis un certain nombre de morceaux, de longueur inégale, rangés tant bien que mal dans l'ordre chronologique des évènements; pour conclusion, un récit enthousiaste de la naissance de Philippe-Auguste, l'héritier de la couronne, si longtemps attendu. L'ouvrage est donc la réunion de plusieurs fragments écrits par des personnes différentes; on pourrait sans témérité attribuer, avec les anciens critiques, la première partie à Suger lui-même; elle se présente comme la continuation de la vie de Louis VI et tout, dans ce court morceau, rappelle le style et la manière de cet auteur. Fort heureusement, cette attribution s'appuie sur des preuves plus certaines que des ressemblances de style, toujours trompeuses quand il s'agit d'auteurs du moyen-âge. Dans le manuscrit latin 12710 de la Bibl. Nat., manuscrit dont il a été question plus haut [1], on trouve

---

1. Page XX.

une copie du début de l'*Historia*, début auquel le copiste a joint un long fragment, négligé par l'anonyme auteur de cette chronique, et attribué avec toute certitude par M. Lair, qui, le premier, l'a imprimé [1], à l'abbé de Saint-Denis. Ce fragment suivant sans interruption le début de l'*Historia*, on pourrait déjà en conclure qu'ils sont l'œuvre d'un seul et même auteur. Ce même manuscrit 12710 nous fournit une preuve décisive à l'appui de cette nouvelle hypothèse; au début de l'*Historia*, l'auteur parle de la diète de Mayence de 1125, diète dans laquelle fut élu l'empereur Lothaire; mais ce manuscrit ajoute quatre mots qui manquent dans les anciennes éditions : *cui et nos interfuimus*; or on sait que Suger était à Mayence au moment de la diète; il existe plusieurs actes de lui, donnés dans cette ville en 1125 [2]. Il s'ensuit donc que tout ce début déjà connu, comme le fragment publié par M. Lair, fragment qui lui fait suite, sont bien de Suger.

C'est aux derniers mots du texte publié par M. Lair (p. 156) que s'arrête la partie de l'*Historia* qu'on peut attribuer sans hésitation possible à Suger; peut-être avait-il laissé quelques notes, que le rédacteur de la suite de l'ouvrage aura utilisées, mais il n'avait certainement rien rédigé définitivement, car on ne retrouve ni son style ni sa méthode de composition dans les paragraphes suivants (révolte de Gaucher de Montjay, prise de la croix par Louis VII, départ du roi pour l'Orient, etc.); jamais, par exemple, il n'eût

---

1. *Bibliothèque de l'École des Chartes*, t. XXXIV (1873), p. 583-596.
2. Voir *Ibid.*, XLVIII (1887), p. 286-288.

commis la faute d'insérer dans un récit historique la longue et fastidieuse liste de croisés, qui interrompt la narration ; jamais non plus il n'eût adopté cette disposition en paragraphes de longueur inégale, sans lien entre eux, sans transition.

Il s'agit maintenant de déterminer l'âge et le lieu d'origine de l'auteur de l'*Historia*, de celui qui, combinant les fragments laissés par Suger, divers renseignements annalistiques, qu'il pouvait aisément se procurer, et ses propres souvenirs, a fait du tout l'ouvrage dont nous nous occupons. Une lecture attentive donne lieu aux remarques suivantes : l'auteur était certainement un moine de Saint-Germain-des-Prés, dont il nomme tous les abbés ; il devait être ami de l'abbé Thibaut, mort à Vezelay en juillet 1162 (p. 168-169); peut-être était-il originaire de Vezelay même, comme Thibaut et l'abbé Hugues de Monceaux qui lui succéda. En effet, il mentionne cette ville et son abbaye plusieurs fois (construction d'une chapelle à Asquins par l'abbé Pons, p. 159 ; révolte de la commune, p. 174-176), et chaque fois il entre dans des détails très précis. Il avait sans doute été moine à l'abbaye de Vezelay, qui, durant tout le xiie siècle, entretint des relations constantes avec celle de Saint-Germain-des-Prés. En tout cas, né à Vezelay ou ailleurs, ce moine anonyme était certainement bourguignon d'origine, et les évènements arrivés dans cette province occupent une place importante dans son ouvrage; il note successivement la révolte des habitants de Sens, et la mort d'Herbert, abbé de Saint-Pierre-le-Vif, les affaires de Donzy, la punition du comte de Chalon-sur-Saône, raconte brièvement, mais avec beaucoup d'exactitude, les querelles des moines de Vezelay et des bourgeois soutenus par les comtes de Nevers, etc. Aux affaires de Bourgogne est consacré un bon tiers de l'*Historia*, et la prédilection de l'auteur pour cette province se fait jour jusque dans la liste des croisés de 1146; la plupart, en effet, sont des seigneurs ou des prélats de la Bourgogne, du Nivernais et de la Champagne méridionale.

De quel temps date l'ouvrage? Le dernier évènement raconté est, il est vrai, la naissance de Philippe-Auguste (août 1165), mais l'auteur rapporte plus haut divers faits de l'année 1167; il mentionne le couronnement du jeune roi d'Angleterre Henri (1170). Ailleurs il donne à Guillaume de Champagne le titre d'archevêque de Sens; il écrivait donc avant janvier 1176, date du transfert de ce prélat au siége de Reims. Enfin on a fait remarquer qu'il ne donnait pas à saint Bernard le titre de saint, et la canonisation de l'abbé de Clairvaux fut prononcée en janvier 1174[1]. L'*Historia Ludovici* aurait donc été composée entre 1171 et 1173.

Notre chronique se retrouve également dans la continuation d'Aimoin. Celui-ci, moine de Saint-Benoît-sur-Loire, vivait au xe siècle; il avait composé une histoire de France en cinq livres, dédiée à son abbé, le célèbre Abbon. Cet ouvrage, apporté à

---

1. On pourrait nous objecter que l'auteur qualifie Alexandre III, mort en 1181, de pape *bone memorie* (p. 168). Mais cette indication étant en contradiction avec celles que nous venons de noter, on doit admettre que ces deux mots ont été ajoutés par les copistes.

Saint-Germain-des-Prés, y fut remanié et continué à plusieurs reprises. Tout d'abord, à la fin du xi° siècle, il fut recopié et amplifié, et le religieux, auteur de cette amplification, ajouta au texte primitif le récit des principaux évènements jusqu'à l'an 1031. Le manuscrit original de cette compilation nous a été conservé [1]. Plus tard, vers la fin du xii° siècle, un autre moine de Saint-Germain compléta ce travail en y ajoutant une deuxième continuation; elle est empruntée pour les années 1031-1100 à l'Histoire d'Hugues de Fleury, pour le règne de Louis VI à la vie de ce prince par Suger; enfin, pour le règne de Louis VII, le compilateur a reproduit l'*Historia* tout entière.

Si nous ne possédions aucune copie isolée de l'*Historia*, si dans tous les exemplaires elle était réunie à la chronique d'Aimoin, on pourrait croire que ce traité historique a été rédigé pour être joint à cette chronique, mais le manuscrit lat. 6265 de la Bibl. Nat., copié seulement, il est vrai, en 1515, reproduit un manuscrit beaucoup plus ancien, et l'on y trouve une copie indépendante de l'*Historia*. Le texte de cet exemplaire présente même certaines particularités remarquables; y manquent, par exemple, les notes ou rubriques qui couvrent les marges du ms. lat. 12711, rubriques dont on a fait des titres de chapitres dans la présente édition. On chercherait vainement dans le texte de ce même manuscrit certaines notes relatives aux abbés de Saint-Germain, notes

---

[1]. Voir à ce sujet, un savant mémoire de M. Luce, dans les *Notices et documents publiés pour la Société de l'Histoire de France*, p. 65 et suiv.

qu'on trouvera dans les variantes de cette édition et dont la plupart ne pouvaient figurer dans le texte primitif; elles sont, en effet, le fruit d'une interpolation maladroite des copistes de la continuation d'Aimoin.

Cette discussion permet, semble-t-il, de regarder comme établis les point suivants :

1° L'*Historia* a été rédigée vers 1172 à Saint-Germain-des-Prés par un moine bourguignon, peut-être originaire de Vezelay, ami intime de l'abbé Thibaut;

2° C'était, à l'origine, un livret destiné à célébrer la naissance de Philippe-Auguste;

3° Un peu plus tard, l'ouvrage, légèrement remanié et interpolé, fut ajouté aux anciennes continuations d'Aimoin, de façon à conduire le récit des évènements jusqu'à l'an 1180 [1].

L'autorité de l'*Historia* est considérable; non seulement l'auteur a copié textuellement une partie des fragments rédigés par Suger, mais encore il était assez bien informé des choses de son temps. Il est aussi bon écrivain que la plupart des chroniqueurs du xII° siècle, et pour quelques-uns des faits qu'il rapporte (mariage de Louis VII et d'Adèle de Champagne, naissance de Philippe-Auguste, etc.), son témoignage est celui d'un témoin oculaire.

L'*Historia* n'a guère été connue sous sa forme originale au Moyen-Age; elle a été traduite en français par les auteurs des *Grandes Chroniques*, lesquels

---

[1]. Nous adoptons sur ce point l'opinion des auteurs de l'*Histoire littéraire*, XIV, 185-186 et de G. Waitz, *mémoire cité*, p. 125-126.

paraissent avoir eu à leur disposition un texte très voisin de celui du manuscrit lat. 6265.

Ce qui précède prouve que l'éditeur de l'*Historia* doit utiliser les manuscrits de la chronique d'Aimoin. Ces manuscrits sont assez nombreux; voici la liste de ceux que nous avons consultés :

A. Lat. 12711, fin du xiie siècle. La description de ce précieux volume a été donnée par M. Luce, dans le mémoire cité, p. 57 et suiv.[1]. Il renferme le texte de l'*Historia* interpolée; nous l'avons suivi de préférence, sauf pour les additions notées plus haut.

De ce manuscrit, qui peut être regardé comme renfermant la copie originale de la continuation d'Aimoin, dérivent les autres exemplaires de cette continuation examinés par nous. En voici la liste : Bibl. Nat., lat. 12712 (A^2), copie de A faite au xvie siècle; — lat. 17657, copié en 1332, vient du collège de Navarre; — lat. 15046, xive siècle, vient de Saint-Victor; — lat. 5925 A, xve ou xvie siècle, a appartenu à Nicolas Lefèvre.

A ces manuscrits, on doit ajouter pour la partie de l'*Historia* due à Suger le manuscrit lat. 12710, décrit plus haut (p. XX). Il renferme le début de l'*Historia* et le fragment publié par M. Lair, fragment négligé par le rédacteur de l'*Historia*, sans doute à cause de la sévérité dont Suger y fait preuve envers la reine douairière, Adélaïde de Savoie. Nous désignons les leçons de ce manuscrit, ici comme plus haut, par la lettre D.

---

1. Voir aussi *Archiv. der Gesellschaft für Deutsche Geschichtskunde*, XI, 316.

G. Lat. 6265. Décrit plus haut (p. XXI) ; donne, sauf les fautes de copiste et une ou deux omissions, le texte primitif de l'*Historia*.

Enfin, M. Élie Berger a signalé [1] quelques extraits de l'*Historia gloriosi regis Ludovici* dans un manuscrit du xive siècle (Vatican, Christ. 946).

L'*Historia* a été éditée deux fois : 1° par Duchesne, t. IV, pp. 412-419, d'après notre manuscrit G, qui appartenait alors à Jean-Baptiste Hautin, conseiller au Châtelet ; 2° par les continuateurs de D. Bouquet, t. XII, pp. 124-133, d'après le même manuscrit. La chronique d'Aimoin et ses suites ont été également publiées plusieurs fois ; citons seulement l'édition de D. Jacques Dubreul (Paris, 1603, fol.) faite sur le manuscrit 12711.

Les notes de l'*Histoire de Louis VII* ont été rédigées sur le même plan que celles de la *Vie de Louis VI*.

Une table alphabétique des noms de lieux et de personnes cités dans les deux ouvrages termine le volume ; elle a été rédigée en français ; les formes latines ont été d'ailleurs soigneusement relevées à leur ordre. Enfin à la présente préface est joint un sommaire développé dans lequel chaque fait est daté exactement.

---

1. *Notice sur divers manuscrits de la Bibl. Vaticane*, p. 27. (Bibl. des Écoles françaises d'Athènes et de Rome, fasc. 6.)

SOMMAIRE

I.

SUGER — VIE DE LOUIS LE GROS.

Epître dédicatoire de Suger à Josselin, évêque de Soissons (pp. 1-2).

Table partielle des chapitres (pp. 3-4).

I. Naissance du prince Louis ; son éducation à Saint-Denis (1081-1094), p. 5.

Premières guerres contre Guillaume le Roux, roi d'Angleterre (1097-1099) ; mort de Guillaume, avènement d'Henri Beauclerc (1100), pp. 5-9.

II. Campagne du prince Louis contre Bouchard de Montmorency, ennemi de l'église de Saint-Denis (vers 1100), pp. 9-10 et 132-133.

III-IV. Guerre entre le même et Mathieu, comte de Beaumont ; siège de Chambly ; déroute de l'armée royale ; paix définitive entre le prince et le comte (1101 ou 1102), pp. 11-13 et 133-135.

V. Expédition contre Ebles, comte de Roucy (1102 ou 1103), pp. 13-14.

VI. Autre contre Léon de Meung, oppresseur de l'église d'Orléans (vers 1103 ou 1104), p. 15.

VII. Ligue contre Thomas de Marle, fils du seigneur de Coucy ; siège de Montaigu ; le prince Louis, allié du sire de Marle, force les confédérés à lever le siège (vers 1104), pp. 15-17.

VIII. Mariage de la fille de Gui Troussel, seigneur de Montlhéry, avec Philippe, frère naturel du prince Louis ; importance de la place de Montlhéry ; le comte Gui de Rochefort devient sénéchal du royaume et sa fille est fiancée au jeune prince ; heureuses suites de cette alliance qui dure trois ans (1105-1107), p. 18-20.

Intrigues des Garlandes; à leur instigation, Milon, vicomte de Troyes, essaie de s'emparer de Montlhéry; cette tentative échoue, grâce à la prompte arrivée de Gui de Rochefort (1105 ou 1106) pp. 20-21.

IX. Voyage de Bohémond d'Antioche en France (1106); éloge de ce prince et de son père, Robert Guiscard; victoire de Durazzo et délivrance du pape Alexandre (*sic*). Bohémond épouse à Chartres Constance, sœur du prince Louis; concile de Poitiers (juin 1106). Retour des nouveaux époux en Orient; enfants nés de ce mariage; leur sort, pp. 21-24 et 135.

Le pape Pascal II, persécuté par l'empereur Henri V, se réfugie en France. Consécration de l'église de la Charité-sur-Loire; visite du pape à Saint-Denis; conférence de Châlons-sur-Marne entre lui et les envoyés de l'empereur; concile de Troyes (décembre 1106-mai 1107), pp. 24-28.

Expédition d'Henri V en Italie; il feint de se réconcilier avec le pape; trahison des Allemands, arrestation du pape et des cardinaux; conditions imposées par l'empereur (février 1111-septembre 1112), pp. 28-31.

Châtiment de l'empereur Henri; avènement de Lothaire à l'Empire; réconciliation de l'Empire et de la Papauté; expédition de Pouille et mort de Lothaire (1125-1137), pp. 31-32.

X. Inimitié du comte de Rochefort et des Garlandes; rupture du comte avec le prince Louis; brigandages d'Hugues de Pomponne, châtelain de Gournay-sur-Marne pour le comte de Rochefort. Le prince Louis met le siège devant le château de Gournay. Le comte de Rochefort s'assure l'alliance du jeune comte de Brie, Thibaut, mais celui-ci est complètement battu entre Gournay et Lagny. Reddition du château (été de 1107), pp. 32-36 et 135-137.

XI. Pendant le siège de Gournay, des seigneurs du Berry viennent se plaindre au prince Louis des exactions d'Humbaud, seigneur de Sainte-Sévère sur les confins du Limousin et du Berry. A leur demande, il marche contre Humbaud, le bat et l'oblige à se renfermer dans son château. Reddition de la place; le prince Louis emprisonne Humbaud à Etampes et rentre à Paris (1107 ou 1108), pp. 36-37 et 137-138.

XII. Affaiblissement moral et physique du roi Philippe; il meurt à Melun (29 juillet 1108); ses funérailles; il est enterré, suivant son désir, à Saint-Benoît-sur-Loire, et non à Saint-Denis, pp. 37-39.

XIII. Intrigues contre le prince Louis ; sur le conseil d'Ives de Chartres, il se fait sans retard couronner roi à Orléans par Daimbert, archevêque de Sens, et les suffragants de celui-ci (3 août 1108). Plaintes de l'église de Reims ; elles restent sans effet, pp. 39-41.

XIV. Éloge du nouveau roi. Reprise des hostilités entre lui, le comte de Rochefort, Gui le Rouge, et le fils de ce dernier, Hugues de Crécy. Celui-ci fait prisonnier par trahison son propre frère, Eudes, comte de Corbeil, et l'enferme au château de la Ferté-Baudouin. Plainte des gens de Corbeil au roi ; ils s'entendent avec les habitants de la Ferté-Baudouin, qui s'engagent à leur ouvrir les portes du château. Tentative d'Ansel de Garlande ; il est fait prisonnier. Arrivée du roi ; blocus de la place, Hugues de Crécy cherche vainement à y pénétrer. Reddition de la ville, puis du château (fin de 1108), pp. 41-45.

XV. Arrivée du roi d'Angleterre, Henri, en Normandie ; application à ce prince d'une prophétie de Merlin ; éloge de son gouvernement, pp. 45-48.

Démêlés entre Henri et le roi Louis VI pour la possession de l'importante place de Gisors ; les deux rois, à la tête d'une forte troupe, ont une entrevue à Néaufles (1109 ou 1110)[1] ; ouverture des hostilités ; elles durent deux ans et ne cessent qu'après la donation de la Normandie par Henri à son fils Guillaume (1115), pp. 48-52.

XVI. Drame de la Roche-Guyon ; le seigneur de ce château est tué et sa famille massacrée par un certain Guillaume, normand d'origine. Reprise du château par les chevaliers français du Vexin ; punition des coupables (année 1110 ou 1111), p. 52-57.

XVII. Intrigues de Philippe, frère bâtard du roi, comte de Mantes, de sa mère Bertrade et de son oncle, Amauri de Montfort ; le roi s'empare du château de Mantes. Alliance des rebelles avec Hugues de Crécy, qui épouse une fille d'Amauri, dans le but d'obtenir le château de Montlhéry ; le roi s'empare de Châtres, donne le château de

---

1. Cette seconde date paraît la plus sûre ; voir ce que M. Luchaire dit d'une guerre entre le roi Louis VI et le comte de Meulan en 1110 dans le mémoire cité plus haut (*Revue historique*, XXXIV, 269).

Montlhéry à Milon de Bray, et Hugues de Crécy est expulsé par les habitants (vers 1110), p. 57-59.

XVIII. Généalogie des seigneurs du Puiset; leurs crimes. Ravage du pays chartrain par Hugues du Puiset, malgré la résistance de la comtesse de Chartres et de son fils Thibaut. — La comtesse et son fils implorent l'appui du roi, et lui rappellent la défaite infligée à son père par un seigneur du Puiset (1080) Conférence de Melun; plaintes unanimes des évêques contre Hugues du Puiset. Le roi fait son procès à celui-ci; en attendant, il envoie Suger à Toury, pour munir ce lieu de troupes, comptant s'en servir pour attaquer le château du Puiset. Commencement du siège; préparatifs de l'assaut; une première attaque est repoussée. Courage d'un prêtre, curé d'une paroisse du pays; la première enceinte est forcée; l'ennemi se réfugie dans le donjon, puis se rend (1111), pp. 60-66 et 139.

Outrecuidance du comte Thibaut qui fait élever une tour à Allones, sur un fief mouvant du roi; il s'allie avec son oncle, Henri d'Angleterre, et commence les hostilités. Vigoureuse résistance du roi; combats de Meaux et de Lagny (fin 1111), pp. 66-68 et 139-140.

Nouveaux efforts du comte Thibaut; il se ligue avec le seigneur de Dammartin, Païen de Montjay, et Raoul de Beaugency, marie sa sœur à Milon de Montlhéry et s'entend avec Gui, comte de Rochefort, et son frère Hugues de Crécy. Dangers que court le roi, pp. 68-70.

XIX. Mort du comte Eudes de Corbeil (vers 1112), fils de Bouchard. Le comté devant revenir à Hugues du Puiset, le roi délivre celui-ci de prison, se fait céder par lui Corbeil et lui rend le Puiset sous certaines conditions; conférence de Moissy-l'Évêque, p. 70-71.

XX. Trahison d'Hugues du Puiset, qui se concerte avec le roi d'Angleterre et le comte Thibaut, et cherche à s'emparer de Toury. Défense de la place : Suger y rentre et dirige la résistance. Arrivée du roi Louis VI; une première attaque contre le château du Puiset échoue, dispersion de l'armée royale. — Constance du roi; nouveaux combats; défaite du comte Thibaut, qui, serré de près dans le château du Puiset, conclut la paix et abandonne son allié Hugues. Le château du Puiset est pris et rasé (1112), pp. 71-79.

XXI. Dernière révolte d'Hugues du Puiset; troisième siège de la place; mort d'Ansel de Garlande (1117); Hugues quitte la France et va s'établir en Palestine (après 1128), p. 79.

XXII. Paix entre le roi de France, le roi d'Anglerre et le comte Thibaut (mars 1113); punition des traîtres : Lancelin, comte de Dammartin, Païen de Montjay et Milon de Montlhéry, p. 80.

XXIII. Expédition contre Thomas de Marle; le concile de Beauvais, présidé par Conon, évêque de Préneste, l'excommunie (déc. 1114). Louis VI occupe successivement Crécy-sur-Serre et Nouvion-l'Abbesse. Punition des meurtriers de Gaudri, évêque de Laon (1115), p. 81-83.

Siège et prise du château d'Amiens, défendu par le châtelain Adam (1115-1117), p. 83.

XXIV. Plainte d'Alard Guillebaud contre Aimond Vairevache, seigneur de Bourbon; le roi se rend en Bourbonnais, assiège et prend Germigny, et force Aimon à se soumettre au jugement de sa cour (1115), p. 83-85.

XXV. Nouveaux démêlés entre Louis VI et Henri, roi d'Angleterre; celui-ci s'allie avec son neveu, Thibaut de Blois; occupation de Gasni par Louis VI (1118); ravage de la Normandie par le roi et ses alliés, Foulques, comte d'Anjou et Baudoin, comte de Flandre; siège et prise du château de Malassis; revers du roi d'Angleterre; au nombre de ses ennemis figure Enguerrand de Chaumont, pp. 85-90.

Mort de Baudoin, comte de Flandre (juin 1119) et d'Enguerrand de Chaumont; le comte d'Anjou abandonne le parti de Louis VI et marie sa fille à Guillaume Adelin, fils du roi Henri (juin 1119); le roi de France est défait à Brémule (20 août 1119), pp. 90-92 et 141.

Cette défaite ne termine pas la guerre; Louis VI rentre en Normandie, s'empare d'Ivry et atteint Breteuil (sept. 1119); au retour, il n'épargne Chartres, capitale des états de Thibaut, que par respect pour les reliques de la Vierge (septembre-octobre 1119), pp. 92-93.

XXVI. Mort de Pascal II (21 janvier 1118); élection de Gélase II (24 janvier); l'empereur Henri V soutient contre lui l'antipape Burdin, archevêque de Braga; le pape se réfugie en France; il aborde à Maguelonne (15 novembre 1118), y rencontre Suger, envoyé par le roi, et donne rendez-vous à ce dernier à Vezelay, mais il meurt de la goutte avant d'atteindre cette ville (Cluny, 29 janvier 1119). — Election de Gui, archevêque de Vienne, oncle de la reine de France, qui prend le nom de Calixte II (2 février 1119), pp. 93-94 et 140-141.

Concile de Reims (octobre 1119); entrevue de Mouzon entre le pape et les ambassadeurs d'Henri V; l'empereur est excommunié. Calixte II rentre en Italie (juin 1120); défaite et prise de l'antipape Burdin, retiré à Sutri (avril 1121); pp. 94-95 et 141.

Éloge du pape Calixte II; Suger se rend auprès de lui pour traiter certaines affaires du royaume et le rencontre à Bitonto (janvier 1122); à son retour en France, il apprend la mort d'Adam, abbé de Saint-Denis, et sa propre élection. Douleur et inquiétude de Suger; arrivé à Saint-Denis, il est consacré par Vulgrin, archevêque de Bourges (12 mars 1122); son administration comme abbé, pp. 95-99.

Nouveau voyage de Suger en Italie; concile de Latran (mars 1123); troisième voyage en 1124; la nouvelle de la mort du pape Calixte (13 décembre 1124) le décide à rentrer en France, pp. 100 et 142.

Avènement d'Honorius II, ce pape restitue à l'abbaye de Saint-Denis le prieuré d'Argenteuil (1129), pp. 100-101 et 145.

XXVII. L'empereur Henri V, ligué avec son beau-père, Henri Beauclerc, se dispose à envahir la France (août 1124). Louis VI marche à sa rencontre; il va prendre à Saint-Denis l'étendard du Vexin et donne rendez-vous à l'armée à Reims. Conseil de guerre tenu par le roi et les grands; disposition et dénombrement des troupes; l'empereur bat en retraite. Actions de grâces du roi aux patrons de l'abbaye, ses libéralités. Mort de l'empereur Henri (23 mai 1125), pp. 101-105 et 142-144.

La marche de Vexin est en même temps défendue contre le roi d'Angleterre par Amauri de Montfort, pp. 105-106.

XXVIII. L'évêque de Clermont se plaint au roi Louis VI des agressions du comte d'Auvergne; première expédition (vers 1121); prise de Pont-du-Château; occupation de Clermont-Ferrand, pp. 106-108.

Cinq ans plus tard, nouvelle expédition; siège de Montferrand, intervention du duc d'Aquitaine, Guillaume, suzerain du comte d'Auvergne, qui se porte garant de la soumission de celui-ci aux décisions de la cour du roi, pp. 108-110.

XXIX. Assassinat de Charles le Bon, comte de Flandre (2 mars 1127); les coupables sont assiégés par les fidèles du comte; Louis VI intervient, et donne pour seigneur aux Flamands le jeune Guillaume Cliton; punition des meurtriers; défaite de Guillaume d'Ypres, pp. 110-114.

XXX. Expédition contre Thomas de Marle, sieur de Coucy; prise et mort de ce baron (octobre-novembre 1128), pp. 114-116.

Guerre contre les Garlandes et Amauri de Montfort; siège et prise de Livry (1128), pp. 116-117.

XXXI. Mort du pape Honorius II (14 février 1130); deux concurrents se disputent la papauté, Innocent II et Pierre Léon. Innocent implore l'appui de Louis VI, qui, conseillé par les pères du concile d'Étampes, se décide en sa faveur. — Le pape arrive en France; entrevue de Saint-Benoît-sur-Loire (janvier 1131); il confère à Chartres avec Henri d'Angleterre (13 janvier), et va trouver l'empereur Lothaire à Liège (mars), pp. 117-119.

De retour en France, le pape célèbre les fêtes de Pâques à Saint-Denis (15-20 avril 1131), pp. 119-121.

Mort du jeune prince Philippe (13 octobre 1131); douleur du roi. Suger conseille à Louis VI de faire couronner roi son fils puîné, Louis; la cérémonie a lieu à Reims pendant le concile (25 octobre 1131), pp. 121-122.

Le pape Innocent II se fixe à Auxerre; l'empereur Lothaire le reconduit en Italie; le schisme dure toutefois jusqu'à la mort de Pierre Léon (1138), pp. 121-123.

XXXII. Affaiblissement du roi Louis VI; éloge de son expérience militaire et de sa prudence. Ses dernières expéditions contre le comte Thibaut; incendie de Bonneval; destruction de Châteaurenard. — Prise du château de Saint-Brisson (1137); le roi au retour de cette dernière campagne tombe malade de la dyssenterie à *Mons-Treherius*; sa patience durant sa maladie; aumônes faites par lui; il donne à Saint-Denis une partie de ses joyaux, se confesse et reçoit la communion, pp. 123-127.

XXXIII. Sa convalescence; il va s'embarquer sur la Seine à Melun et vient visiter l'abbaye de Saint-Denis. A Béthizy, il est rejoint par les envoyés du duc Guillaume d'Aquitaine, qui, mort sans enfants mâles, lui a remis le soin de marier sa fille Eléonore. Louis VI la destine à son fils, le prince Louis, et envoie celui-ci en Aquitaine avec Suger, Thibaut de Champagne et Raoul de Vermandois pour prendre possession du duché (juillet-août 1137); le jeune roi épouse Eléonore à Bordeaux et est couronné à Poitiers (août), pp. 127-129.

Dernière maladie de Louis VI ; il meurt le 1er août 1137 et est inhumé à Saint-Denis, pp. 129-131.

II.

HISTOIRE DU ROI LOUIS VII.

I. Informé de la mort de son père (1er août 1137), le jeune roi Louis VII se hâte de revenir dans le nord du royaume. En passant à Orléans, il abolit la commune de cette ville; arrivé à Paris, il prend la direction des affaires (août), p. 147.

II. Situation comparée de la France, de l'Empire et de l'Angleterre. Dans l'Empire, guerre civile après la mort de l'empereur Henri V; l'élection de Lothaire, élu à la diète de Mayence, diète à laquelle assiste Suger (1125), amène une guerre entre lui et le duc de Souabe, Frédéric; éloge de l'empereur Lothaire; sa mort (1137), pp. 148-149.

III. En Angleterre, guerre après la mort du roi Henri I entre le comte de Blois, Etienne, et l'impératrice Mathilde, fille d'Henri (1135-1142), p. 149.

IV. Dissensions entre le jeune roi Louis VII, sa mère, Adélaïde de Savoie, et le comte Raoul de Vermandois; ces deux derniers quittent la cour, p. 150.

V. Suger conseille au roi de s'assurer l'alliance du comte de Champagne, Thibaut; voyage de Louis VII dans la Haute-Bourgogne, à Auxerre, à Autun et à Langres (1138), pp. 150-151.

VI. Voyage du roi en Aquitaine; révolte de Poitiers qui se constitue en commune; soumission de la ville; clémence du roi (automne 1138), pp. 151-154.

VII. Affaire de Talmont; trahison de Guillaume de Lezay; prise et incendie du château (1138), pp. 154-156.

VIII. Mariage de Louis VII et d'Eléonore d'Aquitaine (août 1137), pp. 156-157.

IX. Punition de Gaucher de Montjay (1142), p. 157.

X. Affaires d'Orient; prise d'Edesse par les Turcs (décembre 1144). Sentiments du roi Louis VII à cette nouvelle; assemblée de Vezelay (mars 1146); le roi prend la croix; noms des principaux seigneurs et prélats qui suivent son exemple, pp. 157-159.

L'empereur d'Allemagne, Conrad, se croise également. Pons, abbé de Vezelay, construit près d'Asquins, en souvenir de cet évènement, une chapelle en l'honneur de la Croix, pp. 159-160.

XI. Le roi Louis VII porte pendant près d'un an la croix, avant de partir pour la Terre Sainte, p. 160.

XII. Assassinat de l'abbé de Saint-Pierre-le-Vif, Herbert, par les bourgeois de Sens révoltés (1er mai 1147); punition des coupables par le roi Louis VII, p. 160.

XIII. Croisade de Louis VII (1147-1149), p. 160-161.

XIV. Louis VII prend le parti de Geoffroi Plantagenet et de son fils Henri contre le roi Etienne et les aide à reconquérir la Normandie (1148-1152). Le roi de France reçoit en récompense le Vexin normand. Perfidie d'Henri; hostilités entre lui et le roi de France (1153-1154), pp. 161-162.

XV. Divorce de Louis VII et d'Eléonore de Guyenne; concile de Beaugency (21 mars 1152). Eléonore épouse Henri de Normandie, plus tard roi d'Angleterre (mai 1152). Sort des filles nées de Louis VI et d'Eléonore, pp. 163-164.

Mariage de ce prince et de Constance, fille du roi de Castille (1154); Marguerite, née de cette seconde union, épouse Henri Court-Mantel, fils d'Henri II, et reçoit en dot le Vexin normand (1161), p. 164.

XVI. Querelle entre Geoffroi de Gien et son fils Hervé de Donzy (1152-1153). Louis VII intervient en faveur de ce dernier et fait le siège de Gien, pp. 164-165.

XVII. La reine Constance meurt en couches (4 octobre 1160), pp. 165-166.

XVIII. Louis VII épouse en troisièmes noces Adèle de

Champagne. Éloge de cette princesse; le mariage est célébré à Notre-Dame-de-Paris le 13 novembre 1160, pp. 166-167.

XIX. Dissensions entre Névelon de Pierrefonds et Dreu de Mello, gendres de Dreu de Mouchy; Louis VII intervient, prend le château de Mouchy de vive force et rétablit la paix, pp. 167-168.

XX. Schisme à Rome. Au pape Alexandre III, élu canoniquement le 7 septembre 1159, l'empereur Frédéric oppose l'antipape Octovianus. Alexandre se réfugie à Montpellier (avril 1162). Thibaut, abbé de Saint-Germain-des-Prés, vient le trouver de la part du roi; cet abbé meurt au retour à Vezelay, le 19 juillet 1162. Hugues le remplace comme abbé de Saint-Germain, pp. 168-169.

XXI. Louis VII se déclare pour le pape Alexandre III; la plupart des souverains de l'Europe imitent son exemple (1162). L'empereur continue à soutenir l'antipape Octovianus, puis le successeur de celui-ci, Gui de Creme, et marche contre Rome (1167); la peste décime son armée; mort de Frédéric, fils de l'empereur Conrad III, et de l'archevêque de Cologne, Réginald; fuite de l'empereur qui repasse les Alpes vers Suze (printemps de 1168), pp. 169-171.

XXII. Oppression des églises d'Auvergne par les comtes de Clermont et du Puy, et par le vicomte de Polignac. Louis VII marche contre eux et les punit sévèrement (vers 1163), pp. 171-172.

XXIII. Expédition du roi contre le comte de Chalon, Guillaume, qui avait massacré une partie des moines et des habitants de Cluny; le principal coupable est déshérité, et ses auxiliaires, les Brabançons, sont mis à mort (1166), pp. 172-174.

XXIV. Soutenus par le comte de Nevers, les habitants de Vezelay s'organisent en commune; guerre entre eux et les moines de l'abbaye. A la requête de l'abbé Pons, Louis VII intervient et se rend à Auxerre (novembre 1155); punition des bourgeois. — Nouvelles luttes entre l'abbé Guillaume de Mello et Guillaume IV, comte de Nevers. Nouvelle intervention du roi (janvier 1167), pp. 174-176.

XXV. Naissance du jeune Philippe, fils de Louis VII et d'Adèle de Champagne (21 août 1165); son baptême (22 août), pp. 176-178.

GESTA LUDOVICI REGIS,
COGNOMENTO GROSSI

Domino *a* et digne reverendo Suessionensi episcopo Gosleno[1], Suggerius *b*, Dei paciencia beati ariopagite Dyonisii abbas vocatus, Jesu Christi qualiscumque servus, episcopo episcoporum episcopaliter uniri. Confert eorum deliberationi et judicio et nos et nostra subici, quorum universali judicio odibilis et amabilis diversa diversis promulgabitur censura, cum *nobilis vir sedebit in portis cum senatoribus terre*[2]. Eapropter, virorum optime, etiamsi cathedra *c* non contulisset, cujus totus sum in eo cujus totus es tu, nec si plus queris plus habeo, serenissimi regis Francorum Ludovici gesta approbate scientie vestre *d* arbitrio delegamus, ut, quia nobis communiter promovendis et promotis benignissimus extitit dominus, ego scribendo, vos corrigendo, quem pariter amabamus pariter et decantemus et deploremus. Neque enim caritati *e* repugnat etiam benefitiis comparata amicicia, cum qui inimicos diligere precipit, amicos non prohibeat. Dupplici ergo et, licet dispari, non tamen opposito benifitii et caritatis debito, excidamus ei *monumentum ere perhennius*[3], cum et ejus

a. Incipit prologus in gestis Ludovici regis, cognomento grossi E. — Prologus Suggerii abbatis in vita Ludovici regis D.
b. Suggerius A, E, G; *dans les autres manuscrits* Sugerius.
c. si cathedra B.
d. sentencie nostre D.
e. de caritate D.

---

1. Joscelin le roux, archidiacre, puis évêque de Soissons (1125-octobre 1151).
2. Proverbes, XXXI, 33.
3. Horace, Odes, III, 30, v. 1.

circa cultum ecclesiarum Dei devotionem et circa regni statum mirabilem stilo tradiderimus strenuitatem, cujus nec aliqua temporum immutacione deleri valeat memoria, nec a generacione in generacionem suffragantis Ecclesie pro impensis beneficiis orationum desistat instancia. Valeat celsitudo vestra inter celi senatores feliciter episcopari *f*.

f. Explicit prologus. Incipiunt gesta Ludovici regis, cognomento grossi G.

[CAPITULA *g.*]

Quam strenuus in adolescentia fuerit, et quanta strenuitate fortissimum regem Anglorum Willelmum rufum, paternum regnum turbantem, reppulerit.

Quod Burcardum Monmorentiacensem, virum nobilem, ab infestacione beati Dyonisii cum omnibus complicibus suis compescuit.

Quod comitem Bellimontensem Matheum restituere castrum Lusarchias Claromontensi Hugoni coegit, cum ipse dominus Ludovicus idem castrum manu forti oppugnasset.

Quod cum aliud castrum ejusdem Mathei Canliacum obsedisset, subita aeris intemperies exercitum in fugam coegit, et nisi ipse Ludovicus fortiter restitisset, pene exercitus deperisset, et quod ipse Matheus humiliter ei satisfecit.

De Ebalo, comite Ruciacensi.
De castro Maudunensi *h*.
De castro qui dicitur Mons Acutus.
De Milone, quomodo intravit castrum Montis Leherii.
De Boamundo *i*, principe Antioceno *j*.
De captione castri Gornaci.
De captione castri Sancte Severe.
De morte regis Phylippi.
De sublimacione ejus in regem.
De captione Firmitatis Balduini, et liberatione comitis Curboilensis *k* et Anselmi Garlandensis.
De colloquio inter regem Ludovicum et regem Anglorum Henricum, habito apud Plancas Nimpheoli.
De prodicione facta in Rupe Guidonis a Guilelmo, sororio ejus, et de morte Guidonis, et cita ultione in eundem Guilelmum.

---

g. Cette table incomplète des chapitres n'existe que dans les manuscrits A, B, D.
h. Madunensi D.
i. Buamondo B.
j. Antiocheno B.
k. Corboilensis D.

De eo quod fratri Phylippo repugnanti castrum Meduntense [l] et Montem Leherii abstulit.

Quomodo castrum Puteolense [m], capto Hugone, subvertit.

De liberatione ejusdem.

De impugnatione Tauriaci et restitucione Puteoli.

De reciproca ejus prodicione.

[l]. Meduntemse A ; Medutense B.
[m]. Puteolensem A.

[I.] Gloriosus.[n] igitur et famosus rex Francorum Ludovicus, regis magnifici Phylippi filius, primeve flore etatis, fere adhuc duodennis seu tredennis[1], elegans et formosus, tanta morum probabilium venerabili industria, tanta amenissimi corporis proceritate proficiebat, ut et sceptris futuris reipsa amplificationem honorificam incunctanter promitteret, et ecclesiarum et pauperum tuicioni spem votivam generaret. Altus puerulus, antiqua regum Karoli Magni et aliorum excellentiorum, hoc ipsum testamentis imperialibus testificantium[2], consuetudine, apud Sanctum Dyonisium tanta et quasi nativa dulcedine ipsis sanctis martyribus suisque adhesit, usque adeo ut innatam a puero eorum ecclesie amiciciam toto tempore vite sue multa liberalitate et honorificentia continuaret, et in fine, summe post Deum sperans ab eis, seipsum et corpore et anima, ut si fieri posset, ibidem monachus efficeretur, devotissime deliberando contraderet. Sane prefata etate, animo juvenili [o] vigere maturabat virtus augtiva[p], impatiens venationum et ludicrorum puerilium, quibus etas hujusmodi lascivire et arma dediscere consuescit. Dumque multorum regni optimatum et egregie magnanimi regis Anglorum Guilelmi[3], magnanimi Guilelmi regis filii, Anglorum domitoris, infestacione agitatur, robur probitatis vaporat, exercicio virtus arridet, inertiam removet, prudentie [q] aperit, otium dissolvit, sollicitudinem acce-

n. *Dans B, un lecteur du XVe ou du XVIe siècle a ajouté le titre suivant :* Vita gloriosissimi regis Ludovici, Francorum regis illustrissimi, incipit feliciter.
o. virili G.
p. nativa E; activa G.
q. oculum *addit* E, G.

1. La date de naissance de Louis le Gros est mal connue; des érudits qui ont examiné cette question, les uns l'ont fixée à 1077 ou 1078, les autres à 1081 ou 1082. M. Luchaire (*Recherches historiques et diplomatiques sur les premières années de Louis le Gros*, Paris, 1886, p. 27-32) adopte, avec raison croyons-nous, la seconde de ces dates. Par suite, Suger commencerait son récit vers 1093 ou 1094.
2. Tradition sans grande valeur.
3. Guillaume le Conquérant, mort le 9 septembre 1087.

lerat. Guilelmus siquidem [r], rex Anglorum, usui militie aptus, laudis avarus fameque petitor, cum [s], exheredato majore natu Roberto [1], fratre suo, patri Guilelmo feliciter successisset, et post ejusdem fratris sui Iherosolimam profectionem [2] ducatum Normannie [t] optinuisset, sicut ejusdem Normannie ducatus se porrigit margiis [u] regni collimitans [3], quibuscumque poterat modis famosum juvenem nitebatur impugnare. Similiter et dissimiliter inter eos certabatur : similiter [v], cum neuter cederet; dissimiliter, cum ille maturus, iste juvenculus, ille opulentus et Anglorum thesaurorum profusor mirabilisque militum mercator et solidator, iste peculii expers, patri qui benefitiis regni utebatur parcendo, sola bone indolis industria militiam cogebat, audacter resistebat. Videres juvenem celerrimum modo Bituricensium, modo Alvernorum, modo Burgundiorum [w] militari manu transvolare fines nec idcirco tardius, si ei ignotescat, Vilcassinum regredi, et cum trecentis aut quingentis militibus prefato regi Guilelmo cum decem milibus fortissime refragari, et ut dubius se habet belli eventus, modo cedere, modo fugare [4]. Talibus utrobique multi intercipiebantur congressionibus, quorum famosus juvenis et sui cum plures alios [x], tum comitem Symonem [5], nobilem virum, Gilleber-

r. *Ici commence le premier fragment de* C, *avec les mots suivants* : Post mortem regis Willelmi, egregii et magnanimi viri, Anglorum domitoris, successit ei in regnum filius ejus Willelmus, usui militie aptus...
s. qui cum C.
t. Normannie, *ici et plus bas* E.
u. *Sic* A, B; magiis D; marciis E; — margiis..... collimitans *om.* C.
v. et similiter C.
w. Burgundionum B, G.
x. complures B, D, C, G.

1. Robert II Courte-Heuse.
2. En 1096, avant de partir pour la Terre-Sainte, Robert engagea le duché à son frère, Guillaume le Roux.
3. Par marches du royaume, Suger entend ici le Vexin, dont les rois de France et les ducs de Normandie se disputèrent si longtemps la possession.
4. Cette guerre pour la possession du Vexin dura, au dire de Suger (voir plus loin), trois ans et plus. Orderic Vital n'est pas beaucoup plus explicite ; mais M. Luchaire montre (*Recherches*, etc., p. 37 et suiv.) qu'elle dut commencer à la fin de 1097. Orderic Vital (éd. LePrévost, IV, 19-26) n'attribue pas au prince Louis le rôle prépondérant que lui prête l'abbé de Saint-Denis. La guerre reprit avec une nouvelle intensité en septembre 1098 (Luchaire, p. 38) et ne cessa qu'au retour de Guillaume le Roux en Angleterre (avril 1099).
5. Comte de Huntingdon.

tum de Aquila [1], nobilem et Anglie et Normannie eque illustrem baronem, Paganum de Gisorcio, cui castrum idem [2] primo munivit *y*; rex e contrario Anglie strenuum et nobilem *z* comitem Matheum Bellimontensem [3], illustrem *a* et magni nominis baronem Symonem de Monte Forti [4], dominum Montis Gaii Paganum [5], captos tenuerunt. Verum Anglie captos ad redempcionem celerem militaris stipendii acceleravit anxietas, Francorum vero longa diuturni carceris maceravit prolixitas, nec ullo modo evinculari potuerunt, donec, suscepta ejusdem regis *b* Anglie militia, hominio obligati, regnum et regem impugnare et turbare jurejurando firmaverunt. Dicebatur equidem vulgo regem illum superbum et impetuosum aspirare ad regnum Francorum, quia famosus juvenis unicus patri erat de nobilissima conjuge, Roberti Flandrensis comitis sorore [6]. Qui enim duo supererant, Phylippus et Florus, de superducta *c* Andegavensi comitissa Bertrada geniti erant, nec illorum apreciabatur successionem, si unicum primum decedere quocumque infortunio contingeret. Verum quia nec fas nec naturale est Francos Anglis, immo Anglos Francis subici, spem repulsivam rei delusit eventus [7]. Nam cum per triennium aut eo amplius hac *d* insania se et suos exagitasset, nec per Anglos nec per Francos hominio obligatos profi-

y. minuit C, D.
z. nobilem *deest* B.
a. illustri C, D.
b. regni G.
c. supradicta C.
d. hec B, C, E, G.

1. L'Aigle, Orne.
2. Tous les manuscrits donnent *cui*; les *Chroniques de Saint-Denis*, III, 209, traduisent : *à qui le roy d'Angleterre ferma lors premierement le chastel de Gisors.* Il faut donc sous-entendre *rex* après *idem*. On attribue d'ailleurs à Guillaume le Roux la première enceinte de cette célèbre forteresse. (V. éd. Lecoy de la Marche, p. 427-428.)
3. Beaumont-sur-Oise, Oise.
4. Montfort-l'Amaury, Seine-et-Oise.
5. Probablement Montjay-la-Tour, Seine-et-Marne, comm. Villevaudé.
6. Berthe, mère de Louis VI, était en effet sœur utérine de Robert de Jérusalem, comte de Flandre.
7. Les *Chroniques de Saint-Denis*, III, 210, font ici un contre-sens volontaire : *Mais pour ce que ce n'est pas droit ne chose naturelle que François soient en la subjeccion d'Anglois, ains est droit que Anglois soient en la subieccion françoise...*

ciendo voluntati sue satisfacere valeret, subsedit. Cumque in Angliam transfretasset, lascivie et animi[e] desideriis deditus, cum quadam die in Nova Silva [1] venacionibus insisteret, subito inopinata sagitta percussus interiit [f]. Divinatum est virum [g] divina ultione percussum, assumpto veritatis argumento eo quod pauperum extiterat intolerabilis oppressor, ecclesiarum crudelis exactor [h], et si quando episcopi vel prelati decederent, irreverentissimus retentor et dissipator. Imponebatur a quibusdam cuidam nobilissimo viro Galterio [i] Tirello quod eum sagitta perfoderat. Quem cum nec timeret nec speraret, jurejurando sepius audivimus et quasi sacrosanctum asserere quod ea die nec in eam partem silve, in qua rex venabatur, venerit [j] nec eum in silva omnino viderit [2]. Unde constat tantam tam subito tanti divina potencia in favillam evanuisse insaniam, ut [k] qui alios supervacanee inquietabat, gravius infinite inquietetur et qui omnia appetebat, inglorius omnibus exuatur. Deo enim, qui balteum regum discingit [3], regna et regnorum jura subiciuntur. Successit eidem Guilelmo quam celeriter in regno frater minor natu, quoniam Robertus [l] major in illa magna expedicione sancti Sepulchri agebat, vir prudentissimus Henricus [4], cujus tam admiranda quam predicanda animi [m] et corporis strenuitas et scientia gratam offerrent [n] materiam. Sed nil nostra refert, nisi si aliquid incidenter nostris convertibile aliquando nos oporteat, sicut

e. anime C.
f. percussit interiit C, D.
g. hunc virum C.
h. exauctor D, C.
i. Gualterio B.
j. invenerit *corr.* C.
k. ut *deest* E, G.
l. Rodbertus D.
m. quam ad predicanda D.
n. afferent C.

---

1. Entre Winchester et Southampton. — La mort de Guillaume le Roux date du 2 août 1100.
2. Cette opinion de Suger sur la cause de la mort de Guillaume le Roux lui est, croyons-nous, toute personnelle.
3. Comparez Job, XII, 18.
4. Henri Ier Beauclerc (1100-1135).

et de regno Lotharingorum *o* summatim prelibare, Francorum enim, non Anglorum gesta quedam scripto memorie mandare proposuimus *p*.

[II.] Ludovicus itaque famosus juvenis, jocundus, gratus et benivolus, quo etiam a quibusdam simplex reputabatur, jam adultus, illuster et animosus regni paterni *q* defensor ecclesiarum utilitatibus providebat, oratorum [1], laboratorum et pauperum, quod diu insolitum fuerat *r*, quieti studebat.

Quo siquidem tempore inter venerabilem beati Dyonisii Adam abbatem [2] et Burchardum, nobilem virum, dominum Monmorenciacensem [3], accidit quasdam contenciones pro quibusdam consuetudinibus emersisse, que in tantam ebullierunt irritacionis molestiam, ut rupto hominio [4] inter defederatos armis, bello, incendiis *s* concertaretur. Quod cum auribus domini Ludovici insonuisset, indignatus egre tulit, nec mora quin prefatum Burcardum ante patrem castro Pinciaco [5] ad causas submonitum *t* coegerit. Qui cum cadens a causa justiciam judicio exequi noluerit, non tentus, neque enim Francorum mos est, sed recedens, quid incommodi, quid calamitatis a regia majestate subditorum mereatur contumacia *u* festinanter animadvertit. Movit namque famosus *v* juvenis ilico arma in eum et in complices ejus confederatos, quippe Matheum Bellimontensem comi-

---

o. Lotharinguorum B.
p. Dans F, le récit de la mort de Guillaume le Roux est emprunté partie à Suger, partie à Henri de Huntingdon.
q. regni patris D.
r. solitum D.
s. insidiis G.
t. submonitioni G.
u. contumeliam B.
v. fomosus A, formosus B, G.

---

1. Les Bénédictins proposent de corriger *aratorum*, ce qui ferait double emploi avec *laboratorum*. M. Lecoy de la Marche maintient avec raison *oratorum*, c'est-à-dire les ecclésiastiques, ceux qui prient Dieu.
2. Abbé de Saint-Denis de 1099 à 1122, prédécesseur immédiat de Suger.
3. IVe du nom, en possession de la seigneurie de Montmorency depuis environ 1094.
4. Les seigneurs de Montmorency étaient vassaux de l'abbaye de Saint-Denis.
5. Poissy.

tem et Drogonem Monciacensem[w] [1], viros strenuos et bellicosos, asciverat, terram ejusdem Burcardi depopulans, municipia et incurtes preter castrum subvertens pessundedit, incendio, fame, gladio contrivit. Cumque de castro resistere pariter inniterentur, obsidione Francorum et Flandrensium, Roberti [2] avunculi et suorum, castrum cinxit. His et aliis contricionum verberibus humiliatum voluntati et beneplacito suo curvavit, et querelam, commotionis causam, cum satisfactione pacavit[x] [3].

Drogonem vero Montiacensem, pro his et aliis et maxime ecclesie Belvacensi irrogatis injuriis, aggressus, cum ei extra castrum haud procul, ut breviori, si confert, regrederetur fuga, cum magna militari sagittaria manu et balistaria obviasset, irruens in eum, retrocedere castrumque ingredi armorum oppressione absque se non permisit, sed irruens inter eos[y] et cum eis per portam, ut erat fortissimus palestrita et spectabilis gladiator, in medio castri et crebro percussus et crebro percutiens, nullam pati dignatus est repulsam nec recedere, donec cum superlectile totum castrum usque ad turris procinctum incendio[z] concremavit. Tanta viri erat animositas, ut nec incendium declinare curaret[a], cum et ei et exercitui[b] periculosum esset et multo tempore maximam ei raucitatem generaret. Sic humiliatum in brachio virtutis Dei, qui in causa erat, subjectum tanquam clinicum voluntatis sue dicioni subjugavit[c].

[w]. Muntiacensem A, D; Montiacensem B; Manciacensem E.
[x]. placavit B.
[y]. in eos D.
[z]. in medio B.
[a]. curasset D.
[b]. cum et ei exercitui E.
[c]. Le texte de ce récit de la guerre entre le prince Louis et les seigneurs de Montmorency et de Mouchy, a été imprimé par Duchesne (*Maison de Montmorency*, preuves), d'après le manuscrit F.

1. Mouchy-le-Châtel, Oise, cant. Noailles.
2. Robert II de Jérusalem.
3. Ordéric Vital (éd. Le Prévost, IV, 286-287) dit au contraire que le prince Louis fut obligé de battre en retraite après une tentative infructueuse contre le château de Montmorency. Ce siège est rappelé dans un acte de Louis, dont le substance est passée dans un diplôme de Philippe-Auguste de 1183-4. (Duchesne, *Hist. de Montm.*, pr., p. 47-48; Delisle, *Cat. des actes de Philippe-Auguste*, n° 92.) — Cette expédition doit être de peu postérieure à l'an 1100.

[III.] Interea Bellimontis comes Matheus[1] contra Hugonem Claromontensem[2], virum nobilem, sed mobilem et simplicem, cujus filiam duxerat sponsam, longo animi rancore contendens, castrum nomine Lusarchium[3], cujus medietatem causa conjugii susceperat, totum occupare [d], turrim sibi armis et armatis satagit munire. Quid faceret Hugo, quam quod ad regni defensorem[4] festinans, pedibus ejus prostratus, obortis lacrimis, supplicat ut seni condescendat, gravissime gravato opem ferat? « Malo, inquit, karissime domine, te terram meam totam habere, quia a te eam habeo, quam gener meus degener hanc habeat. Emori cupio, si eam auferat. » Cujus lacrimabili calamitate animo compunctus, amicabiliter manum porrigit, suffragari [e] promittit, spe exilaratum remittit, *spes* autem *non confundit* [5]. Velociter siquidem de curia exeunt qui comitem conveniant, extraordinarie expoliatum ordinarie vestiri ore defensoris precipiant, de jure in curia ejus raciocinando certa die decertent. Quod cum refutasset, ulcisci festinans defensor, collecto exercitu multo, in eum exiliit prefatumque castrum agrediens, modo armis, modo igne impugnans, multo congressu expugnavit, turrimque ipsam militari custodia munivit et munitam Hugoni, sicut spoponderat, restituit [f].

[IV.] Movet itidem exercitum ad aliud ejusdem comitis castrum nomine Canliacum[6], tentoria figit, machinas impugnato-

d. occupat G.
e. suffraga E.
f. Quo peracto, non cum modico damno suorum, tamen resistensium majori, quia ibi non erat Matheus Bellimontensis, nec ira justa ejus propter inobedientiam deferbuit, imo exercitum movet... F. *Les Chroniques de Saint-Denis* (III, 214) *traduisent le texte de Suger tel que nous l'imprimons.*

---

1. Mathieu Ier, comte de Beaumont-sur-Oise.
2. Clermont-sur-Oise, Oise.
3. Luzarches, Seine-et-Oise, ch.-l. de cant.
4. Comme le remarque M. Luchaire (*Recherches*, p. 50), c'est la première fois que Suger donne ce titre à Louis le Gros; il semble donc que le prince était dès lors associé à son père Philippe. Or cet événement doit dater (M. Luchaire le prouve) de l'an 1100 ou au plus tard de 1101. L'expédition contre le comte de Beaumont est donc au plus tôt de 1101. Elle eut lieu, dit Ordéric Vital (IV, 287-288), l'année qui suivit celle contre Bouchard de Montmorency.
5. S. Paul, *Ad Roman.*, V, 5.
6. Chambly, Oise, cant. Neuilly-en-Thelle.

rias instrui precepit *g*. Verum multo aliter quam sperabat evenire contigit. Mutata quippe grata*h* aeris temperie, ingrata et turbulenta intemperies emersit, tantoque et tam horribili inpluvio, tonitruorum choruscatione totam terram in nocte turbavit, exercitum affecit, equos cecidit *i*, ut vix vivere quidam eorum sperarent. Quo intolerabili horrore, cum quidam de exercitu in aurora fugam matutinam pararent *j*, dormitante adhuc defensore in papilione, dolose tentoriis ignis est applicitus *k*, ex quo, quia signum est recedendi, subito exercitus tam incaute quam confuse exire festinant, inopinatam recessionem formidantes *l*, nec quid alii aliis conferant attendentes *m*. Quorum incursu precipiti multoque clamore dominus stupefactus, querens quid esset, equo insiliit post exercitum festinans, quia jam circumquaque dispersi erant, reducere nullo modo valuit. Quid aliud faceret famosus juvenis quam ad arma currere, cum paucis quos potuit retrocedere, murum se pro precedentibus opponere, sepe percuti et sepe percutere *n* ? Verum etsi illi quibus pereuntibus ipse murus erat, quiete et secure potuerunt fugere, tamen, quia multi gregatim et disperse procul ab eo fugiebant, multi ab hostibus capti sunt. Inter quos excellentior captus fuit ipse Hugo Claromontensis, et Guido Silvanectensis [1], Herluinus Parisiensis [2], et obscuri

g. precipit G.
h. grata *deest* D.
i. equos cioidit A, B; occidit F.
j. sperarent D.
k. applicatus B.
l. sperantes B.
m. nec... attendentes *deest* E.
n. Tanta ergo perplexitate coartatus, cum quid eligere deberet ignoraret, postremo tamen mortem, si contingeret, potius elegit quam ignominiosam fugam. Oppidani igitur, confusionem obsidentium attendentes et paucitatem eorum, subito apertis portis exeunt, ut et captioni recedentium intenderent et remanentes fortiter expugnarent. Ut hoc vidit dominus Ludovicus, famosus juvenis, ad arma currens, cum paucis quos potuit recolligere resistit, murum se pro precedentibus opposuit, ibique durum prelium committens, multos ictus sustinuit, quidquid hostis in hostem potuisset cum lacertis hectoreis exercendo, ut fugatos a mortis periculo liberaret. Verum... *a*.

1. Gui II de Senlis (V. Luchaire, *Hist. des institutions monarchiques*, II, 308).
2. Ce personnage appartenait à la famille noble dite de Paris, dont M. Longnon a retracé l'histoire (*Bulletin de la société de l'histoire de Paris*, VI, 1879, 132-144, et notamment p. 141).

nominis quamplures gregarii et pedestris exercitus multi.
Hac igitur lacessitus injuria, quanto rudis et ignarus infortunii hujusmodi hactenus fuerat, tanto cum Parisius redisset
moti animi insolentia intumescebat, et ut ejus etatis mos
est, si tamen sit imitativa *o* probitatis, movet et movetur
et ut cito injuriam ulciscatur exestuans, undecumque triplicato *p* exercitu sagaciter eque ut prudenter, crebro ingeminat suspirio decentius mortem quam verecundiam sustinere. Quod cum amicorum relatione comperisset comes
Matheus, ut erat elegans vir et facetus, impatiens verecundie accidentalis domini sui, multiplicato intercessore viam
pacis affectare summopere investigat. Multa dulcedine, multis blandimentis animum juvenilem demulcere elaborat,
satis convenienter nulla hoc factum deliberatione, sed ex
contingenti accidisse injuriam excusat, seque pronum ad
ejus nutum satisfactioni presentat. In quo quidem, prece
multorum, consilio familiarium, multo etiam patris rogatu,
licet sero, viri animus mollescit, resipiscenti parcit, injuriam
condonat, recuperabilia perdita, comite reddente, restaurat,
captos liberat, Hugoni Claromontensi pacem et quod castri
preoccupati suum erat firma pace reformat.

[V.] Infestabatur nobilis ecclesia Remensis suorum et ecclesiarum ad se pertinentium dilapidacione bonorum, tirannide
fortissimi et tumultuosi baronis Ebali Ruciacensis [1] et filii
ejus Guischardi *q*. Qui quanto militie agebatur exercitio,
erat enim tante magnanimitatis ut aliquando cum exercitu
magno, quod solos reges deceret, in *r* Hispaniam proficisceretur [2], tanto insanior et rapacior his explendis depreda-

o. inmitativa D; immutativa F.
p. extriplicato D.
q. Guichardi D; Guiscardi G.
r. in *deest* G.

1. Ebles II, comte de Roucy (Aisne). Ce seigneur mourut vers 1104. Son fils Guichard mourut avant lui, et le comté revint au fils d'Ebles, Hugues Cholet. — Cette campagne de Louis le Gros doit dater de 1102 ou de 1103.
2. Cette expédition d'Espagne paraît dater de 1073 ; il y est fait allusion dans une lettre de Grégoire VII (Jaffé, *Bibl. rer. germ.*, *Monumenta Grego-riana*, p. 16).

cionibus, rapinis et omni malitie insistebat. Tanti ergo et tam facinorosi viri apud dominum regem Philippum centies, et modo apud filium bis aut ter lugubri querela deposita, filius invective exercitum mediocrem fere septingentorum militum de nobilioribus et validioribus *s* Francie optimatibus delectum cogit, Remis festinat, pene per duos menses multo conflictu preteritas punit ecclesiarum molestias, ejusdem prefati tiranni et fautorum *t* ejus depopulatur terras, incendio solvit, rapinis exponit. Egregie factum, ut qui rapiebant rapiantur et qui torquebant eque aut durius torqueantur. Tanta siquidem erat domini et exercitus animositas, ut quamdiu ibi fuerit, aut vix aut nunquam, preter feria sexta et die dominica, quieverint *u* quin aut cum manuali congressione lancearum ac gladiorum committerent, aut terrarum destructione illatas injurias vindicarent. Certabatur ibi non contra Ebalum tantum, sed contra omnes illarum partium barones *v*, quibus etiam maximorum Lotharingorum *w* 1 affinitas multo agmine celebrem affectabat exercitum. Agitur interea multis questionibus de pace *x*, et quoniam diverse cure periculosaque negocia ad alias partes novi domini presentiam votive devocabant, habito cum suis consilio, pacem a prefato tiranno ecclesiis et impetravit et imperavit *y* et acceptis obsidibus, eam jurejurando firmari fecit. Taliter salutatum et flagellatum dimisit *z*, hoc etiam quod de Castro novo 2 repetebat in diem distulit.

s. et validioribus *deest* B, E.
t. factorum *corr. post.* A; factorum D, E.
u. quieverunt D.
v. barones quos evocaverat F.
w. Lotharingorum, Alemanorum F. *M. Huguenin propose à tort de corriger* maximorum *en* proximorum.
x. de pace, Ebalo supplicante, cum tot damna non posset amplius tolerare neque ad pugnam ingredi campum belli, quamvis par viribus esset F.
y. et imperavit *deest* F.
z. taliterque flagellatum et humiliatum F.

1. Le manuscrit F ajoute aux Lorrains les Allemands; ce doit être une addition maladroite au texte de Suger, car celui-ci emploie toujours l'expression *Teutonici*.
2. Neufchâtel-sur-Aisne, Aisne, ch.-l. de cant.

[VI.] Et nec minus celebrem Aurelianensi ecclesie suffragando tulit opem militarem, cum et Leonium [a], virum nobilem Mauduni [1][b] castri, episcopi Aurelianensis hominem, majorem ejusdem castri partem et alterius dominium prefate ecclesie auferentem, manu forti compescuit, in eodem castro eum cum multis inclusit, castroque recepto, cum in [c] proxima domui sue ecclesia, erectis propugnaculis, defensioni inniteretur, ut fortis fortiori subicitur, armorum et flammarum ingestione intolerabiliter opprimitur. Nec solus diuturni anathematis multam solvit, cum et ipse et multi [d] alii ferme sexaginta, flamma prevalente, de turre corruentes, lancearum erectarum et occurrentium sagittarum cuspide perfossi, extremum spiritum exalantes, miseras animas cum dolore ad inferos transtulerunt [e].

[VII.] Castrum quod dicitur Mons Acutus[2] validissimum, in pago Laudunensi, occasione cujusdam matrimonii contigit Thomam de Marna[3] optinuisse, hominem perditissimum, Deo et hominibus infestum. Cujus intolerabilem velut immanissimi lupi rabiem, inexpugnabilis castri audacia concrescentem, cum omnes circumquaque compatriote et formidarent et obhorrerent, ipse qui dicebatur pater ejus Engerrannus de Bova[4], vir venerabilis et honorificus, egregie et preter alios illum de castro cicere ob ejus fauciosam tirannidem demoliebatur. Communicatum est inter eos, ipsum

[a]. Leonum E.
[b]. Maduni D.
[c]. in *deest* E, G.
[d]. cum ipse et multi B G.
[e]. transmiserunt G.

---

1. Meung-sur-Loire, Loiret, ch.-l. de cant.
2. Montaigu, Aisne, cant. Sissonne. Il existe encore des ruines de ce château.
3. Thomas de Marle, l'un des plus puissants barons du nord du royaume. Jusqu'à la mort de son père, Enguerrand de Boves, sire de Coucy, il prit son nom de la terre de Marle, possession à lui léguée par sa mère, Ada de Roucy, première femme d'Enguerrand. Sur Thomas de Marle et ses brigandages, voir un passage souvent cité de Guibert de Nogent, *De vita sua*, III, c. 11.
4. Enguerrand de Boves, sire de Coucy, comte d'Amiens. Les mots *qui dicebatur pater ejus* font allusion aux doutes que la conduite plus que légère de la première femme d'Enguerrand, Ada de Roucy, avait fait naître touchant la légitimité de Thomas de Marle. Sur les mésaventures conjugales du sire de Boves, voir le passage cité de Guibert de Nogent.

videlicet Engerrannum et Ebalum Ruciacensem [1], cum omnibus quos allicere sibi potuerunt, castrum et in castro eum obsidere, circumquaque eum et palo et vimine circumcingere, eumque multa mora fame periclitantem ad dedicionem cogere, castrumque, si posset [f] fieri, subvertere, eumque perhenni carcere condempnare. Quod videns vir nequam, jam firmatis castellis, cum necdum vallo [g] ab alio ad aliud clausum esset, nocte furtim exiliit, et festinans ad famosum juvenem, collaterales ejus muneribus et promissis corrupit, et ut ei [h] militari suffragaretur subsidio citissime obtinuit. Flexibilis [i] quippe et etate et moribus, collecto septingentorum militum exercitu, ad partes illas festinat accedere. Qui cum castello Acuti Montis appropinquaret, viri qui castrum circumcluserant nuntios ad eum delegant, tanquam designato domino ne removendo eos ab obsidione vituperium inferat supplicant, opponentes ne pro perditissimo homine servitium tantorum amittat, infaustum pernitiosius sibi quam eis, si nequam tuto remaneat, veraciter profitentes. At vero, cum nec blandiciis nec minis a proposito [j] eum devocare valerent, veriti sunt in designatum dominum committere, et proponentes, cum ipse rediret, ad obsidionem [k] recidivo bello redire, cesserunt et quicquid facere vellet inviti sustinuerunt. Ipse vero in manu potenti, disruptis et defossis circumquaque omnibus municipiis, Acutum Montem emancipavit, et tam armis quam victualibus, eorum sophismata denodans, copiosum reddidit. Eapropter optimates, qui amore et timore ejus cesserant, quia in nullo pepercerat succensentes, dolent nec ulterius se ei deferre jurejurando minantur. Cumque eum regredi [l] conspitiunt,

f. possidet D.
g. vallum F.
h. ut et ei D.
i. flebilis B.
j. a promisso et proposito F.
k. ab obsidione B, D. — La leçon adoptée est fournie par tous les autres manuscrits; elle est passée dans les *Chroniques de Saint-Denis*, III, 220.
l. egredi E.

---

1. Ebles, comte de Roucy, nommé plus haut, allié d'Enguerrand de Boves. — Cette affaire de Montaigu paraît dater de l'an 1104; voir la note que lui a consacrée D. Toussaint Duplessis, *Hist. de Coucy*, notes, p. 42-44.

castra movent, acies bellatorum componunt, ipsumque tanquam inituri cum eo prosequuntur. Hoc unum mutue congressioni oberat, quod inter acies utriusque partis torrens 'arde transitum porrigens convenire prohibebat. Sic utraque classica *m* et *pila minantia pilis*[1] prima et altera die se conspicantur, cum subito venit ad Francos quidam joculator *n* probus miles ab opposita parte, nuntians irrefragabiliter primo quo inveniretur accessu eos committere et illatam pro libertate injuriam hastis et gladiis vindicare, seque ad naturalem dominum, ut pro eo et cum eo dimicet, eos dimisisse. Insonuit rumor per tentoria castrorum et militum audacia tripudiat. Loricarum et galearum splendida pulchritudine se exornant, animositatem exagitant, et si forte transitus eis *o* occurrat, torrentem transilire accelerant *p*, dignum ducentes magis ut hostes aggrediantur quam quod se defendant *q*. Quod videntes nobilissimi viri Engerrannus de Bova, Ebalus de Ruciaco, comes Andreas de Rameru *r* [2], Hugo Albus de Firmitate [3], Robertus de Capiaco [4] et alii sapientes et discreti, audaciam designati domini admirantes, consulte ei deferre elegerunt, et pacifice ad eum venientes, pubertatem ejus amplexati sunt, dextrasque amicitie contendentes, se et suos ejus servitio spoponderunt. Nec multo post, ut divine ascribatur voluntati impiorum subversio *s*, et castrum et matrimonium incestu consanguinitatis fedatum divortio amisit[5].

m. clasica A, D.
n. joculator *deest* F.
o. ei D.
p. deliberant F.
q. quam aggredi se permittant F.
r. Ramerii D, E; Ramerru G.
s. submersio F.

---

1. Lucain, *Pharsale*, I, 7.
2. Ramerupt, Aube, ch.-l. de canton. — Cet André, comte de Ramerupt et d'Arcis, vivait au début du XIIe siècle; il était frère d'Ebles de Roucy. Voir sur lui d'Arbois de Jubainville, *Comtes de Champagne*, II, 39.
3. Hugues, dit le Blanc, seigneur de la Ferté-Milon.
4. Robert de Péronne, seigneur de Cappy (Somme, cant. Bray-sur-Somme), frère d'Enguerrand de Boves. Il mourut entre 1106 et 1109. (Duplessis, *Hist. de Coucy*, p. 19.)
5. On ne connaît pas le nom de la dame de Montaigu, parente de Thomas de Marle, épousée par lui en secondes noces. (Duplessis, 27.)

[VIII.] His et aliis virtutum provectibus designatus dominus conscendens, regni administracioni et reipublice, sicut se rei oportunitas offerebat, sagaciter providere, recalcitrantes perdomare, castella infestancia quibuscumque modis aut occupare aut incurvare strenue satagebat. Unde cum Guido Trusellus[t], filius Milonis de Monte Leherii [1], viri tumultuosi et regni turbatoris, a via Sancti Sepulchri domum repedasset, fractus longi itineris anxietate et diversarum penarum molestia, et quia extraordinarie Antiochiam timore Corbarani[u] per murum descendens [2] Deique exercitum intus obsessum relinquens, toto corpore destitutus defecit [3], timensque exheredari[v], unicam quam habebat filiam, domini regis Phylippi et filii Ludovici voluntate et persuasione, valde enim appetebant castrum, filio regis Phylippo, de superducta Andegavensi comitissa, nuptui tradidit, et, ut in amorem suum frater major dominus Ludovicus firmissime confederaret, castrum Meduntense [4] prece patris matrimonio confirmavit. Qua occasione castro custodie sue recepto, tanquam si oculo suo festucam eruissent aut circumsepti repagula dirupissent, exhilarescunt. Testabatur quippe pater filio Ludovico, nobis audientibus, ejus defatigatione acerbissime gravatum : « Age, inquiens, fili Ludovice, serva excubans turrim, cujus devexatione pene consenui, cujus dolo et fraudulenta nequitia nunquam pacem bonam et quietem habere potui. » Hujus infidelitas fideles infideles, infideles infidelissimos procreabat, perfidos comminus eminusque concopulabant[w], nec in toto regno quic-

t. Trussellus D, F, G ; Trucellus E.
u. Corboranni B; Corbaran F.
v. exheredari futuro tempore per d. Ludovicum F.
w. copulabant G.

---

1. Gui Troussel était fils de Milon Ier de Montlhéry ; sa mère était Lithuise, vicomtesse de Troyes, ses frères Renaud, vicomte de Troyes, et Milon II de Montlhéry, dont il hérita. (D'Arbois, II, 131.)
2. Sur cette fuite honteuse, voir Pierre Tudebode (*Hist. occidentaux des croisades*, III, 67) et Orderic Vital (III, 545). L'émir d'Antioche ici nommé est le célèbre Kerbogha.
3. La phrase de Suger est assez incorrecte; il faudrait *reliquerit* au lieu de *relinquens* ; nous laissons le texte tel que le donnent tous les manuscrits.
4. Mantes, Seine-et-Oise.

quam mali absque consensu eorum aut opere fiebat. Cumque a fluvio Sequane Curboilo [x][1], medio vie Monte Leherii, a dextera Castello Forti [2] pagus Parisiacus circumcingeretur, inter [y] Parisienses et Aurelianenses tantum confusionis chaos firmatum erat, ut neque hi ad illos neque illi ad istos absque perfidorum [z] arbitrio nisi in manu forti valerent transmeare. Verum prefati causa matrimonii sepem rupit, accessum jocundum utrisque reparavit.

Huc accessit quod Guido, comes de Rupe Forti [3], vir peritus et miles emeritus, prefati Guidonis Truselli patruus, cum ab itinere Iherosolimitano famose copioseque redisset, regi Phylippo gratanter adhesit, et quia antiqua familiaritate jam et alia vice ejus dapifer extiterat, tam ipse quam filius ejus dominus Ludovicus agendis reipublice dapiferum [4] prefecerunt, ut et castrum prenominatum Montis Leherii deinceps quiete possiderent, et de comitatu eorum collimitante, videlicet Rupe Forti et Castello Forti et aliis proximis castellis, et pacem et servitium, quod insolitum fuerat [a], vendicarent. Quorum mutua eo usque processit familiaritas, ut patris persuasione filius dominus Ludovicus filiam ejusdem Guidonis necdum nubilem matrimonio sollempni reciperet. Sed quam sponsam recepit, uxorem non habuit, cum ante thorum [b] titulus consanguinitatis oppositus matrimonium post aliquot annos dissolverit [5]. Sic cum per triennium

x. Curbolio D, E, G; Curboliolo B.
y. et inter B.
z. atque perfidorum D.
a. fuerant B.
b. thronum *prius* A; thronum B.

---

1. Corbeil, Seine-et-Oise.
2. Châteaufort, Seine-et-Oise, cant. Palaiseau. Il existe encore une partie de l'ancien château de ce nom.
3. Gui le Rouge, comte de Rochefort, cant. Dourdan. Même remarque que ci-dessus. Frère de Milon Ier de Montlhéry.
4. En effet, le comte de Rochefort était sénéchal dès 1091; il fut bientôt remplacé par Payen de Garlande (vers 1096); de retour de Terre-Sainte, il fut réinstallé dans cette charge en 1104; les évènements dont le récit suit datent donc vraisemblablement de 1105. (Luchaire, *Institutions sous les premiers Capétiens*, I, 177-178.)
5. Cette jeune dame s'appelait Lucienne. Louis le Gros fit dissoudre ce mariage au concile de Troyes en 1107 (voir plus loin). M. Luchaire (*ouvr. cité*, I, 178) attribue la rupture avec la famille de Rochefort aux intrigues des Garlande, qui rentrèrent en grâce à l'avènement de Louis VI.

continuata est amicicia, ut et pater et filius se ei supreme crederent, et ipse comes Guido filiusque ejus Hugo Creciacensis [1] regni defensioni et honori totis viribus inniterentur. Verum quia

Quo semel est imbuta recens servabit odorem
Testa diu [2];

viri de Monte Leherii, consuete perfidie emuli, dolose machinati sunt per Garlandenses fratres [3], qui tunc regis et filii incurrerant inimicicias, quo modo vicecomes Trecensis Milo [4], minor frater Guidonis Trusselli, cum matre vicecomitissa [5] et magna manu militum venit castroque ab omnibus votivo receptus perjurio, benefitia patris sepius lacrimando replicat, generosam et naturalem eorum industriam representat, fidem mirabilem predicat, generosam et naturalem eorum industriam representat, fidem mirabilem predicat, revocationi sue gratiarum actiones reportat, et ut bene cepta bene perfitiant, genibus eorum provolutus, suppliciter exorat. Tali et tam lugubri geruflexione flexi, currunt ad arma, festinant ad turrim, committunt contra defensores turris gladiis, lanceis, igne, sudibus et saxis acerrime, ut et antemurale turris pluribus in locis perfoderent et multos turrim defendencium ad mortem vulnerarent. Erat siquidem in eadem turre uxor prefati Guidonis et filia domino Ludovico desponsata. Quod cum auribus dapiferi Guidonis insonuisset, ut erat vir magnanimus [c], expedite exiliit, et cum quanta manu militum potuit castello audacter appropinquavit, sed ut [d] se undecumque sequantur velociter, velocissimos nuntios misit. Qui autem turrim impugnabant, a monte eum videntes, quia nondum turrim vincere potuerant, adventum subitum domini Ludovici tanquam

c. unanimis B.
d. sed et ut B.

---

1. Sénéchal de France en 1107.
2. Horace, *Epist.*, I, 2, v. 69-70.
3. Ils étaient quatre frères, Anseau, Etienne, Gilbert et Guillaume. (Luchaire, *ouvr. cité*, I, 178-179.)
4. Voir plus haut, p. 18, note 1.
5. Nommée Lithuise.

jugulum formidantes, retrocesserunt et an starent, an fugam facerent herere ceperunt. Guido vero, ut erat strenuus et in arto providus, Garlandenses consulte a castro ascivit, pacem regis et domini Ludovici et gratiam jurejurando firmavit, et eos et eorum [complices] *e* taliter ab incepto removit, eorumque defectu et ipse Milo defecit et celerem fugam, infecta fauctione *f*, flens et ejulans arripuit. Quo audito, dominus Ludovicus ad castrum celerrime acceleravit, compertaque veritate, quia nichil perdiderat gaudebat, et quia factiosos non invenerat ut eos patibulo affigeret, dolebat. Remanentibus vero, quia Guido jurejurando firmaverat, pacem dominus Ludovicus servavit, sed ne quid simile deinceps molirentur, totam castri municionem preter turrim [1] dejecit.

[IX.] Id circa temporis *g* [2], illustrem Anthiochenum principem Boamundum, cui specialiter illa potenti obsidione ipsa ejusdem urbis, ob sui strenuitatem, reddita est munitio, contigit ad partes Gallorum *h* descendisse, virum inter Orientales egregium et famosum, cujus quoddam generosum, et quod nunquam sine diva manu fieri posset, factum etiam inter ipsos predicabatur Saracenos. Cum enim cum patre suo Roberto Guiscardo *i* fere *j* transmarinum obsedisset castrum Durachium [3], nec Thessalonicences gaze, nec thesauri Constantinopolitani, nec ipsa Grecia tota eos arcere valeret, subito post eos transfretantes domini pape

---

e. complices *manque dans tous les manuscrits, sauf* G.
f. factione G.
g. Tout ce récit du voyage de Bohémond en France manque dans F (voir pourtant aux additions); par contre, on le retrouve dans C, qui débute ainsi : *Per idem tempus.*
h. Gallarum E.
i. Guichardo D; Guischardo B, C, E, C.
j. forte B. Nous donnons *fere* d'après 5 manuscrits; ce mot porte sur *obsedisset*, lequel signifie ici *s'emparer de*.

---

1. Le célèbre donjon de Montlhéry, encore aujourd'hui existant, appartient vraisemblablement au XIIIe siècle.
2. Ce voyage de Bohémond d'Antioche est daté par Ordéric Vital de mars 1106 (IV, 210 et suiv.). Ce prince venait accomplir un vœu fait par lui à saint Leonard durant sa captivité en Orient.
3. Durazzo, en Albanie. Cette ville fut prise par Bohémond le 8 février 1082.

Alexandri [1] legati, qui eos et caritate Dei et obligatione hominii adjurando submoneant, assistunt, ut ecclesie Romane et domino pape in turre Crescentiani [2] *k* incluso ab imperatore eripiant, devotissime supplicant, naufragari urbem et ecclesiam, immo ipsum dominum papam, si non cito subvenerint, jurejurando pronuntiant. Herent principes et quid eligant, an expeditionem tantam et tam sumptuosam irrecuperabiliter omittant, an dominum *l* papam, Urbem et ecclesiam ancillari, immo naufragari sustineant. Cumque hac anxiarentur deliberatione, hoc excellentissimum eligunt *m*, istud facere et illud non omittere deliberant. Relicto siquidem obsidioni Boamundo, pater in Apuliam transfretando regressus, undecumque potuit, de Sicilia, Apulia et Calabria atque Campania viros et arma collegit, et tam promptissime quam audacissime Romam acceleravit. Unde divina voluntate et quasi portentum mirabile contigit, ut cum iste Romam, et imperator Constantinopolitanus, audita Roberti absentia *n*, adunato Grecorum exercitu, ad expugnandum Boamundum Durachium tam terra quam mari applicuisset, una et eadem die pater Guiscardus Rome cum imperatore congrediens, ille cum Grecorum imperatore strenue confligens, uterque princeps de utroque imperatore, mirabile dictu, triumphavit [3]. Prefati igitur Boamundi ad partes istas adventus causa fuit *o* ut nobilissimam domini Ludovici designati sororem Constanciam, moribus facetam, persona elegantem, facie pulcherrimam, matrimonio sibi

k. Crescentia C.
l. ad dominum papam D, C; *dans celui-ci on a plus tard corrigé* an.
m. eligunt *deest* B.
n. anbsentia A, E; abscencia B.
o. fuerit D.

1. Erreur de Suger: c'est Grégoire VII et non Alexandre II, qui implora l'appui de Robert Guiscard, vassal du Saint-Siège pour la Pouille et la Calabre.
2. La tour de Crescentius est le château Saint-Ange; du moins c'est dans cette forteresse que s'était réfugié Grégoire VII, attaqué par l'empereur Henri IV.
3. La prise et le sac de Rome par les bandes de Robert Guiscard date de 1084. Suger s'est donc trompé en mettant au même jour ce fait d'armes et la bataille de Durazzo; mais on peut expliquer facilement cette erreur. En effet, on sait par la Chronique française de Robert Guiscard (éd. Champollion, p. 309), que l'empereur de Constantinople, ayant profité de l'absence de

copulari quibuscumque modis queritaret. Tanta etenim
et*p* regni Francorum et domini Ludovici preconabatur
strenuitas, ut ipsi etiam Saraceni hujus terrore copule ter-
rerentur. Vacabat domina *q*, comitem Trecensem Hugonem
procum aspernata [1], nec dedecentem *r* sponsum iterata
copula appetebat. Callebat princeps Anthiochenus, et tam
donis quam promissis copiosus, dominam illam celeberrime
sibi copulari Carnoti [2], presente rege et domino Ludovico,
multis astantibus archiepiscopis, episcopis et regni proceribus, devote promeruit. Astitit etiam ibidem Romane sedis
apostolice legatus, dominus Bruno, Signinus episcopus [3], *r*
domino Paschali papa, ad invitandam et confortandam
sancti Sepulchri viam dominum Boamundum comitatus.
Unde plenum et celebre Pictavis tenuit concilium, cui et
nos interfuimus, quia recenter a studio redieramus, ubi de
diversis sinodalibus et precipue de Ierosolimitano itinere
ne tepescat agens, tam ipse quam Boamundus multos ire
animavit [4]. Quorum freti comitatu multo multaque militia,
tam ipse Boamundus quam domina Constancia necuon et
ipse legatus ad propria prospere et gloriose remearunt.
Que domina Constancia domino Boamundo duos genuit
filios, Johannem et Boamundum, sed Johannes ante annos
militie in Apulia obiit. Boamundus vero, decorus juvenis,
militie aptus, princeps factus Antiochenus, cum Saracenos
instanter armis urgeret, nec eorum zelantes impetus aliquid

p. etenim regni E ; tanta enim et B, C, D.
q. ut ipsi... domina *deest* C D.
r. decentem B.

Robert pour attaquer Bohémond, fut battu par celui-ci le jour même de
l'entrée de Guiscard à Rome. Voir encore l'Anonyme latin, dit du Vatican,
publié par Muratori *(Script. rer. Ital.*, VIII, 773) ; il y a même entre le texte
de Suger et l'Anonyme des rapports indéniables, mais malaisés à expliquer.

1. Hugues, premier du nom. Ce premier mariage était déjà consommé en
1103. (Bréquigny, *Table des diplômes*, II, 353.)
2. Après Pâques 1106, dit Ordéric Vital (IV, 213) ; en 1106, Pâques tomba le
25 mars. Bohémond prononça dans cette assemblée un grand discours, à la
suite duquel nombre de seigneurs présents prirent la croix.
3. Evêque de Segni ; plus connu comme théologien sous le nom de Brunon
d'Asti.
4. Ce concile de Poitiers est daté par la Chronique de Maillezais du 6 des
calendes de juillet (27 juin 1106). Il est également mentionné sous l'année
1106 par la Chronique de Saint-Maixent. (*Chroniques des églises d'Anjou*, 423.)

duceret, minus caute eos insecutus, insidiis eorum interceptus, cum centum militibus [s] equo animosior infauste decapitatus, Antiochiam et cum Apulia vitam amisit [1].

Sequenti itaque prefati Boamundi repatriationis anno [t], venerande memorie universalis et summus pontifex Paschalis [2] ad partes occidentales accessit [u] cum multis et sapientissimis viris, episcopis et cardinalibus et Romanorum nobilium comitatu, ut regem Francorum et filium regem designatum Ludovicum et ecclesiam Gallicanam consuleret super quibusdam molestiis et novis investiture ecclesiastice querelis, quibus eum et infestabat et magis infestare minabatur Henricus imperator [3], vir [v] affectus paterni et tocius humanitatis expers, qui et genitorem [w] Henricum crudelissime persecutus exheredavit et, ut ferebatur, nequissima captione tenens, inimicorum verberibus et injuriis, ut insignia regalia, videlicet coronam, sceptrum et lanceam sancti Mauricii [4], redderet nec aliquid in toto regno proprium retineret [x], impiissime coegit [y]. Equidem deliberatum est Rome, propter [z] Romanorum conducticiam perfidiam, de prefatis, immo [a] de omnibus questionibus tucius regis et

s. milibus E.
t. Ici commence le troisième fragment donné par C ; écrit d'une autre main, il débute dans le manuscrit par les mots suivants : Anno dominice Incarnationis M° C° V°, venerande... — M. Huguenin propose à tort de corriger quinto anno.
u. accessit deest in omnibus codd., præter G.
v. Hic vir erat F ; vir deest C.
w. nam genitorem F.
x. teneret C, G.
y. coegerat F.
z. propter ejus sevitiam et F. Cf. Chroniques, III, 231.
a. omnino de C.

1. Bohémond Ier d'Antioche mourut en février 1111. Ordéric Vital parle souvent de son fils Bohémond II, mais il ne mentionne pas le frère de celui-ci, Jean, nommé ici. Bohémond II mourut tout jeune encore dans une embuscade sur les bords de l'Euphrate, en 1130 (Ordéric Vital, IV, 246, 266-268). Le récit de Suger paraît exact.
2. Pascal II (1099-1118). Nous empruntons la plupart des dates suivantes aux *Regesta* de Jaffé (éd. Wattenbach). Le pape célébra la Noël de l'an 1106 à Cluny ; il était à Lyon le 28 janvier 1107.
3. Henri V (1106-1125).
4. On trouvera cette lance, dite de saint Maurice, figurée dans Leitner, *Die hervorragendsten Kunstwerke der Schatzkammer des OEsterreichischen Kaiserhauses* (Vienne, 1870-73, in-fol.), p. 27. Dans le même ouvrage, on trouvera reproduite une couronne du XIe siècle, remaniée au XIIe sous Conrad III, et qui a peut-être servi à Henri IV et à Henri V.

regis filii et ecclesie Gallicane in Francia quam in Urbe disceptare suffragio *b*. Venit itaque Cluniacum, a Cluniaco ad Caritatem ¹, ubi celeberrimo archiepiscoporum et episcoporum et monastici ordinis conventu eidem nobili monasterio sacram *c* dedicationis imposuit. Affuerunt et nobiliores regni proceres, inter quos et dapifer regis Francie, nobilis comes de Rupe Forti, domino pape missus occurrit, ut ei tanquam patri spirituali *d* per totum regnum ejus beneplacito deserviret. Cui consecrationi et nos ipsi *e* interfuimus, et contra dominum episcopum Parisiensem Galonem, multis querimoniis ecclesiam beati Dionisii agitantem, in conspectu domini pape viriliter stando, aperta ratione et canonico judicio satisfecimus². Cumque Turonis apud Sanctum Martinum, ut mos est romanus *f* frigium ³ ferens, *Letare Ierusalem* celebrasset⁴, ad venerabilem beati Dionisii locum, tanquam ad propriam beati Petri sedem, benivolus et devotus devenit⁵. Qui gloriose et satis episcopaliter receptus, hoc unum memorabile et Romanis insolitum et posteris reliquit exemplum, quod nec aurum, nec argentum, nec preciosas monasterii margaritas, quod multum timebatur, non tantum non affectabat, sed nec respicere dignabatur. Sanctorum pignoribus humillime prostratus, lacrimas compunctionis offerebat, holocaustum *g* seipsum Domino et *h* sanctis ejus toto animo inferebat, et ut de vestimentis episcopalibus beati Dionisii sanguine

b. naufragio B.
c. sacramentum C.
d. spiritualis A, D.
e. et nos qui historiam domini Ludovici scripsimus F.
f. Romanis C.
g. tanquam holocaustum F. Cf. *Chroniques*, III, 233.
h. id est sanctis C.

1. La Charité-sur-Loire. La consécration de l'église de ce prieuré clunisien eut lieu le 8 mars 1107.
2. Galon, évêque de Paris de 1104 à 1116. Sur les querelles entre ce prélat et les moines de Saint-Denis, voir *Gallia Christ.*, VII, 55-56; les moines s'adressaient à d'autres évêques pour l'obtention des sacrements; le pape les en réprimanda.
3. Ou mieux *phrygium*. C'est la tiare actuelle, mais plus basse et ornée d'une seule couronne à la base de la mitre.
4. Le pape était encore à Tours les 1 et 2 avril; le 4ᵉ dimanche de carême tomba en 1107 le 24 mars.
5. Le pape, encore à Chartres le 19 avril, était à Saint-Denis dès le 30 du même mois.

madefactis ad patrocinandum aliqua ei daretur porciuncula
suppliciter exoravit : « Ne *i* displiceat, inquiens, si de vesti-
« mentis ejus nobis vel parum reddideritis, qui eum vobis
« apostolatu Gallie insignitum absque murmure destinavi-
« mus. » Occurrit [1] itaque ei ibidem rex Phylippus et
dominus Ludovicus filius ejus gratanter et votive, amore
Dei majestatem regiam pedibus ejus incurvantes, quemadmodum consueverunt ad sepulchrum piscatoris Petri reges
submisso diademate inclinari, quos dominus papa manu
erigens, tanquam devotissimos apostolorum filios *j* ante se
residere *k* fecit. Cum quibus de statu ecclesie ut sapiens
sapienter agens, familiariter contulit eosque blande demul-
cens, beato Petro sibique ejus vicario supplicat opem ferre,
ecclesiam manutenere, et sicut antecessorum regum Francorum Karoli Magni *l* et aliorum mos inolevit, tyrannis et
ecclesie hostibus et potissimum Henrico imperatori audacter
resistere. Qui amicicie, auxilii et consilii dextras dederunt,
regnum exposuerunt *m*, et qui cum eo Catalaunum [2] imperatoris legatis occurrere festinent, archiepiscopos et episcopos et abbatem Sancti Dionisii Adam, cum quo et nos
fuimus, conjunxerunt. Ubi cum dominus papa *n* aliquantisper demoraretur, ex condicto ipsi *o* imperatoris Henrici
legati, non humiles, sed rigidi et contumaces, cum apud
Sanctum Memmium [3] hospitia suscepissent, relicto inibi *p*
cancellario Alberto [4], cujus oris et cordis unanimitate ipse
imperator agebat, ceteri ad curiam multo agmine, multo
fastu, summe falerati devenerunt. Hi siquidem erant archi-

i. nec F.
j. filios *deest* C.
k. sedere F; *séoir devant luy* (*Chroniques*, III, 233).
l. Pipini, Caroli magni, Ludovici pii F. Cf. *Chroniques*, III, 233.
m. disposuerunt C.
n. Veniens autem dominus papa Cathalaunum, cum ibi F.
o. sibi C; ipsius F.
p. ibi C.

1. L'entrevue entre le pape, le roi et le prince Louis eut lieu au commencement de mai; dès le 3, Pascal II était à Lagny.
2. Le pape dut arriver à Châlons-sur-Marne vers le 10 mai.
3. Saint-Menge-lès-Châlons, abbaye de l'ordre de Saint-Augustin.
4. Adalbert de Sarrebruck, archevêque de Mayence.

episcopus Treverensis *q*, episcopus Alvertatensis, episcopus Monasteriensis [1], comites quamplures, et cui gladius ubique preferebatur dux Welfo [2], vir corpulentus *r* et tota superfitie longi et lati admirabilis et clamosus, qui tumultuantes magis ad terrendum quam ad raciocinandum missi viderentur. Singulariter et solus Treverensis archiepiscopus, vir elegans et jocundus, eloquentie et sapientie copiosus, gallicano coturno exercitatus, facete *s* peroravit, domino pape et curie salutem et servitium ex parte domini imperatoris deferens, salvo jure regni. Et prosequens de mandatis : « Talis est, inquit, domini nostri imperatoris pro qua
« mittimur *t* causa. Temporibus antecessorum nostrorum *u*,
« sanctorum et *v* apostolicorum virorum magni Gregorii et
« aliorum, hoc ad jus imperii pertinere dinoscitur, ut in
« omni electione hic ordo servetur : antequam electio in
« palam proferatur, ad aures domini imperatoris perferre,
« et si personam deceat, assensum ab eo ante factam elec-
« tionem assumere; deinde in conventu secundum canones,
« peticione populi, electione cleri, assensu honoratoris *w*
« proferre, consecratum libere nec simoniace ad dominum
« imperatorem pro regalibus, ut anulo et virga investiatur,
« redire, fidelitatem et hominium facere. Nec mirum, civi-
« tates enim *x* et castella, marchias, thelonea et queque
« imperatorie dignitatis nullo modo aliter debere occupare.
« Si hec dominus papa sustineat, prospere et bona pace
« regnum et ecclesiam ad honorem Dei inherere. » Super his igitur dominus papa consulte, oratoris episcopi Placentini [3] voce, respondit : « Ecclesiam precioso Jesu

q. archie,*p*. Trev. *deest.* B.
r. opulentus C.
s. facere D, E; facile C.
t. mittuntur E.
u. *Même leçon dans tous les exemplaires*; nostrorum *s'applique à l'empereur*.
v. sanctorum et *deest* D, C.
w. *Sic dans tous les manuscrits; les Chroniques de Saint-Denis* (III, 235), *ont traduit comme s'il y avait* imperatoris.
x. etenim E, G.

---

1. Ces prélats sont Brunon, archevêque de Trèves, Réginard de Blankenburg, évêque d'Halberstadt, et Burchard de Holte, évêque de Munster.
2. Duc de Bavière, deuxième du nom.
3. Addo, évêque de 1096 à 1118.

« Christi sanguine redemptam et liberam constitutam, nullo
« modo iterato ancillari oportere *y* ; si ecclesia eo incon-
« sulto prelatum *z* eligere non possit, cassata Christi
« morte, ei serviliter subjacere ; si virga et anulo investia-
« tur, cum ad altaria ejusmodi pertineant, contra Deum *a*
« ipsum usurpare ; si sacratas Dominico corpori et san-
« guini *b* manus laici manibus gladio sanguinolentis obli-
« gando supponant, ordini suo et sacre unctioni derogare. »
Cumque hec et his similia cervicosi audissent legati, teutonico impetu frendentes tumultuabant, et, si tuto auderent,
convicia eructuarent *c*, injurias inferrent. « Non hic,
« inquiunt, sed Rome gladiis hec terminabitur querela. »
Verum papa quamplures viros approbatos et peritos ad
cancellarium misit, qui eum super his composite et placide
convenirent, et audirentur et audirent, et ad pacem regni
eum operam dare obnixe exorarent. Quibus recedentibus,
dominus papa Trecas venit, diu submonitum universale
concilium honorifice celebravit [1], et cum amore Francorum,
quia multum *d* servierant, et timore et odio Theutonicorum
ad sancti Petri sedem prospere remeavit [2].

Imperator vero, secundo fere recessionis ejus anno *e*,
collecto mirabili triginta millium militum hoste [3],

> .... Nullas nisi sanguine fuso
> Gaudet habere vias [4].

y. ancillari potest C.
z. presulatum B.
a. Dominum C.
b. corpore et sanguine C.
c. eruptuarent F.
d. multi C, D.
e. Henricus imperator, egre ferens se privatum investitura Romane ecclesie, de baronum Alemannie consilio collecto F.

---

1. Le pape résida à Troyes du 21 au 23 mai 1107. Des textes réunis par Mansi, *Concilia*, XX, 1217-1220, il résulte que le concile fut tenu vers l'Ascension; en 1107, cette fête tombait le 23 mai. Les actes du concile sont perdus.
2. Pascal II quitta la France entre le 20 et le 29 juillet; à cette dernière date, il était à Lausanne.
3. L'expédition d'Henri V en Italie date en réalité de 1110-1111; il arriva à Rome au mois de février de cette dernière année.
4. Lucain, II, 439-440.

Romam tendit *f*, mire callens pacem simulat, querelam investiturarum deponit, multa et hec et alia bona pollicetur, et ut urbem ingrediatur, quia aliter non poterat, blanditur, nec fallere summum pontificem et totam ecclesiam, immo ipsum *g* Regem regum veretur. Unde, quia audiebant tantam et tam perniciosam ecclesie Dei sopitam questionem, equo aut plus equo Romani quirites *h* tripudiant, clerus supreme *i* exultat, et quomodo eum honorificentius et elegantissime recipiant exhilarati decertant. Cumque dominus papa episcoporum et cardinalium togata cum opertis *j* albis operturis equis constipatus turma, subsequente populo Romano, occurrere acceleraret, premissis qui tactis sacrosanctis euvangeliis ab eodem imperatore juramentum pacis, investiturarum depositionem susciperent, in eo qui dicitur Mons Gaudii [1] loc., ubi primum adventantibus limina apostolorum beatorum isa occurrunt, idipsum iteratur, in porticu vero, mirabilii et universali Romanorum spectaculo, manu propria imperatoris et optimatum triplicatur juramentum. Exinde infinite nobilius quam si Affricana victoria potito *k* arcus triumphalis *l* arrideret, cum hymnis et laudum multiplici triumpho, domini pape manu sacratissima diademate coronatur more Augustorum [2], ad sacratissimum apostolorum altare, precinentium clericorum odis et Alemannorum cantancium terribili clamore celos penetrante, celeberrima et sollempni devotione deducitur. Cum igitur dominus papa, missas gratiarum agens, corpus et sangui-

f. tendit, Pontem tremulum turribus et muris valde munitum, qui transitum exercitui prohibebat, expugnavit et destruxit. Deinde per Tusciam procedens usque ad Aretium, civitatem ipsam destruxit, eo quod cives ejus ecclesiam Sancti Donati, id est episcopium, quod est extra civitatem, destruxerant, sedem illam infra menia sua ponere cupientes. Cumque Romam pervenisset, mire F.
g. Christum regem F.
h. equites G.
i. summe C, E.
j. apertis B.
k. potita C.
l. arcus triumphalis *deest* F.

1. Nous ignorons le nom actuel de cette colline. — L'entrée de l'empereur à Rome et l'arrestation du pape datent du 12 février 1111.
2. Le couronnement d'Henri V n'eut lieu que le 13 avril suivant.

nem Jesu Christi confecisset, partitam Eucaristiam, in amoris impartibilis confederatione et pacti conservatione obsidem mirabilem ecclesie devovens, suscipiendo imperator communicavit. Necdum dominus papa post missam episcopalia deposuerat indumenta [m], cum inopinata nequitia, ficta litis occasione, furor Theutonicus frendens debachatur; exertis gladiis velut pleni mania [n] discurrentes, Romanos tali in loco jure inermes aggrediuntur, clamant jurejurando ut clerus romanus, omnes [o] tam episcopi quam cardinales capiantur aut trucidentur, et quod ultra nulla [p] potest attingere insania, in dominum papam manus impias injicere non verentur. Luctu inexplicabili et dolore precordiali tam nobilitas Romana quam ipse populus luget, fautionem [q] licet sero animadvertunt, alii ad arma currunt, alii sicut stupidi fugiunt nec inopinato hostium bello, nisi cum trabes [r] de porticu deponentes eorum ruinam suam fecerint [s] defensionem, evadere potuerunt. Prefatus autem imperator, pessime consciencie et facinorosi facti perterritus cruciatu, Urbem quantocius exivit, predam a christiano Christianis inauditam, dominum videlicet papam et cunctos quos potuit cardinales et episcopos adducens, Civitate Castellana [1], loco natura et arte munitissimo [t], se recepit; cardinales ipsos [u] turpiter exuens inhoneste tractavit, et, quod dictu nefas est, ipsum etiam dominum papam tam pluviali quam mitra, cum quecumque deferret [v] insignia apostolatus, non veritus in Christum Domini mittere manum, superbe spoliavit, multasque inferens injurias, nec eum

m. vestimenta B.
n. insania B.
o. ōs. A.; *nous lisons* omnes; *on pourrait lire* omnis *et rapporter ce mot à* clerus romanus.
p. ulla non B; que ultra nulla F.
q. factionem C.
r. constrabes D.
s. fecerunt D, G; fecere B.
t. munitissima C.
u. cardinales et episcopos F; cardinales episcopos G; les cardinaulx et les evesques (*Chron.*,' III, 239.) *Dans* F *et* G, episcopos *doit être une mauvaise lecture de* ipsos, *écrit* ipos.
v. cumque deferret C.

---

1. Citta di Castello, province de Pérouse.

nec suos, multo dedecore affligens, dimisit, donec ad prefati pacti solutionem et exinde facti privilegii reddicionem coegit. Aliud etiam de manu domini pape ut deinceps investiret suprepticium[w] privilegium extorsit[1], quod idem dominus papa in magno concilio trecentorum et eo amplius episcoporum judicio ecclesie, nobis audientibus, conquassavit et perenni anatemate in irritum reduxit[2]. Verum si querit quis, quare dominus[x] ita tepide fecerit, noverit quia ecclesia, percusso pastore et collateralibus, languebat et pene eam tirannus ancillans, quia non erat qui resisteret, tanquam propriam occupabat. Cui certum facto dedit experimentum, quod cum fratres, ecclesie columnas, ad tuitionem et ecclesie reparationem quomodocumque solvi fecisset pacemque ecclesie qualemcumque reformasset, ad heremum solitudinis[3] confugit, moramque ibidem perpetuam fecisset, si universalis ecclesie et Romanorum violentia coactum non reduxisset[y]. Verum Dominus Jesus Christus, redemptor et defensor ecclesie sue, nec eam diutius conculcari[z] nec imperatorem impune ferre[a] sustinuit. Qui etenim nec tenti nec fide obligati fuerant, causam ecclesie fluctuantis suscipientes, domini designati Ludovici suffragio et consilio in gallicana celebri concilio collecta ecclesia[4],

w. Surrepticium B, subrepticium C.
x. Sous-entendu papa; *Chron. de S.-D.*, III, 240 : l'apostole.
y. *Les lignes suivantes manquent dans* F, *qui donne en revanche le passage que voici* : Cum imperator Henricus investituras episcoporum, id est annulum et baculum. a papa extorsisset violenter, ut superius dictum est, et idem imperator Romanos muneribus reconciliare studeret, dominus papa ab heremo quam petierat revocatur, et quamvis ecclesia propter patratum facinus importabiliter turbaretur, dominus tamen J.-C., redemptor et deffensor ipsius, non eam diutius conculcari sustinuit. Cardinales namque et ceteri, qui cum papa detenti nec fide obligati fuerant, causam fluctuantis ecclesie suscipientes, regis Francie Ludovici suffragio et consilio...
z. conculcare C.
a. pugne ferre C; pugne fere D.

1. Cet acte est du 12 avril 1111 (Jaffé 2º éd., nº 6290).
2. Suger fait sans doute allusion ici au concile tenu en mars 1112 au Latran par Pascal II. Les actes de cette assemblée sont perdus ; Mansi a publié (XXI, 67-70) la sentence d'excommunication lancée contre l'empereur par les pères du concile. Suger était donc à Rome en 1112 et il put y recueillir la version donnée par lui de la scandaleuse affaire de février 1111.
3. Dans les marais Pontins. Il était réinstallé au Vatican le 26 octobre 1111.
4. Ces assemblées durent se tenir par provinces ecclésiastiques ; nous avons les actes de celle de la province de Vienne (Mansi, XXI, 73-76), présidée

imperatorem tirannum anatemate innodantes, mucrone beati Petri perfoderunt. Deinde regno Teutonico applicantes, optimates et partem regni maximam adversus eum commoverunt, fautores ejus et Bucardum *b* Rufum, Monasteriensem episcopum *c*, deposuerunt, nec ab infestacione aut exheredatione *d* usque in condignam pessime vite et tirannici principatus defavillacionem supersederunt *e* 1. Cujus malo merito transplantatum est, Deo ulciscente, imperium, cum eo exterminato, dux Sauxonie *f* Lotharius successit 2, vir bellicosus, reipublice defensor invictus. Qui, cum recalcitrantem Italiam, Campaniam, Apuliam usque ad mare Adriaticum, presente Siculo comite *g* Rogerio 3, eo quod se regem creasset, depopulando, domino Innocentio pape comitatus perdomuisset, cum nobilissimo triumpho repatrians, victor sepulture succubuit 4. Hec et alia hujusmodi *h* eorum scriptores depingant, nos, quia proposuimus, gestis Francorum stilum replicemus.

[X.] Prefatus itaque comes Wido *i* de Rupe Forti 5, quoniam emulorum 6 machinatione matrimonium quod contrahebatur

b. Burcardum C; Buchardum G.
c. episcopum *deest* C.
d. heredacione A, B, C, D, E, G. — F *seul donne* exheredatione, *qui est nécessaire au sens; les Bénédictins corrigent* prædatione *qui aurait plutôt un sens péjoratif.*
e. Desupersederunt B. — *La fin du paragraphe manque dans* F.
f. *Sic* A, B, E; Saxonie D.
g. rege B.
h. hujuscemodi B.
i. Guido G.

par Gui, archevêque de Vienne (15 sept. 1112). Il y eut aussi à Lyon un concile provincial convoqué probablement pour le même objet (cc. 77-84). Remarquons l'expression inexacte *dominus designatus*; Louis VI était roi depuis 1108.
1. Expression exagérée; Henri V vécut encore douze ans.
2. Elu en août 1125.
3. Roger II, comte de Sicile, nommé roi par l'antipape Anaclet en septembre 1130.
4. Mort près de Trente en décembre 1137.
5. Gui le Rouge, nommé plus haut. Suger ne marque pas le temps du siège de Gournay; mais le mariage entre Lucienne de Rochefort et le prince Louis ayant été rompu en mai 1107, et l'expédition en question étant antérieure à juillet 1108, date de la mort de Philippe Ier, elle eut lieu vraisemblablement durant l'été de 1107.
6. Les Garlande, nommés plus bas.

inter dominum designatum et filiam suam, consanguinitate impetitum, divortio solutum in presentia domini pape fuerat, rancore animi concepto,

Scintillam tenuem commotos pavit in ignes[1],

nec minus dominus designatus in eum zelabatur, cum subito Garlandenses se intermiscentes amicitiam solvunt, fedus defederant, inimicicias exaggerant. Nactus itaque occasionem bellandi designatus dominus, eo quod Hugo de Ponpona *j*[2], miles strenuus, castellanus de Gornaco[3], castro super fluvium Matrone *k* sito, mercatorum in regia strata equos ex insperato *l* rapuit et Gornacum adduxit, ejus contumelia presumptionis pene extra se positus Ludovicus, exercitum colligit, castrum subita obsidione, ut victuali carerent opulentia, velocissime cingit[4]. Heret castello insula grata amenitate pabulorum, equis et pecoribus opima, que se aliquantisper latam, sed plus longam producens, maximam opidanis confert utilitatem, cum et spaciantibus decurrentium aquarum clarificam exhilaracionem et modo florentium modo virentium graminum obtutibus et formis exhilaratam offerat clarificationem, annis *m* etiam circumclusione existentibus securitatem. Hanc igitur dominus Ludovicus, classem preparans, aggredi maturat, quosdam militum et multos peditum ut expeditius ineant et, si cadere contingat, cicius resiliant, denudat, alios vero natando, alios licet periculose aquarum profundo utcumque equitando, ipsemet flumen ingrediens audacter insulam occupare imperat *n*. Opidani fortiter resistunt et ripa ardua altiores fluc-

j. Pompona E, C.
k. Materne G.
l. equos insperatos D.
m. *Sic pour* amnis A, D, E.
n. occupat, imperat D.

1. Lucain, V, 525.
2. Pomponne, Seine-et-Marne, cant. Lagny. M. d'Arbois de Jubainville, *Comtes de Champagne*, II, 178-179, suppose, avec raison semble-t-il, que l'expression *castellanus* désigne ici un fonctionnaire administratif.
3. Gournay-sur-Marne, Seine-et-Oise, cant. Gonesse.
4. Voir une version différente dans Orderic Vital, IV, 289 ; on peut d'ailleurs la concilier avec celle que rapporte ici Suger.

tibus et classe inferiores saxis, lanceis, sed et sudibus dure repellunt. Verum repulsi, animi motu animositate resumpta, repellentes repellere insistunt, balistarios et sagitarios jacere compellunt, manualiter, prout attingere possunt, confligunt, loricati et galeati de classe piratarum more audacissime committunt, repellentes repellunt, et, ut consuevit virtus dedecoris impatiens, occupatam armis insulam recipiunt eosque se in castro coercitos recipere compellunt. Quos cum aliquantisper arto obsessos ad dedicionem cogere non valeret, impatiens morarum, quadam die animositate rapitur, exercitum cogit, castrum munitissimum vallo arto [o] et rigido superius glande, inferius torrentis profunditate pene inexpugnabili [1], aggreditur, per torrentem usque ad balteum [2] fossatum conscendens, ad glandem contendit, pugnare pugnando imperat, gravissime sed amarissime cum hoste decertat. Viri econtra defensores, audaciam vite preferentes, ocius defensioni insistunt nec etiam domino parcunt, arma movent, hostem reitiunt, superiorem immo torrentis inferiorem [3] precipitando restituunt. Sic ea vice illi gloriam, isti repulsam licet inviti sustinuerunt. Parantur deinceps castri eversioni bellica instrumenta, erigitur tristegas [p] tres pugnantibus porrigens supereminens machina, que castro superlativa propugnatorii primi sagittariis et balistariis ire aut per castellum apparere prohiberet. Unde, quia incessanter die ac nocte his coartati defensionibus suis assistere non valebant, terratis caveis defendentes seipsos [q] provide defensabant, suorumque ictibus sagittariorum insidiantes, primi propugnaculi superiores

o. alto G.
p. tristaegas B; tristega G; stritegas D.
q. seipse D.

---

1. Passage obscur. Le mot *glandis* est, croyons-nous, assez rare dans le sens que Suger lui donne ici. Voici comment nous comprenons : le château avait pour défense un retranchement ou palissade (*vallum arctum*); au-dessus s'élevait le mur lui-même, et le tout était entouré d'un ruisseau profond et rapide.
2. *Jusques au braier*, disent les *Chroniques de S.-D.*, III, 244.
3. Passage obscur que le manuscrit F a complètement transformé (voir à l'appendice). Peut-être faut-il suppléer le mot *ripam*.

mortis periculo anticipabant. Herebat machine eminenti pons ligneus, qui se excelsius porrigens, cum paulisper demitteretur super glandem, facilem descendentibus pararet ingressum. Quod[r] contra viri super his callentes lignea podia ex opposito separatim [1] preferebant, ut et pons et qui per pontem ingrederentur utrique[s] corruentes in subterraneas foveas acutis sudibus armatas, ne animadverterentur ficte paleis opertas, vite periculum et mortis multam sustinerent.

Interea prefatus Guido, ut vir callens et strenuus, parentes et amicos exagitat, dominos supplicando sollicitat, obsessis suffragia accelerat. Agens igitur cum comite palatino Teobaldo [2], elegantissime juventutis et militaris discipline industria exercitato viro, quatinus die certa, deficiebant enim obsessis victualia, presidia ferret, castrum exobsessum manu forti deliberaret, ipse interim rapinis, incendio ut obsidionem removeret insudabat. Designata igitur die qua predictus comes Theobaldus et presidia ferret et obsidionem manu militari removeret, dominus designatus non eminus sed comminus [3] quem potuit collegit exercitum et regie memor excellentie, macte virtutis, relictis tentoriis et eorum defensoribus, letabundus occurrit, et premisso qui eos venire aut eos velle dimicare renuntiet, ipse barones asciscit, acies ordinat militarem et pedestrem, sagittarios et lancearios suo loco sequestrat. Ut ergo se[t] conspicantur, classica intonant, equitum et equorum animositas incitatur, citissime committitur. Verum Franci, marte continuo exercitati, Brienses longa pace solutos aggressi cedunt, lanceis

r. quo G.
s. utrinque D.
t. se *deest* D.

1. C'est-à-dire que les défenseurs du château placent au point où doit venir s'appuyer le pont de l'ennemi, des bois fragiles qui, se rompant sous le poids, entraîneront la chute et du pont et de ceux qu'il portera.
2. Thibaut IV, comte de Blois, de Chartres et de Brie.
3. Expression obscure qu'a bien interprétée l'auteur des *Chroniques de Saint-Denis* (III, 245) : « Eut le sire du regne fait mander son arrière ban et les gens voisines semonses, car il n'eut pas loisir de mander loing souldoiers. »

et gladiis precipitant, victorie insistunt, nec eos impugnare viriliter tam militari quam pedestri manu desistunt, donec terga vertentes fuge presidium arripuerunt [u]. Ipse vero comes, malens primus quam extremus in fuga [v], ne caperetur, repperiri, relicto exercitu, repatriare contendit [1]. Qua congressione quidam interfecti, multi vulnerati, plures capti famosam ubique terrarum celeberrimam fecerunt victoriam. Potitus itaque tanta et tam oportuna dominus Ludovicus victoria, tentoria repetit, oppidanos vana spe frustratos eicit, castellum sibi retinens Garlandensibus committit.

[XI.] Sicut ergo nobiles innobiles, gloriosos inglorios reddens pigritia desidiam comitata imo [w][2] deprimit, sic nobiles nobiliores, gloriosos gloriosiores virtus animi, corporis exercicio agitata, superis [x] attollit, et quibus oblectata strenuitas perfruatur, preclara facinora undecumque terrarum viris [y] offerendo reponit. Assistunt equidem qui magnificis exorrent [z] suppliciis [3], multo etiam et sumptuoso servitio, ad partes Bituricensium dominum Ludovicum transmeare, ea in parte qua confinia Limovicensium conterminant, ad castrum videlicet [a] Sancte Severe [4] nobilissimum et hereditaria militie possessione famosum, pedite multo populosum, dominumque illius virum nobilem Hunbaldum [b] aut ad exequendum justiciam cogere, aut jure pro injuria castrum

u. arripuerint D.
v. primus in fuga quam extremus G.
w. immo A, D, B.
x. superius G.
y. viri D.
z. Sic A, E; exhorrent B, G.
a. videlicet *deest* D.
b. Humbaudum G.

---

1. Ce combat eut lieu, suivant Orderic (IV, 289), près du ruisseau de Torcy (entre Torcy et Gouverne, Seine-et-Marne), et les Briois furent poursuivis jusqu'aux portes de Lagny.
2. *Imo deprimit* veut dire ici *rabaisse.*
3. Pour *supplicationibus*; les Bénédictins font remarquer que le mot se retrouve dans les meilleurs auteurs, mais avec le sens spécial de prières aux dieux.
4. Sainte-Sévère-sur-Indre, Indre, ch.-l. de cant., sur les limites de la Creuse. Humbaud de Sainte-Sévère était de la famille de Mebun.

lege salica [1] amittere. Rogatus vero non cum hoste, sed domesticorum militari manu fines illos ingressus, cum ad castrum festinaret, prefatus castellanus multa militia comitatus, erat enim generosi sanguinis, bene liberalis et providus, ei occurrit rivumque quendam [2] repagulis et palis preponens, nulla enim alia succedebat via, exercitui Francorum resistit. Cumque ibidem [c] mediante rivo utrique hererent, dominus Ludovicus, unum eorum audacius ceteris indignatus repagula exisse, equum calcaribus urget, et ut erat [d] vir pre ceteris cordatus, insiliens in eum, lancea percussum, nec eum solum sed per eum alium uno ictu prosternit et, quod regem dedeceret, in eodem rivo copiosum usque ad galeam balneum componit successusque suos urgere non differens, quo ille arto exierat iste intravit et pugilli congressione hostes abigere non desistit. Quod Franci videntes, mirabiliter animati, repagula rumpunt, rivum transiliunt hostesque multa cede persequentes, ad castrum usque coactos repellunt. Fama volat, oppidanos totamque viciniam percellit, quod dominus Ludovicus et sui, ut fortissimi milites, donec funditus subverterit castrum et nobiliores castri aut patibulo affigat aut oculos eruat, recedere dedignetur. Eapropter consulte agitur ut et dominus castri se dedere regie majestati non differat, castrumque et terram ejus dicioni subitiat. Rediens itaque dominus Ludovicus predam dominum castri fecit et subito triumpho, eo Stampis [3] relicto, Parisius felici successu remeavit.

[XII.] Deinceps in diem proficiente filio, pater ejus rex Philippus [e] in diem deficiebat, neque enim post superductam

c. ibi D, E, G.
d. ut et erat A, D.
e. hujus nominis primus *add.* F. *L'auteur compte probablement comme Philippe II le fils aîné de Louis VI, mort avant son père.*

1. Expression sans portée juridique.
2. Probablement l'Indre même, qui passe à Sainte-Sévère, mais qui n'y est encore qu'un ruisseau. — Cette expédition en Bourbonnais doit dater de l'automne de 1107. Voir à ce sujet l'analyse d'un mémoire de D. Brial, *Hist. et mémoires de l'Académie des Inscriptions*, t. VII (1824), p. 129-137.
3. Étampes, Seine-et-Oise.

Andegavensem comitissam quicquam regia majestate dignum agebat, sed raptë conjugis raptus concupiscentia, voluptati sue satisfacere operam dabat. Unde nec reipublice providebat, nec proceri et elegantis corporis sanitati, plus equo remissus, parcebat *f*. Hoc unum supererat quod timore et amore successoris filii regni status vigebat. Cumque fere sexagenarius [1] esset, regem exuens, apud Miliduuum *g* [2] castrum super fluvium Sequane, presente domino Ludovico, extremum clausit diem. Cujus nobilibus exequiis interfuerunt viri venerabiles Walo *h* Parisiensis episcopus, Silvanectensis, Aurelianensis [3], et bone memorie Adam, Beati Dyonisii abbas, et viri religiosi quamplures. Qui nobile regie majestatis cadaver ad ecclesiam Beate Marie [4] perferentes, celebres ei exequias pernoctaverunt. Sequente vero mane, lecticam palliis seu quocumque funebri ornatu decenter ornatam cervicibus majorum suorum servorum *i* imposuit filius, et filiali affectu, quemadmodum decebat, modo pedes, modo eques, cum quos habebat baronibus lecticam flendo adjutare studebat, hic etiam mirabilem ostendens animi generositatem, cum toto tempore vite sue nec pro matris repudio, nec etiam pro *k* superducta Andegavensi *l* ipsum in aliquo offendere, aut regni ejus dominacionem defraudando in aliquo, sicut alii consueverunt juvenes, curaverit perturbare [5]. Cum autem ad nobile

f. unde nec... parcebat *deest* G.
g. Miludunum D; Melidunum G.
h. Galo G.
i. servorum *deest* B, F.
k. pro *deest* D.
l. Andeg. comitissa G.

---

1. Cela veut dire qu'il approchait de la soixantaine; voir plus loin la note sur l'âge de Louis VI en 1137.
2. Melun. — Philippe Ier mourut le 29 juillet 1108.
3. Galon, évêque de Paris (1104-1116); Hubert, de Senlis (1099-1115); Jean II, d'Orléans (1096-1135).
4. Eglise Notre-Dame, dans le quartier de l'Ile, à Melun; une partie du bâtiment actuel paraît dater du XIe siècle, Viollet-le-Duc dit même du Xe.
5. Il ne faut pas tenir grand compte de l'assertion de Suger, car nous savons qu'il y eut plus d'une querelle entre Philippe Ier et son fils. C'est ainsi que le roi n'associa le prince Louis au trône vers l'an 1100 qu'après de longues hésitations. (V. Luchaire, *Recherches*, etc., p. 17 et suiv.) On a

monasterium Beati Benedicti super Ligerim fluvium [1] multo comitatu deportassent, quoniam ibidem se devoverat — dicebant siquidem [m] qui ab eo audierant quod a sepultura patrum suorum regum, que in ecclesia Beati Dionisii quasi jure naturali habetur, se absentari deliberaverat [n], eo quod minus bene erga ecclesiam [o] se habuerat, et quia inter tot nobiles reges non magni duceretur ejus [p] sepultura, — in eodem monasterio ante altare positum prout decentius potuerunt [q], hymnis et prece animam Domino commendantes, corpus sollempnibus saxis exceperunt.

[XIII.] Prefatus autem Ludovicus, quoniam in adolescentia ecclesie [r] amicitiam liberali defensione promeruerat, pauperum et orphanorum causam sustentaverat, tirannos potenti virtute perdomuerat, Deo annuente, ad regni fastigia sicut bonorum voto asciscitur, sic malorum et impiorum votiva machinacione, si fieri posset, excluderetur. Consulte ergo agitur [s], et potissimum dictante venerabili et sapientissimo viro Ivone, Carnotensi episcopo, ut [t] ad refellendam impiorum machinacionem citissime Aurelianis conveniant, ejusque exaltacioni operam dare mature festinent [2]. Senonensis igitur archiepiscopus Dembertus [u], invitatus cum provincialibus [v], videlicet Galone Parisiensi episcopo, Manasse Meldensi, Johanne Aurelianensi, Ivone Carnotensi, Hugone

m. se... siquidem *deest* E ; on a suppléé à la marge : se devoverat, et hii.
n. desideraverat B, D.
o. erga eandem eccles. F.
p. ejus *deest* D.
q. potuerunt *deest* F.
r. ecclesiam D.
s. agitur ad vitandum impedimenta que emergi possent F.
t. ut *deest* D.
u. Deimbertus D.
v. conprovincialibus B.

même prétendu que la comtesse d'Anjou, Bertrade, avait tenté d'empoisonner l'héritier de la couronne (Voir Orderic Vital, IV, 196-198). N'oublions pas que Suger écrit le panégyrique de son royal ami.

1. Fleury-sur-Loire, dioc. d'Orléans. Le tombeau de Philippe Iᵉʳ existe encore.

2. Il s'agissait d'empêcher une partie des évêques et des nobles de porter au trône le fils aîné de Bertrade et de Philippe Iᵉʳ, Philippe, comte de Mantes. Voir à ce sujet Luchaire, *Institutions monarchiques*, I, 78, et le curieux mémoire d'Ives de Chartres, cité par le même auteur. (Migne, *Patr. lat.*, CLXII, cc. 193-196.)

Nivernensi, Autisiodorensi [w] [1], accessit. Qui in die inventionis sancti prothomartyris Stephani [2] sacratissime unctionis liquore delibutum, missas gratiarum agens, abjectoque secularis militie gladio ecclesiastico [x] ad vindictam malefactorum accingens, diademate regni gratanter coronavit, necnon et sceptrum et virgam, et per hec ecclesiarum et pauperum defensionem, et quecumque regni insignia, approbante clero et populo, devotissime contradidit. Necdum post celebrationem divinorum festivas deposuerat exuvias, cum subito mali nuncii bajulatores a Remensi ecclesia assistunt, litteras contradictorias deferentes et auctoritate apostolica, si tempestive venissent, ne regia fieret unctio interminantes. Dicebant siquidem prime regis corone primitias ad jus ecclesie Remensis spectare, et a primo Francorum rege quem baptizavit [y] beatus Remigius Clodoveo, hanc prerogativam illibatam et inconvulsam obtinere; si quis eam temerario ausu violare temptaverit, anathemati perpetuo subjacere [3]. Ea siquidem occasione archiepiscopo suo, venerabili et emerito [4] viro Viridi Rodulfo, qui domini regis, eo quod absque ejus assensu electus et intronizatus fuerat sede Remensi, gravissimas et periculosas incurrerat inimicicias, pacem impetrare aut regem non coronari sperabant. Quod [z] quia intempestive venerunt, ibi muti [a], ad

w. Humbaldo Autis. B ; Himbaudo Aut. G.
x. et eccles F.
y. bautizavit D.
z. quod quia A, D, E, F, G.; qui B. *Nous maintenons la leçon de la majorité des manuscrits.*
a. multi B, D.

1. Daimbert, archevêque de Sens (1098-1122); Galon, évêque de Paris, cité plus haut; Manassé, de Meaux (1103-1128); Jean, d'Orléans, cité plus haut; Ives, de Chartres (1090-1115); Hugues, ou suivant le *Gallia*, Hervé, évêque de Nevers (1099-1109), Hugues IV, évêque de ce siège, n'aurait succédé à Hervé qu'en 1110; enfin Humbaud, évêque d'Auxerre (1095-1115).
2. 3 août 1108. — Dans cette phrase, *qui* se rapporte à *Dembertus*.
3. Il y eut certainement plainte adressée au pape par l'église de Reims, car dans le mémoire plus haut cité, envoyé par Ives de Chartres à Pascal II, le savant canoniste s'attache à prouver par des extraits de chroniques que la règle invoquée par ses adversaires avait souffert plus d'une exception.
4. A la mort de l'archevêque Manassé (1106), il y avait eu compétition pour le siège de Reims, les uns appuyant la candidature de Raoul le Vert, prévôt et trésorier de la cathédrale, les autres celle de Gervais, fils du comte de Réthel; le prince Louis favorisait ce dernier.

propria loquaces redierunt; quicquid tamen dixerint[b], nichil utile retulerunt[c].

[XIV.] Ludovicus igitur, Dei gratia rex Francorum[1], quoniam in adolescentia idipsum [d] consueverat, dissuescere non potuit, videlicet ecclesias [e] tueri, pauperes et egenos protegere, paci et regni defensioni insistere. Prefatus itaque Guido Rubeus filiusque ejus Hugo Creciacensis [f], juvenis idoneus, armis strenuus, tam rapinis quam incendiis aptus tociusque regni [g] turbator celerrimus, rancore animi cumulato [h] pro amissi castri Gornaci erubescentia, a regie excellentie derogacione [i] non cessabant. Eapropter nec etiam fratri comiti [j] Corboilensi Odoni[2], quia ei [k] nullam contra regem tulerat opem, parcere elegit, sed ejus insidians simplicitati, cum quadam die venatum iri penes se secure decrevisset, quid rei, quid spei corrupta invidia consanguinitas pariat, insipiens animadvertit. Raptus equidem ab eodem fratre Hugone, in castro qui [l] dicitur Firmitas Bal-

b. dixerunt E.
c. retulerint D.
d. in ipsum D.
e. ecclesias *deest* D.
f. Graciacensis B ; Cresiasensis D.
g. regni Francie F.
h. cumulato propter divortium factum inter regem et sororem, ut dictum est superius, et etiam pro amissi F.
i. ignominiosa proferendo non cessabant F.
j. comiti *deest* D.
k. ei anno precedenti F.
l. quod F, G.

---

1. Troisième changement de titre pour Louis VI.
2. Eudes, comte de Corbeil, fils de Bouchard II, et d'Adélaïde de Crécy. Suger racontera plus loin la mort de Bouchard, tué dans un combat par Etienne, comte de Blois. Il est assez difficile de marquer nettement les liens de parenté entre ce comte Eudes et le fils de Gui le Rouge, comte de Rochefort. La plupart des auteurs (Lebeuf, *Histoire de Paris*, XI, 167, La Barre, *Antiquités de Corbeil*, 100-101, Anselme, *Hist. généal.*, III, 666) donnent pour second mari à Adélaïde, veuve de Bouchard, Gui le Rouge. Si l'on pouvait placer la mort de Bouchard vers 1081 ou 1082, l'expression de Suger s'expliquerait aisément; Eudes, fils de Bouchard et d'Adélaïde, aurait eu pour demifrère Hugues de Crécy, fils de la même Adélaïde et de Gui le Rouge, et ce dernier, en 1107, aurait déjà environ 25 ans, d'où la qualification de *juvenis*. Malheureusement, nous n'avons aucune donnée sur la date de la mort de Bouchard. En tous cas, nous verrons que plus loin le texte de Suger a besoin d'être corrigé.

duini[1] compedibus et cathenis impeditur, nec si facultas suppeteret, nisi cum regem impeteret bello, expediretur. Qua inusitata insania, opidani Curboilenses multi, opimabat[m] [2] enim castellum veterana militum multorum nobilitas, ad regie majestatis publicum confugiunt asilum, genibus ejus provoluti, lacrimabili singultu captum comitem et captionis causam denuntiant, et ut eum potenter eripiat multiplici prece sollicitant. Spe autem ereptionis eo spondente suscepta, iram mitigant, dolorem alleviant, et qua arte, quibus valeant viribus dominum recuperare decertant. Unde actum est ut quidam de Firmitate Balduini, que nec hereditario jure[n], sed occasione cujusdam matrimonii de comitissa Adelaide, quam retento castro spretam repudiavit[3], ad eum spectabat, cum quibusdam Curboilensium[o] conferentes, jurejurando in castro, caute tamen, eos recipere firmaverunt. Quorum persuasione cum rex pauca curialium manu, ne publicaretur, accelerasset, sero cum adhuc circa ignes confabularentur[p], qui premissi fuerant, videlicet Ansellus de Garlanda[q] dapifer, tanquam miles strenuus, porta qua determinatum erat pene cum quadraginta armatis receptus,

---

m. opinabat E; opprimebat F. *Il serait possible que ce dernier eût conservé la meilleure leçon.*
n. hereditario B; que tamen non hereditario jure Hugoni prenominato, sed occasione F; cil chastel n'appartenoit par nul heritage à celuy Guy. *Chron.*, III, 254.
o. Corboilensium D, G; Corboliensium F.
p. confabul. custodes oppidi F; mais ceulx du chastel, qui à celle heure sçoient encore à leurs feus et fabloient ensemble. *Chron.*, III, 254.
q. Gallanda G.

---

1. La Ferté-Alais, Seine-et-Oise, chef-l. de cant. M. Paris fait remarquer (*Chron. de S.-D.*, III, 254, note) qu'à la marge d'un manuscrit de cet ouvrage ayant appartenu à Charles V, ce prince a écrit *Aalez*; c'est probablement à la comtesse Adélaïde ici nommée que la Ferté-Baudoin doit le nom qui a prévalu.
2. Le sens est peu clair; si l'on adopte la leçon *opprimebat* de F, on verra dans cette entente entre les bourgeois de Corbeil et ceux de la Ferté-Alais un exemple de l'hostilité traditionnelle de la petite noblesse et des bourgeois des villes; la leçon *opimabat* est donnée par tous les autres manuscrits; elle est peut-être moins satisfaisante; les *Chroniques de Saint-Denis* ont paraphrasé.
3. Suger a oublié qu'il parlait de Hugues de Crécy, et que la comtesse Adélaïde avait épousé le père de celui-ci. Les *Chron. de S.-D.* ont corrigé (voir aux variantes) et la Barre (*Antiquités de Corbeil*, p. 100-101), citant le texte de Suger, ajoute avec raison les mots *pater ejus* après *quam*.

viribus eam occupare contendit. Verum opidani fremitum equorum, equitum murmur inopinatum admirantes, econtra prosiliunt, et quia via hostiis oppositis artabatur et ingressis [r] ad nutum aut ire aut redire prohibebat, indigene pro foribus audaciores expedicius eos cedebant. Qui et noctis tenebrarum opacitate et loci coartati infortunio, cum sustinere diutius non valentes portam repetissent, Ansellus, ut erat animosus, retrocedens et cesus, quia portam hoste anticipatus non potuit, interceptus turrim castri ejusdem, non ut dominus, sed captivus cum comite Corboilensi occupavit, et pari dolore, dispari timore [s], cum alius mortem, alius exheredacionem [t] tantum formidaret [u], versus ille cis aptari poterat :

.... *Solatia fati*
Cartago Mariusque tulit [1].

Quod cum clamore refugorum accelerantis regis auribus insonuisset, deviando deuse noctis molestia se demoratum dedignans, celerrimo insiliit [v] equo et innitens irrumpendo portam presidia suis audacter deferre, porta serata, telorum et lancearum et sauxorum grandine cessit repulsus. Quo consternati dolore fratres et consanguinei capti dapiferi, pedibus regis provoluti : « Miserere, inquiunt, gloriose
« rex, strenue agens, quoniam si nefandus ille Hugo Cre-
« ciacensis, homo perditissimus, humani sanguinis sitibun-
« dus, vel huc veniens vel illuc [w] abducens fratrem nostrum
« tangere quoquo modo potuerit, jugulo ejus citissime
« insistet [x], nec que eum pena maneat, si ferocior ferocis-
« simo subita morte cum interficiat, curabit. » Hoc igitur timore rex citissime castrum cingit, portarum vias obtru-

r. ingressus B.
s. dispari tamen F.
t. heredationem B.
u. timeret B.
v. insiluit D.
w. huc D.
x. insistat B.

1. Lucain, II, 91-92.

dit *y*, municipiis [1] quatuor aut quinque castrum concludit, et ad captorum et castelli receptionem et regni et persone operam impendit. Prefatus autem Hugo, quorum captione primo exhilaratus, horum ereptione [z] et castri amissione valde perterritus, anxiatur, laborat, et quomodo castrum ingredi possit [a], modo eques, modo pedes, multiformi joculatoris et meretricis mentito simulachro, machinatur [2]. Unde cum quadam die id circa tota ejus intentio versaretur, de castris animadversus, insilientium perhentorios impetus sustinere non valens, fugam apponit saluti, cum subito inter alios et ante alios animi et equi velocitate Guilelmus [b], frater capti dapiferi, miles facetus et armis strenuus, eum gravissime insectans, impedire conatur. Quem cum ipse Hugo ipsa sui velocitate singularem conspiceret, vibrato fraxino sepe in eum intendebat, sed quia timore consequentium moram facere non audebat, reciprocam fugam capiebat, hoc mire et egregie callens quod, si cum eo [c] solo solus mora aliqua inire posset, animi audaciam aut duelli tropheo aut mortis periculo mirabili fama declararet. Crebro etiam contigit [d] ut villas [e] in via sitas et occurrentium hostium indeclinabiles impetus nullo modo evadere valeret, nisi cum simulata fraude seipsum Garlandensem Guilelmum fallendo, Guilelmum autem Hugonem se sequentem conclamaret et ex parte regis, ut eum tanquam hostem impedirent, invitaret. His et aliis hujusmodi, tam lingue cautela quam animi strenuitate fuga lapsus, multos unus derisit. Rex autem, nec hac nec alia occasione ab incepto

y. obtendit B.
z. erectione D.
a. posset B.
b. Guillelmus B, E; Guilermus D; Guillermus G; Guillelmus de Garlanda F.
c. eo *deest* B.
d. contingit D.
e. vias E, G. M. Huguenin propose de corriger vigilias, *les postes, correction ingénieuse, mais paléographiquement impossible.*

---

1. *Municipia* a ici le sens de *bastilles*; les *Chroniques* traduisent avec raison par *bretesches*.
2. Ce qui prouve qu'Hugues de Crécy n'était pas dans le château au moment de l'investissement de celui-ci.

obsidionis desistens, castellum coartat, opidanos terebrat, nec eos impugnare desistit donec expugnatos clam militibus [1], quorundam tamen opidanorum machinatione, potenti virtute ad dedicionem coegit. Quo tumultu milites ad arcem fugientes, vite, non captioni consuluerunt, nam ibidem inclusi nec se plene protegere nec arcem exire quoquo modo valuerunt, donec quidam cesi, plures sauciati, regie majestatis arbitrio succumbentes, tam se quam arcem, non inconsulto [f] domino suo, exposuerunt. Sic uno *facto pius et sceleratus eodem* [2], dapiferum sibi, fratribus fratrem, Curboilensibus comitem tam prudenter quam clementer restituit. De castello [g] militum quosdam, eorum bona depopulans, exheredavit, quosdam diuturni carceris maceratione, ut terre et consimiles, affligens, durissime puniri [h] instituit, talique victoria corone primitias contra emulorum opinionem egregie, Deo donante, nobilitavit [3].

[XV]. Ea tempestate [4], ad partes Normannorum contigit devenisse regem Anglorum Henricum, virum [i] fortissimum, pace et bello [j] clarum. Cujus admirabilem et pene per universum orbem declaratam excellentiam ille etiam agrestis vates, Anglorum sempiterni eventus mirabilis spectator et relator, Merlinus, tam eleganter quam veraciter summo preconio commendat [k], ac in ejus laude voce prophetica erumpens

f. inconsulte D.
g. castro D.
h. punire D.
i. *Ici commence le deuxième fragment dans* C : Contigit autem eundem Henricum ad partes venisse Normannorum, virum...
j. et valde C.
k. commendat. Hic in C.

1. *Clam militibus* veut dire ici *à l'insu des chevaliers*; la suite montre qu'il ne faut pas corriger *expugnatis*; ce mot doit être à l'accusatif pluriel, comme se rapportant à *opidanos* sous-entendu.
2. Cette citation sera justifiée plus tard par le portrait que Suger nous tracera de Eudes, comte de Corbeil. — Elle est empruntée à Ovide, *Métamorphoses*, III, 5.
3. Cette phrase prouve que le siège et la prise de la Ferté-Alais datent des derniers mois de l'an 1108.
4. Expression assez vague; on peut traduire 1109, pour épargner à l'auteur le reproche de n'être pas bon chronologiste, mais presque chaque année, Henri d'Angleterre venait visiter ses domaines du continent.

ex abrupto, ut vatum mos inolevit [1] : *Succedet, inquit, leo justicie, ad cujus rugitum gallicane turres et insulani dracones tremebunt. In diebus ejus aurum ex lilio et urtica extorquebitur [l], et argentum ex ungulis mugientium manabit. Calamistrati varia vellera vestibunt, quia exterior habitus interiora signabit. Pedes latrancium truncabuntur, pacem habebunt fere, humanitas supplicium dolebit. Findetur [m] forma commercii, dimidium rotundum erit. Peribit milvorum [n] rapacitas, et dentes luporum hebetabuntur. Catuli leonis in equoreos pisces transformabuntur, et aquila ejus super montem [o] Aravium [p] nidificabit.* Que tota [q] tanti et tam decrepiti vaticinii usque adeo et persone ejus [r] strenuitati et regni administracioni adaptantur, ut nec unum iota, nec unum verbum ab ejus convenientia dissentire valeat, cum ex hoc [s] etiam quod in fine de catulis ejus dicitur, manifeste appareat filios ejus et filiam naufragatos et a maritimis [t] piscibus devoratos et convertibiliter [u] phisice transformatos [2] illius vaticinium pro certo verificasse. Prefatus itaque rex Henricus, Guilelmo fratri feliciter succedens, cum consilio peritorum et proborum [v] virorum regnum [w] Anglie lege antiquorum regum gratanter disposuisset, ipsasque regni antiquas consuetudines ad cap-

l. torquebitur F.
m. fondetur D; fundetur C.
n. milvorum multorum A ; *on a ensuite effacé le second mot.*
o. montes B.
p. Ararim F.
q. *Tous les manuscrits portent* tota ; *les éditeurs corrigent* rota, *qui n'a point de sens; en corrigeant avec nous* adaptatur *en* adaptantur, *on obtient un sens très net.*
r. ejus *deest* B.
s. et hoc D.
t. marinis G.
u. conversabiliter D, C.
v. bonorum G.
w. regno A; regno antiquorum D.

1. Cette prophétie est rapportée dans les mêmes termes par Geoffroy de Monmouth, *Historia Britonum*, éd. Giles, Londres, 1844, p. 121-122, et sous une forme un peu différente, par Orderic Vital, IV, 490-492 ; comme Suger, ce dernier chroniqueur l'applique à Henri Beauclerc. Sur les prophéties attribuées à Merlin, voir diverses notes de l'édition Leprévost et Delisle, IV, p. 489 et suiv.
2. Allusion au naufrage de la *Blanche-nef* (nov. 1120).

tandam eorum benivolentiam jurejurando firmaret [x], applicuit ad portum ducatus Normannici, fretusque domini regis Francorum auxilio, terram componit, leges recolit, pacem coactis imponit, nichil minus quam eruitionem oculorum et celsitudinem furcarum, si rapiant, promittens. His igitur et hujusmodi promissionibus et crebris promissionum reddicionibus percussis [y], quia

Pollicitis dives quilibet [z] esse potest [1],

silet terra in conspectu ejus, pacem servant inviti feroci Danorum [a] propagatione pacis expertes Normanni, et in hoc ipso vatis agrestis oracula verificantes. Perit enim milvorum rapacitas et dentes luporum hebetantur, cum nec nobiles nec innobiles depredari aut rapere quacumque audacia presumunt. Quod autem dicit, « *ad rugitum leonis justicie gallicane turres et insulani dracones tremebunt,* » huc accedit quod fere omnes turres et queque [b] fortissima castra Normannie, que pars est Gallie [2], aut eversum iri fecit, aut suos intrudens et de proprio erario procurans, aut si dirute [c] essent, proprie voluntati subjugavit. Insulani dracones tremuerunt, cum quicumque Anglie proceres nec etiam [d] mutire tota ejus administracione presumpserunt. In diebus ejus aurum ex lilio, quod est ex religiosis boni odoris, et ex urtica [e], quod est ex secularibus pungentibus, ab eo extorquebatur, hoc intendens ut [f] sicut omnibus profitiebat, ab omnibus ei serviretur. Tucius [g] est enim

---

x. Sic A, B, F, G; *les autres manuscrits portent* firmasset, *qui est meilleur au point de vue grammatical.*
y. perculsis D, C.
z. quislibet D, C.
a. Dannorum D; Daniorum C.
b. quecumque B.
c. dirupte C, D, E.
d. nec in eum C.
e. quod est... urtica *deest* E.
f. quod sicut C.
g. tutus D.

---

1. Ovide, *De arte amandi,* I, 444.
2. Un écrivain anglais aurait pu appliquer cette phrase de Merlin au royaume de France.

unum ut omnes defendat ab omnibus habere, quam non habendo per unum omnes deperire. Argentum ex ungulis mugientium manabat, cum ruris securitas horreorum plenitudinem, horreorum plenitudo argenti copiam plenis scriniis ministrabat [1]. Qua occasione et castrum Gisortium tam blandiciis quam minis a Pagano de Gisortio cum extorquere contigit [2], castrum munitisssimum, situ loci compendiosum, quod ad utrumque terminum Francorum et Normannorum, fluvio grate piscium fecunditatis, qui dicitur Etta [h] [3], interfluente, antiquo fune geometricali Francorum et Danorum concorditer metito [i] collimitat, ad irruendum in Franciam gratum Normannis prebens accessum [j], Francis prohibens. Quod si facultas habendi suppeteret, nec minus rex Francorum rege Anglorum ipsa loci et immunitatis oportunitate [k] jure regni appetere debuisset. Hujus itaque repeticio castri inter utrumque regem subitum odii fomitem ministravit. Unde rex Francorum, cum ad eum pro reddicione aut pro castri subversione misisset nec profecisset, notam rupti federis opponens, diem agendi statuit, locum assignat [4].

Accumulantur interim, ut in talibus fieri solet, emulorum maledictis excitata odia regum [l], nec dum licet pacantur [m]. Quomodo ad colloquium superbe et exose sibi occurrant,

h. Etha G.
i. metas C.
j. accensum E.
k. ipsam, oportunitatem F.
l. emulorum... regum *deest* D.
m. patenter F.

---

1. Sur la rigueur avec laquelle Henri Beauclerc traita la noblesse normande, voir Orderic Vital, t. IV, *passim*.
2. Sur Païen de Gisors ou de Néaufle, voir une note des éditeurs d'Orderic Vital, IV, 105-106.
3. L'Epte, affluent de la Seine, qui passe à Gisors.
4. La date de l'entrée des deux rois en campagne est mal connue. Suger dit plus loin que cette guerre dura deux ans et qu'elle ne finit qu'après la donation de Gisors par Louis VI à Guillaume Adelin, fils d'Henri Beauclerc. Mais on ne saurait prendre son dire au sérieux. Henri de Huntingdon fait commencer la guerre en 1108, immédiatement après la mort du roi Philippe (éd. Arnold, 237). Il est très probable que le souverain anglais voulut profiter des embarras du nouveau roi pour se faire céder une partie du Vexin français. Seul Suger mentionne l'entrevue de Néaufle, qui date peut-être de 1109.

vires[n] militares exaggerant. Collectis igitur magna ex parte Francorum regni proceribus, videlicet Roberto Flandrensi comite cum quatuor ferme milibus militum, comite Teobaldo palatino[o], comite Nivernense, duce Burgundiorum [1][p], cum aliis quamplurimis, multis etiam archiepiscopis et episcopis, per terram Melluntensis comitis [2], quia adherebat regi Anglie, transeundo depopulans et incendiis exponens, talibus beneficiis futuro adulabatur colloquio. At ubi, utrobique maximo collecto exercitu, ventum est ad locum vulgo nominatum Plancas Ninfeoli[q] [3], ad castellum loco infortunatum, cui perhibet acolarum antiquitas aut vix aut numquam convenientes pascisci[r], super ripam intercurrentis et communem transitum prohibentis annis[s] [4] consedit exercitus. Consulte vero nobiliores et sapientiores electi Franci per pontem tremulum et singulis et pluribus subitum minantem precipitium ipsa sui vetustate transeuntes, anglico regi diriguntur. Quorum qui referendam susceperat actionis causam, peritus orator, insalutato [5] rege, ore comitum sic peroravit : « Cum generosa domini regis Franco« rum liberalitate ducatum Normannie tanquam proprium « feodum ab ejusdem munifica[t] dextra vestra recepisset « industria, inter alia et preter alia hoc specialiter jureju« rando firmatum constat de Gisortio et Braio[u] [6], ut quo-

n. viros C.
o. Theobaldo de novo pacificato regi F.
p. Burgundionum E, F, G.
q. Muscoli F; Nimpheoli D, C.
r. pacificari B.
s. omnis F.
t. munificentia F.
u. Brayo F, G.

---

1. Robert le Jérosolimitain, comte de Flandre; Guillaume, comte d'Auxerre et de Nevers; Hugues, duc de Bourgogne.
2. Robert, comte de Meulan, fils de Roger de Beaumont, mort en 1118, l'un des derniers survivants du combat de Hastings.
3. Néaufles-Saint-Martin, Eure, cant. Gisors.
4. Ce fleuve est certainement l'Epte, qui du reste coule à plusieurs kilomètres à l'est de Néaufles.
5. Les Bénédictins proposent de corriger *salutato*; la correction est inutile, les deux souverains étaient déjà en guerre.
6. Probablement Bray-et-Lu, Seine-et-Oise, cant. Magny-en-Vexin. Ce village est sur la rive gauche de l'Epte, en aval de Gisors.

« cumque contractu uter vestrum optinere posset, neuter
« haberet, cum infra quadraginta receptionis dies posses-
« sor, pacti obnoxius, ipsa castella funditus subverteret ".
« Quod quia non fecistis, precipit rex et [w] ut adhuc facia-
« tis, et non factum lege competenti emendetis. Dedecet
« enim regem transgredi legem, cum et [x] rex et lex eandem
« imperandi excipiant majestatem. Quod si quid horum
« vestrates aut dedidicerint [y] aut dicere dissimulando
« noluerint, pleno duorum aut trium testimonio baronum,
« lege duelli, parati sumus approbare. » Necdum his [z]
expletis ad regem Franci redierant, cum Normanni eos
consequentes [a] regi assistunt, quicquid causam ledere
poterat inverecunde diffitentes [b], judiciario ordine querelam
agitari postulantes, cum nichil aliud precipue attenderent
quam quod, infecto imparate [c] actionis negotio, quacumque
dilatione tantorum regni optimatum discretioni rei veritas
non pateret. Remittuntur cum eis primis potiores, qui
etiam per comitem Flandrensem Robertum Ierosolimita-
num, palestritam egregium, rem verificare audacter offe-
rant, et lege duelli verborum exaggerationem refutando,
cui justicia cedere debeat [d] confligendo aperiant [e]. Quod
cum nec approbassent nec convenienter reprobassent, rex
Ludovicus, ut erat magnanimus et animo et corpore pro-
cerus, citissime dirigit qui regi hoc disjungant, aut castrum
subvertere aut de fracte fidei perfidia contra se personaliter
defendere : « Age, inquiens, ejus debet congressionis esse
« pena, cujus veri et victorie debet esse et gloria. » Arbitratus etiam de loco quicquid decentius [f] potuit : « Succe-
« dat [g], inquit, eorum exercitus a ripa fluminis, dum trans-

v. everteret F.
w. et *deest* C.
x. et *deest* B.
y. dedixerint B.
z. his *deest* D, C.
a. insequentes B.
b. diffidentes C, F ; differentes G.
c. parate B.
d. deberet G.
e. appareant F.
f. conscius C.
g. secccdat D ; secedat C. *Suger a certainement écrit* succedat, *mais en confondant ce mot avec* secedat.

« vadari possimus, ut tucior ei *h* locus majorem offerat *i*
« securitatem, vel, si magis placet, nobiliores tocius exer-
« citus habeat singulariter concertandi obsides, dummodo
« ad nos, remoto agmine nostro, transire concedat. Neque
« enim aliter transvadari poterit. » Quidam vero, ridicu-
losa jactancia, super prefatum tremulum pontem, cum *j*
statim corrueret, reges dimicare acclamabant, quod rex
Ludovicus tam levitate quam audacia appetebat. Rex vero
Anglorum inquit : « Non est michi tibia *k* tanti [1], ut pro
« his et hujusmodi famosum et perutile michi castrum
« supervacanee amittam. » Et hec et alia invectiva refutans :
« Cum videro, inquit, dominum regem ubi me defendere
« debeam, non vitabo, » cum quod offerebat loci impotencia
abnegaret. Quo ridiculoso responso moti Franci, tanquam
fortuna locorum bella gerit, currunt ad arma, similiter et
Normanni. Et dum utrique ad flumen accelerant, maxime
stragis et calamitatis detrimentum sola accessus removit
impossibilitas. Quia vero sermone diem detinuerant, nocte
instante illi Gisortium, nostri Calvum Montem [2] remearunt.

Ast ubi prima polo stellas aurora fugavit [3],

Franci esterne memores injurie, militie insuper fervore
matutini, velocissimis equis viam preripiendo, prope Gisortium congredi irruentes, miro fastu, mira concertant audacia, et quantum prestent multo marte exercitati longa pace
solutis *l*, cum Normannos per portam fatigatos intrudunt,
edocere laborant. His et hujusmodi primordiis iniciata

h. eis B.
i. afferat ei C; offerat ei D.
j. dum F.
k. tibia *deest* C.
l. salutis E.

1. Ces mots *Non... tanti* forment une fin de vers ; nous n'avons retrouvé nulle part cette citation ; c'est peut-être un proverbe.
2. Chaumont-en-Vexin, Oise, ch.-l. de canton.
3. Ce vers parait imité de Virgile ; cp. Énéide, V, 42.

guerra, per biennium [1] pene continuata [m], gravius regem Anglie ledebat, cum universam pene Normannie marchiam, sicut se ducatus extendit, multa militia et sumptuosis stipendiis ad terre defensionem circumcingebat. Rex vero Francorum antiquis et naturalibus castris et municipiis, gratuita Flandrensium, Pontivorum, Vilcassinorum [2] et aliorum collimitancium strenua impugnatione, terram incendiis, depopulatione agitare non desinebat [n]. Cum autem Guilelmus, regis anglici filius, regi Ludovico hominium suum fecisset [o], gratia peculiari et peculii prefato castro feodum [p] ejus augmentavit [3], et hac eum occasione in pristinam gratiam reduxit. Quod antequam fieret, mirabilis [q] ejusdem [r] contencionis occasione [s] et execrabilis hominum perdicio mirabili punita est ultione.

[XVI.] Supersistitur promuntorio ardui littoris magni fluminis Sequane horridum et innobile castrum, quod dicitur

m. continuata est, semper duce et capitaneo ipso domino Ludovico. Accidit autem, ut cum quadam die adversarios invasisset, fugato ejus exercitu, miles quidam partis adverse frenum equi regii arripiens, clamavit : *Captus est rex.* Quo audito, rex commotus ira, extraxit gladium et virtuose vibratum militem per pectus armatum dissecuit, et mortuo cadenti suo solo ictu rex insultans ait : *Nec in scacorum ludo solus rex non capitur.* Prefata tamen guerra sic continuata gravius... F. *Cette addition ne saurait, le style en fait foi, être attribuée à Suger.*
n. Henricus, rex Anglie, plures milites Normannie, qui contra eum rebellaverant, exulavit, ob quam causam Robertum de Belesmo incarceravit perpetuo. Dedit etiam ducatum Normannie filio suo Guillelmo, et proceres patrie fidelitatem domino debitam precepit sibi jurare. Cum autem idem Guillelmus... F. *Le début de ce passage paraît emprunté à Henri de Huntingdon.*
o. regi Francie Lud. de predicto ducatu fecisset homagium F.
p. feodum *deest* B.
q. mirabili E, G.
r. ejusdem *deest* F.
s. inter reges Francie et Anglie perdurantis ex utraque parte occisi sunt F

1. Ce qui nous reporte à l'an 1111. On doit remarquer que les deux rois furent en hostilités plus ou moins déclarées pendant la majeure partie de leur règne. Henri Beauclerc ne tarda pas à susciter à Louis VI l'inimitié du comte de Chartres, Thibaut. — M. Huguenin, ne tenant pas compte de la trêve de 1114, voudrait corriger *decennium*, la paix n'ayant été définitivement conclue qu'en 1119.
2. Le Ponthieu et le Vexin.
3. La phrase de Suger, assez énigmatique, est expliquée par la correction du manuscrit F. Dans une entrevue près de Gisors, à la fin de mars 1114 (Orderic Vital, IV, 307-308), les deux rois conclurent la paix ; peu après, en 1115, Henri Beauclerc investit son fils, Guillaume Adelin, du duché de Normandie, et c'est sans doute alors que Louis VI céda Gisors au jeune prince, en augment de fief et moyennant une certaine somme (*gratia peculii*).

Rupes Guidonis[1], in superfitie sui invisibile [t], rupe sublimi incaveatum, cui manus emula artificis in devexo montis raro et misero ostio maxime domus amplitudinem rupe cesa extendit, antrum, ut putatur, fatidicum, in quo Apollinis oracula sumantur, aut de quo dicit Lucanus :

> .... *Nam, quamvis Thessala vates*
> *Vim faciat fatis, dubium est quod* [u] *traxerit illuc,*
> *Aspiciat Stigias, an quoa descenderit umbras*[2].

Hinc forsitan itur ad manes. Cujus fauciosi, Diis et hominibus exosi opidi possessor Guido, bone indolis adolescens [3], antecessorum nequitie rupta propagine alienus, cum honeste et absque misere rapacitatis ingluvie vitam degere instituisset, infausti loci interceptus calamitate, soceri sui nequioris nequissimi prodicione detruncatus, et locum et personam morte inopinata amisit. Guilemus siquidem socer [v][4] ejus, genere Normannus, proditor incomparabilis, ut putabatur familiaris et amicissimus ejus, cum concepisset dolorem et peperisset iniquitatem [w][5], crepusculo cujusdam dominici dici, nactus prodicionis oportunitatem, cum his qui devociores primi ad ecclesiam, domui [x] Guidonis partita rupe contiguam, conveniebant, et ipse sed dis-

t. invicibile F.
u. Sic tous les manuscrits; qui F.
v. gener *dans les manuscrits.*
w. nequitiam F.
x. domini F.

---

1. Ce drame de la Roche-Guyon doit dater de 1110 ou 1111 ; Louis VI laissa aux chevaliers du Vexin le soin de punir les meurtriers ; on peut en conclure qu'il était occupé dans une autre partie de ses domaines, peut-être au siège du Puiset (1111). La Roche-Guyon, Seine-et-Oise, cant. Magny. Une partie de l'ancien château existe encore aujourd'hui.
2. Lucain, VI, 651-653.
3. Ce Gui, que Suger qualifie d'*adolescens*, devait être fils d'un autre Gui qui en 1097 livra aux Anglais les places de La Roche-Guyon et de Verteuil (Orderic, IV, 21).
4. Tous les manuscrits écrivent ici *gener*, et plus haut *socer*; c'est évidemment un *lapsus*. Gui, qualifié d'*adolescens*, ne pouvait avoir des enfants mariés. Les *Chroniques de Saint-Denis* (III, 267) traduisent *serourge*, beau-frère. Comme il est improbable, si pervers qu'on le suppose, que le meurtrier ait fait tuer sa fille et ses petits-enfants, nous accepterions volontiers la leçon du texte français; dans ce cas, Guillaume aurait été le mari d'une sœur de Gui de la Roche. Tout cela est d'ailleurs assez obscur. La leçon *sororius* est donnée par une chronique latine, rédigée au xive siècle, dont l'auteur anonyme a suivi de très près le texte de Suger. (*Hist. de France*, XII, 210.)
5. Réminiscence de l'Ecriture.

similiter, loricatus sed capatus, cum proditorum *y* manipulo convenit et dum alii orationi, ipse aliquando orare fingens, quo intraret ad Guidonem ingressu speculatus, eo quo Guido ostio intrare ecclesiam maturabat, irrupit, exertoque gladio, cum nequissimis sociis propria iniquitate debacatus furit *z*, imprudentem, et si non sentiret gladium arridentem, percutit, mactat et perdit. Quod nobilis ipsius conjunx videns [1], stupida, genas et capillos muliebri ultione dilacerans, ad maritum currit, mortem non curans, scipsa super eum corruens operit : « Me, inquiens, me miseram et sic « mori meritam potius *a*, vilissimi carnifices, detruncate. » Ictusque et vulnera gladiatorum, marito superposita, excipiens : « Quid in istos *b*, carissime, deliquisti, sponse ? « Nonne et gener et socer amici indissolubiles eratis ? Que- « nam est insania ? Pleni estis mania. » Quam cum per capillos retorquentes digladiatam, punctam *c* et pene toto corpore cesam avulsissent, virum morte turpissima peremerunt, infantes quos invenerunt Herodiana nequitia rupe allisos extinxerunt. Cumque hac et illac frendentes debacharentur, supina mulier, levans miserum caput, truncum maritum recognoscit, amore rapta, qua potuit impotencia, serpens more serpentis *d*, se totam sanguineam contrectans *e*, ad cadaver exanime devenit, et quecumque poterat, ac si vivo, oscula gratissima porrigebat et lugubri erumpens cantilena, qua poterat lugubres persolvens inferias, clamat : « Quid reliqui michi facis, carissime sponse ? Nunquid *f* hoc « meruit juxta me tua predicabilis continentia ? Numquid « hoc comparavit patris, avi et atthavi deposita nequitia ?

y. proditore F.
z. fuit F.
a. potius *deest* F.
b. ait *add.* G.
c. punctam *deest* E, F; punntam A ; punnitam B.
d. more serpentis *deest* G.
e. contorquens B.
f. nunquam F *ici et plus loin.*

---

1. Toute la scène qui suit est évidemment tirée par Suger de son propre fonds ; la mise en scène est d'ailleurs assez dramatique, malgré la mauvaise qualité du style.

« Numquid vicinorum et pauperum, domi penuriam repo-
« nens, neglecta rapacitas ? »

Hec ait, et lasso jacuit deserta furore [1],

nec erat qui totum mortuum et semivivam uno sanguine involutos sequestraret. Tandem vero, cum sceleratus Guillelmus [g] eos sicut porcos exposuisset, saturatus humano sanguine, more beluino, subsedit; rupis fortitudinem plus solito admiratus approbat, quomodo potenter circumquaque rapiat, quomodo Francis et Normannis [2] pro velle timorem incutiat, sero tamen deliberat. Deinde caput insanum per fenestram exponens, vocat nativos terre acolas, expers boni mala [h] promittit si ei adhereant, quorum nec unus intravit. Mane vero, tanti et tam scelerati facti fama volans, non solum viciniam, sed et remotos sollicitat. Quo Vilcassinenses, viri strenui et armis fortissimi, gravissime exciti, circumquaque et militum et peditum singuli pro toto posse vires colligentes, quoniam timebant potentissimum regem Anglorum Henricum presidia proditoribus ferre, ad rupem festinant, declivo rupis multos militum et peditum, ne quis intret aut exeat, opponunt, viam ex parte Normannorum locando exercitum, ne ferant presidia, obtrudunt. Interim ad regem mittunt Ludovicum [i], fauctionem significant et quid super his precipiat consulunt. Qui regie majestatis imperio morte exquisita turpissima precipit puniri [j], mandat si oporteat suffragari. Cumque per aliquot dies exercitus consedisset, nefandus ille, augmentato de die in diem exercitu, timere cepit. Cumque quid suadente diabolo

---

g. Guill. *deest* F; Wido D; Guido A, B, E. *La correction s'impose. Les* Chroniques *de Saint-Denis ont supprimé le nom propre.*
h. *Nous adoptons cette leçon de* A, E, F; *elle nous paraît préférable à la leçon* bona; *le meurtrier promet aux gens du pays de les faire vivre de rapine et de pillage, car il est* expers boni.
i. ad regem Francie mittunt, fauct. F.
j. muniri B.

---

1. Lucain, I, 695.
2. Le château de la Roche-Guyon était en effet à peu près imprenable et dans une position excellente, aux confins des domaines respectifs des rois de France et d'Angleterre.

fecisset, eo docente, animadverteret, accitis quibusdam
Vilcassini nobilioribus, quomodo pace in rupe remaneat,
eis confederetur, regi Francorum optime serviat, promissionibus multis elaborat. Qui reicientes et prodicionis
ultionem improperantes, in hoc jam [k] remissum impulerunt,
ut si terram quandam sibi adjurari facerent [l] et securitatem
eundi darent, occupatam dimitteret eis munitionem. Quo
jurejurando firmato, Francorum pauci plures recepti sunt.
Procrastinato autem eorum exitu occasione prefate terre [m],
cum in mane preter juratos aliqui intrarent et alii alios
sequerentur, invaluit clamor exteriorum et ut proditores
exponant horribiliter vociferantur, aut faciant, aut simi-
lem proditorum penam tanquam consentientes sorciantur.
Qua audacia et timore renitentibus juratoribus, qui non
juraverant in eos prevalendo insilientes, gladiis [n] eos aggrediuntur, impios pie trucidant, membris emutilant, alios
dulcissime [o] eviscerant, et quicquid crudelius mitius repu-
tantes in eos exaggerant. Nec discredendum est [p] divinam
manum tam celerem maturasse ultionem, cum et per fenestras vivi aut mortui proitiuntur, et innumeris sagittis hiri-
ciorum more hispidi, cuspidibus lancearum in aere vacantes,
ac si eos terra reitiat, vibrantur. Hanc [q] autem inusitato
facto inusitatam repperiunt ultionem, quod quia vecors
vivus fuerat, mortuus est excordatus. Cor siquidem extis
ereptum, fraude et iniquitate turgidum palo imponunt, ad
representandam iniquitatis vindictam multis diebus certo
in loco infigunt. Cadavera vero tam illius quam quorundam
sociorum, compositis cleiis, rastris et funibus superligata,
per fluvium Sequane demittunt [r], ut si forte usque Rotomagum fluctuare non impediantur [s], prodicionis ultionem
ostentent, et qui Franciam momentaneo fetore fedaverant,

k. ipsum *addit* B.
l. ut... facerent *deest* D.
m. occasione prefata B.
n. gladio F.
o. citissime F.
p. est *deest* B.
q. hoc F.
r. dimittunt D, F.
s. impedirentur F.

mortui Normanniam deinceps tanquam *t* natale solum fedare non desistant.

[XVII.] Raritas *u* fidei facit ut sepius mala pro bonis quam bona reddantur pro malis, alterum divinum, alterum nec divinum nec humanum : fit tamen. Qua nequitie nota, cum regis Ludovici Phylippus frater de superducta *v* Andegavense, tam patris persuasione, cui nunquam restitit, quam blandis nobilissime et bene morigerate noverce illecebris, honorem Montis Leheri et Meduntensis castri [1] in ipsis regni visceribus ab eodem optinuisset, Phylippus, tantis ingratus beneficiis, recalcitrare nobilissimi generis fiducia presumpsit. Erat enim Amalricus de Monte Forti, egregius miles, baro potentissimus, avunculus ejus [2], Fulco, comes Andegavensis, postea rex Ierosolimitanus, frater ejus [3]. Mater etiam, his omnibus potentior, viragoque faceta et eruditissima illius admirandi muliebris artificii, quo consueverunt audaces suis etiam lascessitos injuriis maritos suppeditare *w*, Andegavensem priorem maritum [4], licet thoro omnino repudiatum, ita mollificaverat, ut eam tanquam dominam veneraretur et scabello pedum ejus sepius residens *x*, ac si prestigio fieret, voluntati ejus omnino obsequeretur. Hoc etiam unum et matrem et filios et totam efferebat progeniem, ut si de regis ruina quacumque occasione contingeret, alter fratrum succederet, et sic *y* tota consanguinitatis linea ad solium regni, honoris et dominii participacione, cervicem gratantissime erigeret [5]. Cum igitur prefatus Phylip-

t. tanquam *deest* F.
u. Karitas D.
v. supraducta D.
w. speditare B.
x. rediens E.
y. sic *deest* B.

1. Voir plus haut, p. 18.
2. Amauri IV de Montfort, frère de Bertrade, seconde femme de Philippe Ier.
3. Foulques V, dit le Jeune, comte en 1109, mort en 1142.
4. Foulques Réchin, premier mari de Bertrade. Le mot *suppeditare* veut dire ici *dominer*, mettre sous ses pieds.
5. Sur les intrigues de la belle-mère de Louis VI contre celui-ci, voir Orderic Vital, IV, p. 195 et suiv.

pus, crebro submonitus, audicionem et judicium curie superbe refutasset, depredacionibus pauperum, contricione [z] ecclesiarum, tocius etiam pagi dissolutione rex lascessitus, illuc licet invitus properavit, et cum sepius tam frater quam sui fortissima militum manu, multa jactancia repulsam promisissent, seipsos etiam a castro timidi absentaverunt [1]. Quo rex expedite irruens, loricatus per medium castri ad turrim festinans [a], obsidione cinxit dumque machinas impugnatorias, mangunella et fundibalaria inchoat instrumenta, non statim, sed post multos dies, cum de vita desperarent, eos ad dedicionem coegit. Interim vero mater et avunculus Amalricus [b] de Monte Forti, alterius honoris videlicet Montis Leheri formidantes amissionem, eundem honorem Hugoni Creciacensi [c] filiam Amalrici matrimonio copulantes contulerunt [2], hoc regi [d] unum peremptorium impedimentum opponere sperantes, ut tam ipsius honoris castris quam Guidonis de Rupe Forti, fratris sui [3], ipsius quoque Amalrici usque in Normanniam potestate sine interpolatione extensa, via impediretur et preter alias quas possent omni die inferre usque Parisium injurias, etiam Drocas ire nullo modo ei permitteretur. Cum enim Hugo, inito matrimonio, illuc velociter curreret, velocius eum rex subsequutus [e] est, cum eadem hora, eodem momento ut comperit, Castras [4], prefati honoris oppidum, audacissime acceleravit. Unde meliores terre spe liberalitatis sue et

z. contentione F.
a. ipsam *add.* F.
b. comes de Monteforti F.
c. Crec., filio comitis de Rupeforti, quem dominus Ludovicus prius viribus humiliaverat, et eidem ideo rebellaverat, filiam... F.
d. regi *ajouté par une main contemporaine* A; hoc ei B, D.
e. secutus B.

1. Cette occupation du château de Mantes doit dater de l'an 1110, à condition d'admettre que Suger suit exactement l'ordre chronologique.
2. C'est-à-dire qu'ils s'allièrent à la famille de Rochefort, dont les châteaux, ainsi que Suger le dira plus bas, formaient comme une ceinture au sud-ouest de Paris.
3. Fils de Gui le Rouge, mort quelques années auparavant.
4. Châtres, aujourd'hui Arpajon, Seine-et-Oise, ch.-l. de canton.

approbate mansuetudinis sibi allitiens, nota *f* tirannidis et crudelitatis formidine eripit. Cumque ibi per aliquot dies alternatim Hugo ut haberet, rex ut *g* non haberet, concertantes demorarentur ¹, quoniam alia fallacia aliam *h* trudit ², hac Hugo deluditur cautela, quoniam consulte assistit Milo de Braio *i*, filius magni Milonis, qui jure hereditario honorem repetens ³, provolutus regis pedibus *j*, flens et ejulans, multis precibus pulsat regem, pulsat consiliarios, rogat suppliciter ut regia munificentia honorem reddat, paternam hereditatem restituat, tanquam servum aut inquilinum deinceps habeat, pro voluntate utatur. Cujus lugubri postulacioni rex condescendens, accitis opidanis, jam etiam Milonem dominum offerens, ita eos ab omni illata *k* retro molestia pacatos exhilaravit, ac si lunam et stellas eis celitus demisisset *l*. Nec mora, cum subito Hugonem exire precipiunt, si non citissime exeat, citissimum exitium promittunt, contra naturalem dominum nec fidem nec sacramentum, sed potenciam aut impotenciam valere minantur. Quo stupefactus Hugo fugam rapit, et se *m* evasisse, non sua amisisse reputans, pro momentaneo gaudio conjugii longum repudii dedecus nec sine magno incommodo equorum et superlectilis amissione absportavit, et quid cum hostibus contra dominum inire conferat, turpiter expulsus animadvertit.

f. Sic tous les manuscrits, sauf F, qui porte vota ; *peut-être faut-il corriger* notae, *à moins de voir dans l'accord de* nota *avec* formidine *une licence poétique.*
g. ut *deest* E, G.
h. alteram F.
i. Brayo G.
j. regibus E.
k. vero *addit* D.
l. divinitus emisisset F.
m. se *deest* B.

1. Les *Chroniques de Saint-Denis*, III, 274, traduisent à tort comme si Suger parlait d'une lutte à force ouverte entre Hugues de Crécy et le roi.
2. M. Lecoy de la Marche rapproche de cette phrase un vers de l'*Andrienne* de Térence : « Fallaciam alia aliam trudit. »
3. Milon de Bray ou de Montlhéry, vicomte de Troyes, neveu de Gui le Rouge, comte de Rochefort, et cousin d'Hugues de Crécy (d'Arbois, *Comtes de Champagne*, II, 237-238). Ce *magnus Milo* était Milon Ier de Montlhéry (voir Continuation d'Aimoin, *Hist. de France*, XII, 275-276).

[XVIII.] Sicut [n] bene fructificantis arboris gratissimus fructus aut stipitis transplantacione aut ramorum insertione odoriferum saporem restaurat [1], sic et iniquitatis et nequitie exstirpanda propagatio de traduce multorum nequam in uno conglutinata, tanquam anguis angit [o] inter anguillas stimulans [2], nativa amaritudine tanquam absintio potat. Cujus instar Hugo Puteolensis [p] [3], vir nequam et propria et antecessorum tirannide sola [q] opulentus, cum successisset in honore Puteoli [r] avunculo Guidoni [s], pater enim ejus mire superbie in primordio Ierosolimitane vie arma assumpserat [4], omni malitia patrissare semen nequam non desistebat, sed quos pater flagellis, patre nequior scorpionibus cedebat [5]. Intumescens quippe quod impune pauperes ecclesias, monasteria crudelissime oppresserat [t], eo usque pedem movit, unde [u] *ceciderunt qui operantur iniquitatem, expulsi sunt nec potuerunt stare* [6]. Cum igitur [v] nec regem omnium

n. Dans F, ce chapitre est précédé d'un court préambule, que nous donnons aux additions.
o. angui B.
p. de Puisaco F.
q. valde opulentus F.
r. castri Puisaci et patrie adjacentis F.
s. Guidoni, vicinos suos cepit rapinis intolerabilibus graviter infestare. Pater siquidem ejus, mire superbie, in primordio Ierosolimitane vie arma assumpserat post multa scelera perpetrata. sed ejus filius Hugo omni malitie patrissare tanquam semen nequam non desistens, quos... F.
t. ab eis mobilia absque resistentia extorquens F.
u. unde et E, G.
v. nefandissima exercendo F.

---

1. Phrase peu claire; Suger fait ici allusion aux procédés de la greffe et de la bouture.
2. Autre phrase obscure, non traduite par les *Chroniques*. M. Huguenin propose de corriger *tanquam sanguis sanguini et sanguinem illius stimulans*; nous citons cette correction toute hypothétique comme un bon exemple de critique verbale.
3. Le Puiset, Eure-et-Loir, cant. Janville.
4. Voici la suite des seigneurs du Puiset, vicomtes de Chartres, telle que l'a établie M. d'Arbois (*Comtes de Champagne*, II, 188-189). Hugues Ier vivait encore en 1096; Suger parle de lui plus loin. Sa femme Alix lui donna Ebrard, seigneur du Puiset, Hugues, vicomte de Chartres, et Gui. Ebrard mourut pendant la première croisade; de sa femme, Alix, fille de Bouchard II, comte de Corbeil, il avait eu Hugues II du Puiset, dont il est ici question; celui-ci eut pour tuteur son oncle Gui. Les seigneurs du Puiset étaient alliés aux Rochefort, ce qui explique l'hostilité de Louis VI contre eux.
5. Citation presque textuelle d'un verset de la Bible, Rois, III, ch. XII, 11.
6. Psaumes, XXV, 13.

nec regem Francorum magni duceret, nobilissimam Carnotensem comitissam[w] [1] cum filio Theobaldo, pulcherrimo juvene et armis strenuo[x], aggressus, terram eorum usque Carnotum depopulans, rapinis et incendiis exponebat. Nobilis vero comitissa cum filio aliquando, licet tarde et insufficienter[y], prout poterat, ulcisci nitebatur, numquam tamen aut vix Puteolo a miliaribus octo seu decem appropinquabant [2]. Tanta erat Hugonis audacia, tanta potestative superbie suppetebat facultas, ut cum pauci diligerent, multi servirent, cum multi ad defensionem, quamplures[z] ipsi etiam ad destructionem anelarent, magis enim timebatur quam amabatur. Cum autem comes prefatus Theobaldus per se parum, per regem multum proficere in Hugonem perpenderet, cum nobilissima matre, que semper nobiliter regi servire consueverat, ad eum accelerat, ut opituletur multis precibus pulsat, multo servitio ejus opem meruisse representat, Hugonis[a] quedam, patris, avi et attavorum opprobria reportat : « Memorare, inquiens, domine rex,
« sicut decet regiam majestatem, opprobrii et dedecoris,
« quod avus Hugonis patri tuo Phylippo fedus perjurio
« intulit, cum eum[b] multas illatas injurias ulcisci innitentem
« a Puteolo turpiter reppulit, fastu nequissime consanguinitatis,
« factiose conspirationis exercitum ejus usque
« Aurelianum fugavit, captum comitem Nivernensem, Lancelinum
« Baugienciacensem, milites pene centum, et quod
« hactenus inauditum erat, episcopos quosdam carcere suo
« dehonestavit [3]. » Addebat etiam inproperando qua causa,

w. sororem regis Anglie Henrici F.
x. Carnotensi, Dunensi Briensique tunc comite palatino F.
y. tarde et non competenti copia pugilum F.
z. complures etiam F.
a. prefati Hugonis F.
b. eum enim F.

---

1. Adèle, fille de Guillaume le Conquérant, sœur d'Henri Beauclerc.
2. Le Puiset est à 11 lieues de Chartres.
3. Cette guerre entre Hugues Ier, seigneur du Puiset, et le roi Philippe, date de 1080, d'après une charte publiée par Martene (*Thes. anecdotorum*, I, 241) et citée par M. d'Arbois, II, 187. On trouvera un récit de cette expédition dans les *Miracles de saint Benoît* (éd. de Certain, 315-317). Le comte de Nevers pris par Hugues du Puiset était Guillaume Ier ; l'évêque, Geoffroi, évêque d'Auxerre, fils du comte de Nevers, qui avait suivi l'armée royale.

qua origine in medio terre Sanctorum constructum ad tuicionem ejus a venerabili regina Constancia castrum non ab antiquo fuerat[1], quomodo etiam post totum sibi, nichil regi reliquum preter injurias fecerat. Modo, si placeret, quia Carnotensis, Blesensis et Dunensis exercitus copia, qua fretus resistere consueverat, non solum deficeret, sed et ei officeret[c], castri subversione et Hugonis exheredacione et paternas et suas ulcisci facile posset injurias. Quod si nec suas nec bene meritorum punire vellet injurias, ecclesiarum oppressiones, pauperum depredaciones, viduarum et pupillorum impiissimas vexaciones, quibus et terram Sanctorum et terre accolas dilapidabat, aut suas faceret aut removeret. Cum igitur talibus et pluribus pulsatus rex his consulendis[d] diem dedisset, Milidunum[e] convenimus[2], ubi multi archiepiscopi, episcopi, clerici et monachi[f] confluentes, quia eorum terras lupo rapacior devorabat, clamabant, pedibus ejus etiam nolentis accubabant : ut rapacissimum predonem Hugonem compesceret, prebendas suas munificentia regum in Belsa, que ferax est frumenti, servitoribus Dei constitutas de fauce draconis eripiat, terras sacerdotum, non minus[3] sub sevitia Pharaonis solas emancipatas, emancipare satagat, partem Dei, cujus ad vivificandum portat rex imaginem, vicarius ejus liberam restituat suppliciter implorant. Quorum prece bono animo suscepta, nichil inconvenienter suscipiens, recedentibus prelatis ecclesie, archiepiscopo

---

c. officeret in stipendiis annuis F.
d. consulendis diem dedisset apud Meledunum, ibi cum consiliariis regiis generale tenuit parlamentum. Ad quod multi F.
e. Meledunum G.
f. inter quos Sugerius, religiosus ecclesie B. D., qui hanc historiam scripsit F.

---

1. La reine Constance avait en effet possédé le château du Puiset; son fils, Henri Ier, fut obligé de le reprendre de vive force vers 1032 ou 1033 (*Miracles de saint Benoît*, éd. de Certain, 242-243). — Par *terra sanctorum*, Suger entend les nombreux domaines de l'abbaye de Saint-Denis dans cette partie de la Beauce.
2. La date de ce parlement de Melun est mal connue. Nous verrons plus loin que le premier siège du Puiset doit être rapporté à l'an 1111.
3. *Non minus* a ici le sens de *même*. — Ce passage de la vie de Louis VI a été reproduit en abrégé par Suger dans son *Liber de administratione*, chap. XII (éd. Lecoy, p. 171).

Senonensi [1], episcopo Aurelianensi [2], Carnotensi venerabili Ivone [3], qui tentus fuerat carcere, quem coactus fecerat pingi in eodem castello multis diebus, consensu bone memorie abbatis Ade antecessoris nostri [g] remisit me [h] Tauriacum [4], cui preeram in Belsa, villam beati Dyonisii utilem et annone fertilem, sed nullo modo munitam [i], precipiens ut, dum ipse eum adhuc ad causam super his [j] vocaret, ville providerem, hominum suorum et nostrorum manu militari pro posse fulcitam ne eam incendio dissolveret operam darem, eam enim muniret et, sicut pater fecerat, castrum inde [k] impugnaret. Quod cum nos, Deo auxiliante, militum et peditum copia bene aliquantisper temporis compleremus, consummato Hugonis per [l] absentacionem sui judicio, rex ad nos Tauriacum magno cum exercitu devenit, castrum abjudicatum ab illo Hugone repetiit. Nec mora, cum exire [m] recusaret, rex maturat aggredi castrum, tam militarem quam pedestrem ei applicat exercitum, balistam multiplicem, arcum, scutum, et gladium et bellum [n] [5], ut videres et valeres mirari vicissim sagittarum imbrem, galearum fulgorantium superius scintillare multis ictibus ignem, scutorum subitam et mirabilem confractionem et

g. Ade, abbatis Sancti Dyonisii F.
h. rex venerabilem Sugerium, religiosum ejusdem ecclesie, apud F.
i. Et quia villa Tauriaci, que tunc erat beati Dyonisii, utilis quoque et annone fertilis erat, sed nullomodo munita, precepit F.
j. super excessibus patratis F.
k. et sic sicut pater suus de castro Tauriaci castrum Puisiaci F.
l. contumaciam et F.
m. cum Hugo preceptum regium contemnendo exire F.
n. exercitum, balistarios et arcum educentes debite collocat, et qui scuta tenerent ante ipsos, et tunc ad sonum tubarum signum assiliendi fecit dari pugilibus. Diu durante assultu, videres F.

1. Daimbert.
2. Jean II.
3. Le célèbre Ives de Chartres, mort en 1116. L'emprisonnement de ce prélat au château du Puiset date d'environ 1092; Ives s'étant opposé au mariage de Bertrade de Montfort et de Philippe I*er*, ce prince le fit saisir par Hugues I*er* du Puiset; voir une belle lettre écrite par Ives prisonnier au clergé et aux fidèles de son diocèse. (*Hist. de France*, XII, 313.) Il fut délivré un peu plus tard, grâce aux instances d'Urbain II. — Le mot *pingi* est pour *compingi*.
4. Toury, Eure-et-Loir, cant. Janville, tout près du Puiset.
5. Imitation de l'Ecriture; voir notamment Psaumes, LXXV, 4.

perforationem, et, ut impulsi *o* sunt per portam in castrum, ab intus super nostros de propugnaculis et glande mirabilem et pene intolerabilem etiam audacissimis deici grandinem *p*, trabium depositione et sudium immissione incipere *q*, non perficere repulsionem *r*. Regales econtra, fortissimo animi et corporis robore acerrime dimicantes, scutis confractis, ascellas ¹, ostia et queque lignea sibi preponentes, porte insistunt, carros etiam, quos multa congerie siccorum lignorum, adipis et sagiminis, cito fomento flammis accendendis *s*, onerari feceramus *t*, erant enim excommunicati et omnino diabolici, porte in manu forti opponunt, ut et ipsis carris incendium inextinguibile propinent et seipsos opposito lignorum aggere tueantur. Cumque alii accendere, alii extinguere periculose concertant, comes Theobaldus aliunde, ea scilicet parte qua respicit Carnotum, magno et militari et pedestri exercitu castrum assiliens, invadere memor injuriarum festinat, et dum suos arduo valli² declivo ascendere concitat, cicius *u* descendere, immo corruere dolet, quos *v* caute quasi pronos serpere sursum cogit, deorsum supinos incaute precipitari respicit et utrum, insequentibus molis, spiritum exalent cognoscere satagit *w*. Qui enim milites velocissimis equis castri defensionem *x* circuibant, manualiter glandi innitentes, inopinate dum supervenirent, cedebant, detruncabant ³, et ab alto fossati imo graviter

---

o. impulsi adversarii sunt F.
p. grandinem sagittarum, quarellorum, paxellorum et F.
q. et *addit* G.
r. unde tandem qui obsidebant repulsi sunt. Sed non diu protracta mora, regales F.
s. accedendis E ; accendendos F.
t. fecerant oppugnantes, et ad detrimentum obsessorum malignorum F.
u. ocius F.
v. nam quos F.
w. quia unde tantum damnum procedebat ignorabat, milites vero qui F.
x. et defensores *addit* F.

---

1. En français *essaule*, planche, douve.
2. Le fossé et sa contrescarpe.
3. Par *glans*, Suger entend ici, la suite le prouve, une simple palissade : à l'intérieur circulaient les cavaliers ennemis qui, se penchant par dessus, les soldats de Thibaud à peine arrivés au haut du fossé, les frappaient à l'improviste.

deiciebant. Jamque manus dissolute et debilitata[y] genua assultum sopitum pene fecerant, cum valida immo omnipotens omnipotentis Dei manus, tante et tam juste ultionis causam sibi omnino asscribi volens, cum communitates patrie parrochiarum adessent, cujusdam calvi presbiteri suscitavit fortitudinis robustum spiritum, cui contra opinionem humanam datum est possibile quod armato comiti et suis contingebat impossibile. Velociter siquidem vilissimam ascellam sibi preferens, fronte nudo ascendens, ad sepem [z] usque pervenit et latendo sub his que sepi erant aptate operturis [1], eas paulatim deponebat. Quod cum libere [a] se facere gauderet, innuit hesitantibus et vacantibus in campo ut [b] opem ferrent. Qui videntes presbiterum inhermem fortiter clausuram [c] deicere, armati insiliunt, secures et queque instrumenta ferrea clausuris apponentes, secant, disrumpunt, et quod mirabile celestis arbitrii signum fuit, ac si alterius muri Ierico cecidissent, eadem hora et regis et comitis exercitus, ruptis claustris, intraverunt. Unde quamplures eorum, cum in neutram partem incursus hostium hinc et inde convolantium vitare non possent, interceptos citissime graviter affligi contigit. Reliqui vero, necnon et ipse Hugo, cum intus castellum muro cinctum tuto non sufficeret presidio, in mota scilicet turre lignea superiori se recipit [2 d]. Nec mora, cum se insequentis exercitus pila minancia [e] abhorreret, percussus [f] dedicioni cessit et captivatus [g] in propria domo cum suis,

y. debilia F.
z. ad sepem de lignis alte et fortiter clausam, de quo loco pugiles ascendentes turpiter repellebantur F.
a. et absque impedimento F.
b. velociter *addit* F.
c. clausuram illam ligneam F.
d. recepit F.
e. timeret et F.
f. his percussus, deposita sarcina superbie F.
g. jussu regis in F.

1. Ici *sepes* a le sens de retranchement, de barrière; caché au-dessous des meurtrières, il les détruisait et empêchait ainsi les défenseurs de frapper les assaillants à couvert.
2. Ce qui prouve que le château du Puiset se composait d'une double enceinte et d'un réduit : 1° une simple palissade ; 2° un mur probablement en pierre ; 3° un donjon en bois.

quanta [h] superbia pariat ruinam [1] miserrime compeditus animadvertit. Cum ergo rex potitus victoria nobiles captos, predam regie majestati idoneam, eduxisset, cunctam castri superlectilem et omnes divitias publicari castrumque incendio conflari [i] [2] imperavit. Turrim tantum incendio paucis diebus distulit, ea de causa quod comes Theobaldus, immemor benefitii tanti facti quod nunquam per se adipisci valeret, machinabatur marchiam suam amplificare, castrum erigendo in potestate Puteoli quod de feodo regis fuerat, apud villam que dicitur Alona [3]. Quod cum rex omnino recusaret, comes pactum hoc [j] offerebat per Andream de Baldamento, terre sue procuratorem [4], ratiocinare, rex vero et ratione et lege duelli numquam se pepigisse per Ansellum dapiferum suum [5], ubicumque secure vellent, defendere. Qui viri strenui multas huic prelio postulantes curias, nullam invenerunt [6].

Subverso [k] igitur omnino prefato castro necnon et Hugone in turre Castri Landulfi [7] incluso, Theobaldus comes, fretus avunculi sui regis anglici incliti Henrici auxilio, regi Ludovico cum complicibus suis guerram movet, terram turbat, barones suos pollicitis et donis subtrahit, et quicquid deterius reipublice invisus machinatur [l]. Rex autem, ut erat vir

h. quanta A, B, E ; quanto D ; quantam F, G.
i. conflagrari E, G.
j. hoc *deest* D.
k. *Ici le titre suivant dans* E : Guerra comitis Theobaldi contra regem Ludovicum grossum.
l. machinabatur D.

---

1. Grammaticalement, Suger aurait dû écrire *quantam ruinam* ; nous maintenons la leçon des meilleurs manuscrits ; ce n'est pas la seule faute d'accord qu'ait commise notre auteur.
2. Pour *conflagrari*; dans ce sens de brûler, *conflari* est peu fréquent en bonne latinité.
3. C'est certainement Allones, Eure-et-Loir, cant. Voves, à 5 lieues du Puiset, et non Allaines, cant. de Janville; ce dernier lieu est plus près du Puiset, mais *Alona* n'a pu donner *Allaines*.
4. André de Baudement était sénéchal du comte Thibaut (D'Arbois, II, 196).
5. Anseau de Garlande.
6. Ce premier siège du Puiset date certainement de l'été de 1111 ; il est mentionné dans un diplôme de Louis VI, abolissant les redevances imposées injustement par les seigneurs du Puiset aux tenanciers de Saint-Denis, diplôme daté d'Orléans, 1111, 4ᵉ année (Tardif, *Monuments historiques*, n. 349) et donné entre le 29 juillet 1111 et le 21 avril 1112. A en croire cet acte, la prise du Puiset aurait eu lieu d'une façon miraculeuse.
7. Château-Landon, Seine-et-Marne, ch.-l. de cant.

militie aptus, ulcisci in eum frequentabat, et cum multis aliis baronibus, tum avunculo suo comite Flandrense [m] Roberto accito, viro mirabili, Christianis et Saracenis a primordio Ierosolimitane vie armis famosissimo, terram ejus exponebat [1]. Unde cum quadam die Meldensi civitati exercitum induxisset contra comitem [n], viso eo, frendens in eum et suos insiliit [o], nec fugitivos veritus per pontem insequi, prosternit [p] et cum [q] comite Roberto et ceteris regni optimatibus gladiis sponte decidentes [r] fluctibus involvit. Virum [s] expeditum Hectoreos videres movere lacertos, super pontem tremulum giganteos impetus actitare, ingressu periculoso niti, permultis renitentibus villam occupare, quod nec interpositus magnus Materne fluvius prohiberet, si trans flumen porta clausa non restitisset [t]. Nec minus preclaro facinore strenuitatis famam nobilitavit, cum Latiniaco [2] exercitum movens, obvianti militie [u] in grata pratorum planitie juxta Pomponam [3] arma convertit, fugam celerem crebris affectare cogit colaphis [v]. Qui cum pontis proximi artum formidarent introitum, alii se influctuare gravissimo mortis periculo timide consulentes vite non timuerunt, alii, seipsos pontem preripiendo calcantes, arma reitiunt, et hostibus sibi hostiliores, dum insimul

m. Frandense A ; Flandrensi E, G.
n. eundem comitem, et idem comes exiisset contra eum in bellico apparatu, viso F.
o. insiliit, hostes fugere compulit F.
p. multos ex eis prosternit, multos fluctibus involvit F.
q. cum *deest* B.
r. sponte decidente B ; ponte decidentes D. *La leçon adoptée a été traduite par* les Chroniques de S.-D.
s. Nunc vidisses virum F.
t. portam hostes non clausissent F.
u. militie comitis F.
v. hostes cogit arripere F.

1. Ces expéditions doivent être rapportées aux derniers mois de l'an 1111; en effet, c'est dans cette attaque contre Meaux que périt Robert, comte de Flandre, le 4 octobre suivant les uns, le 5 décembre suivant les autres; on n'est sûr que de l'année, 1111. (V. Ordéric Vital, IV, 290.) Ce dernier auteur transforme d'ailleurs en échec l'action que Suger rapporte comme un succès de Louis VI.
2. Lagny-sur-Marne, Seine-et-Marne.
3. Pomponne, Seine-et-Marne, cant. de Lagny, au milieu des prairies qui bordent la Marne.

omnes volunt, vir *w* unus pontem ingreditur. Dumque tumultuosus eos confundit impetus, quanto festinant, tanto plures demorantur, et fit exinde ut et primi novissimi et novissimi fiant primi [1]. Quia *x* tamen ponti *y* ingressus fossato cingebatur, presidio eis erat quia regii quirites, nisi unus post alium eos insequi non valebant, nec sic etiam sine magno sui dispendio, cum multi niterentur *z*, pauci pontem prendere *a* poterant. Qui autem quocumque modo intrabant, sepius aut suorum aut nostrorum turba *b* turbata, inviti genuflectebant, et resilientes *c* alios idem facere cogebant. Insecutus autem eos rex cum suis multa strage urgebat, quos offendebat conterebat, quos conterebat tam gladii impressione quam fortissimi equi impulsione Materne fluvio ingurgitabat. Verum sicut inermes levitate sui fluctuabant, sic et loricati pondere suo graves semel mersi, ante trinam *d* demersionem comitum suffragio retrahuntur, rebabtizatorum opprobrium, si talis esset occasio, referentes.

His autem et hujusmodi rex comitem angarians molestiis, terras ejus ubi ubi *e* tam in Briensi quam in Carnotensi pago demolitur, nec ejus presentiam plus absentia nec absentiam plus presentia appreciatur. Cumque comes insufficientiam et inertiam suorum formidaret, regi barones suos surripere callet *f*, donis et promissis eos alliciens et diversarum querimoniarum spem restitucionis antequam cum rege faciat pacem repromittens. Inter quos Lancelinum Bulensem, Domni Martini dominum [2], Paganum de Monte

w. vix unus B, G; vit unus E; volunt intrare et nonnisi vir unus pontem ingredi poterat F.
x. qui tamen D.
y. pontis G.
z. interimerentur F.
a. comprehendere F.
b. regia turba F.
c. resistentes F.
d. ternam F.
e. ubi ubi *deest* F; ubi tam B, D, E.
f. calcet E.

1. Évangile de s. Mathieu, XXIX, 30.
2. Bulles, Oise, cant. Clermont. — Dammartin-en-Goële, Seine-et-Marne, ch.-l. de cant. On ne sait rien sur ce personnage, sauf ce qu'en dit Suger;

Gaio [1], quorum terra quasi in bivio posita securum agitandi Parisium porrigeret accessum, obligavit. Hac eadem causa Radulfum de Balgentiaco, cum conjugem germanam cognatam regis, Hugonis magni filiam [2], haberet, illexit, et utile preponens[g] honesto, ut proverbialiter dici solet, *stimulus anum* [h] *accelerat* [3], multa stimulatus anxietate, nobilem sororem [i] incestuoso matrimonio Miloni de Monte Leherii [4], cui supra memoravimus regem castrum reddidisse, inreverenter copulavit. Quo facto et cummeantium interrupit oportunitatem, et tanquam in ipso medio Francie conclavi procellarum et guerrarum locavit antiquam importunitatem. Et dum cum eo cognatos Hugonem de Castello Forti Creciacensem et Guidonem de Rupe Forti surripit, pagum Parisiensem [j] et Stampensen, si militia non prohibeatur, guerris exponit. Et dum comiti Theobaldo et Briensibus et Trecensi patruo Hugoni [5] et Trecensibus [k] contra Parisienses et Silvanectenses citra [l] Sequanam, Miloni ultra patulus aperitur accessus, subripitur patrie ab alio aliis suffragari : similiter et Aurelianensibus, cum Carnotenses, Dunenses et Brienses suffragio Radulfi Balgenciacensis, nullo opposito, arcebantur. Rex vero sepius supra dorsum eorum fabricabat, cui nec Anglie nec Normannie opum profusio parcebat, cum inclitus rex Henricus

g. proponens A, E.
h. animum F.
i. Dans le manuscrit A, une main contemporaine a ajouté après sororem : Rodulfi, comitis Viromandensis. Cette leçon est passée dans F et dans G.
j. Parisiacensem F.
k. et Trecensibus deest D.
l. circa F.

ici il le qualifie de seigneur de Dammartin, plus loin il lui donnera le titre de comte.
1. Sur Païen de Montjay, voir plus haut, p. 7 et Ordéric Vital, IV, p. 358-359.
2. Sur les anciens seigneurs de Baugency, voir le P. Anselme, III, 170; le Raoul ici nommé, premier du nom, avait épousé Mahaud de Vermandois, nièce du roi Philippe Ier.
3. C'est à peu près le proverbe : *Besoing fait vieille trotter*, cité par Leroux de Lincy, *Livre des proverbes français*, II, 247.
4. L'épithète *incestuoso* est peu exacte; ce mariage était irrégulier, la première femme de Milon vivant encore. (D'Arbois, *Comtes de Champagne*, II, 200-201.)
5. Hugues, comte de Champagne (1089-1125).

toto nisu, tota opera terram ejus impugnabat*m*, qui tantum his percellebatur quantum

> si flumina cuncta minentur
> ..... pelago subducere fontes [1].

[XIX.] Interea contigit decedere Curboilensem comitem Odonem [2], hominem non hominem, quia non rationalem sed pecoralem, filium Buchardi superbissimi comitis, qui tumultuosus mire magnanimitatis, caput sceleratorum, cum ad regnum aspirans *n* quadam die arma contra regem assumeret *o*, gladium de manu porrigentis recipere refutavit, astanti conjugi comitisse invective sic dicens : « Prebe, « nobilis comitissa, nobili comiti splendidum ensem leta- « bunda, quia qui comes a te recipit rex hodie tibi red- « det. » Verum e contrario, Deo disponente, contigit ut nec quod erat nec quod esse volebat diem excederet, cum eadem die lancea percussus comitis Stephani [3], ex parte regis dimicantis, regno pacem firmaverit et se et suam guerram ad inferni novissima infinite debellando transtulerit. Mortuo itaque filio Odone comite, comes Theobaldus cum matre et per Milonem et per Hugonem *p* [4], quibuscumque poterant donis et datis et pollicitis, omnimodam dabant operam ut si hoc cum collateralibus castrum optinere possent, regem omnino eviscerarent *q*. Econtra rex et sui, eos refellendo, cum multo et sumptuoso labore ad optinendum insudasset, absque prefati Hugonis deliberatione, quia comitis nepos erat [5], minime potuit. Data igitur his explendis die *r* et loco, patenter malorum presago, scilicet apud villam episcopi Parisiensis Moussiacum *s*, cum convenisse-

m. expugnabat F.
n. ad regnum Francie aspiraret F.
o. assumens F.
p. Hugonem Puisiaci, nepotem ipsius Odonis F.
q. regis omn. evisc. potentiam F.
r. ad obtinendum illud insudasset, tandem tamen conclusum est quod absque consensu Hugonis, cui castri possessio competebat, eo nequibat potiri. Igitur ad negotium complendum data die F.
s. Mosaycum B. — Moussiacum nomine, rex cum multis baronibus et consi-

1. Lucain. V, 336-337.
2. Probablement en 1112.
3. Etienne, comte de Blois (1081-1102).
4. Il s'agit ici de Hugues du Puiset, alors enfermé à Châteaulandon.
5. Exact; le père de Hugues avait épousé Alix, sœur du comte de Corbeil, Eudes.

mus [1], et in parte nociva et in parte juvativa foret ejus deliberatio, quia *t* non potuimus quod voluimus, voluimus quod potuimus. Abjurato siquidem ab eo Curboilo castro, cujus se heredem jactabat, abjuravit *u* nobis omnibus omnes angarias, omnes tallias, omnes vexationes omnium ecclesiarum et monasteriorum possessionum *v*, et datis obsidibus pro his omnibus et quod Puteolum nunquam absque domini regis firmaret voluntate, perfidia non arte delusi, redivimus *w*.

[XX.] Nec mora, cum necdum congelatum sed liquidum et recens adhuc sacramentum floccifieret *x*, Hugo, longa exasperatus captione, instar canis diu catenati, qui, concepta et retenta longo tempore in vinculis insania, solutus intolerabiliter desevit, excatenatus mordet et discerpit, haud secus Hugo congelatam liquefaciens nequitiam, stimulat, movet, ad fraudem accelerat. Confederatus igitur regni defederatis *y*, videlicet palatino comiti Theobaldo et egregio regi Anglorum Henrico, cum dominum regem Ludovicum in Flandriam [2] pro regni negotiis profecturum accepisset, collecto quantocumque equitum et peditum potuit exercitu, Puteolum castrum restituere *z* deliberat, adjacentem pagum aut eversum iri aut sibi subicere maturat. Transiens igitur quodam sabbato per eversum castrum, ubi tamen publicum

lio venit, Hugone tunc de Castro Landulfi extracto, cum ibidem adductus propter hoc fuisset, et electi fuissent qui negotium tractarent, quia ibi fuerunt qui regi favebant et alii qui eidem nocebant, ideo tunc non tutum quod voluit rex, sed quod potuit expedivit. Tandem tamen ab Hugone abjurato Corbolio F. — *Cette addition a été traduite par les* Chroniques de Saint-Denis, III, 287.

t. quoniam B, E.
u. etiam fide data omnibus astantibus F.
v. et ad majorem securitatem horum obsides tradidit, iterum etiam juravit quod Puteolum ,F.
w. et sic rex, perfidia et non arte delusus, rediit Parisius F. *Même remarque que ci-dessus.*
x. flocciferet D, E.
y. confederatis igitur regni defederatis et adversariis regni F.
z. restruere D.

1. Ce pluriel indique seulement que Suger assista à l'entrevue: dans le texte de F, le roi seul paraît. — Moissy-Cramayel, Seine-et-Marne, cant. Brie-Comte-Robert. Il est fait allusion à ce traité dans un acte du cartulaire de Saint-Père (II, 452), daté à tort par l'éditeur des années 1101 à 1106.
2. Probablement pour aller se concerter avec le nouveau comte, le jeune Baudoin.

regis permissione patebat forum, mirabili fraude hic securitatem, precone vociferante, jurejurando spondebat, ibidem quos ditiores addiscere poterat inopinato carceri detrudebat, et ut belua frendens et quicquid occurrebat *a* discerpens, Tauriacum villam beati Dyonisii munitam cum comite Theobaldo subvertere funditus festinat *b*. Qui pridie *c* nos conveniens, doli et nequitie gnarus, multa prece ut pro eo ad dominum regem intercedere eadem die transiremus optinuerat, absentia nostri villam absque difficultate arbitratus ingredi, aut si ei resistitur omnino delere. Verum qui in parte Dei et beati Dyonisii munitionem intrabant *d*, et Dei auxilio et loci presidio munitis propugnaculis, tam viriliter quam audacissime resistebant *e*. Nos autem citra Curboilum *f* venientes, cum domino regi, qui jam rei veritatem a Normannia acceperat, occurreremus, citissime inquisita adventus nostri causa, simplicitatem nostram derisit et cum multa indignacione Hugonis fraudem aperiens, ad suffragandum ville velocissime remisit. Et dum ipse Stampensi via exercitum colligens, nos rectiori *g* et breviori Tauriacum dirigimur [1], hoc unum multo et frequenti intuitu a longe assumentes necdum occupate municionis argumentum, quod tristega turris in eadem munitione longa planitie supereminens apparebat, que capta munitione illico igne hoste solveretur. Et quia hostes totam viciniam rapiendo, devastando occupabant, neminem occurrentium donis etiam aut promissis nobiscum ducere potera-

a. occurrentes D.
b. festinavit F.
c. Custos castri erat religiosus venerabilisque Suggerius, ad quem pridie dolose veniens, multum ipsum exoraverat, ut ad regem transiens pro ipso intercederet, estimans eo absente villam et castrum posse absque difficultate ingredi. Verum ad castrum applicans, qui in parte F.
d. intraverunt F.
e. restiterunt F.
f. Corboilum D; Corbolium E, G.
g. per rectiorem et breviorem viam religiosum et quos ordinaverat preire misit. Dum autem a longe munitionem aspicerent et dubitarent utrum jam capta esset vel non, argumentum tamen munitionis non occupate habuerunt, quod tristega vel concamerata turris in F.

1. C'est-à-dire qu'au lieu d'aller gagner Étampes au sud-ouest, Suger prit au nord.

mus [h]. Unde quanto pauciores, tanto securiores, jam [i] sole in vesperum declinante, cum, quia hostes nostros tota die impugnantes expugnare non valerent, fatigati parum sustitissent, nos ac si de eorum essemus consortio, speculata oportunitate, non sine magno periculo per medium ville irruentes, quia quibus innueramus in propugnaculis nostrates portam paraverunt [j], citissime Deo annuente intravimus. Qui nostra exhilarati presentia [k], sabbata[1] hostium deridebant, multisque convitiis et opprobriis lascessientes, ad reciprocum assultum, me invito et prohibente, revocabant. Verum ut me absente, sic et presente [l] et defensores et defensionem [m] divina manus protexit. Cumque nostrorum pauci de paucis, eorum multi de multis vulnerati deficerent [n], alii multiplici suorum lectica deportantur, alii raro vilissimo terre aggere retrusi [o], cras aut post cras morsibus luporum exponendi reponuntur. Necdum [p] Puteolum repulsi redierant, cum Guilelmus Garlandensis [q] [2] et de familia regis quamplures promptiores [r] et validiores armati ville suffragari accelerant, eos circa invenire ad ostentandam [s] regie militie audaciam toto animo preoptant. Quos ipse dominus rex statim in aurora subsecutus, cum eos per burgum hospitatos audisset, votivam in hostes parabat ultionem, tanto hylaris, tanto letabundus, quanto eos subita strage,

h. secum ducere nequibat F.
i. et cum, jam adveperescente die, hostes fatigati assultum deservissent et parum substitissent, idem Suggerius cum paucis, opportunitate captata, ac si de hostium consortio esset, cum suis, non tamen sine magno periculo, per medium ville ad portam castri venerunt et ignorantibus hostibus intraverunt F.
j. aperuerant G.
k. Quorum presentia exh. oppidani F.
l. ut... presente *deest* F.
m. et locum et defensores F.
n. Nam reiterato assultu, cum resistentium pauci de paucis et hostium multi de multis deficerent F.
o. et humati F.
p. Necdum hostes F.
q. Warlandensis D.
r. perniciores F.
s. ostentendam A; ostendendam B, E, G.

---

1. C'est-à-dire l'inaction.
2. Frère du sénéchal, lui succéda dans cette charge en 1118.

inopinata ultione inopinatam injuriam strenue ulcisci contingeret. Verum hostes, cognito ejus adventu, mirabantur fauctionem adeo celatam ei innotuisse, iter Flandrense subito postposuisse *t*, ad suffragandum non tam celeriter venisse quam evolasse. Cumque nichil aliud audentes *u* castri restitucioni insistunt, rex propinquum pro facultate colligit exercitum, multis enim eum in locis guerra urgebat. Cumque instante die martis exercitum eduxisset *v*, acies componit, duces preponit, sagittarios et balistarios loco suo opponit, et pedetentim castro adhuc imperfecto appropinquans, quoniam audierat comitem Teobaldum se jactitasse *w* contra eum in campo dimicare, consueta magnanimitate pedes armatus inter armatos descendit, equos removeri jubet, quos descendere secum fecerat ad audaciam invitat, ne flectantur sollicitat, ut fortissime dimicent clamat *x*. Quem cum adeo strenue venientem hostes et viderent et formidarent, veriti castri procinctum exire, timide sed caute elegerunt infra quendam fossatum antiquum diruti castri acies componere ibique expectare, in hoc callentes ut cum regis exercitus fossatum inniteretur conscendere, illic resistere, acies ordinate exordinarentur, exordinate vacillarent. Quod magna *y* de parte contingere contigit. Primo enim congressionis impetu, cum regii quirites multa cede, mira audacia, a fossato eos sicut victos propulissent, exordinatis aciebus, eos indifferenter insequentes agitabant. Interea Radulfus *z* Baugentiacensis, vir magne *a* sagacitatis et strenuitatis, idipsum quod contigit prius formidans, exercitum celaverat in parte castri, altitudine cujusdam ecclesie et opacitate vicinarum domorum incognitum. Qui cum fugitivos suos jam per portam exire videret, pausatum exercitum lassatis regiis militibus apponit [1], gravissime impetit. Qui autem

t. proposuisse D.
u. audientes B.
v. rex Francorum nobilis Ludovicus add. *plus récente* E.
w. jactasse F.
x. exhortatur F.
y. quo magna E, G.
z. Rodulfus Bauiacensis D.
a. mire D.

1. Tous les manuscrits donnent *apponit*; on ne saurait donc corriger

gregatim fugabant, loricarum et armorum gravitate pedes gravati, ordinatam equitum [b] aciem vix sustinere valentes, per [c] occupatum fossatum cum pedite rege, post innumeros ictus, post longam alternatim dimicationem, retrocesserunt, quantum sapientia prestet audacie, licet sero, animadvertentes, cum si eos ordinati in campo expectarent [d], voluntati sue eos omnino subjugarent [e]. Verum cum acierum confusione soluti nec equos suos repperire [f] nec quid facerent deliberarent, rex non suo, sed alieno insidens equo, animosus resistebat, clamosus revocabat, nominatim audaciores [g] ne fugerent sollicitabat. Ipse autem inter hostiles cuneos, exerto gladio, quibus poterat presidio erat, fugaces refugabat, et ultra quam regiam [h] deceret majestatem, miles emeritus militis offitio, non regis singulariter decertabat. Cum autem corruere exercitum, equo lassato, solus prohibere non valeret, adest armiger qui proprium reducat [i] dextrarium, cui citissime insiliens, vexillum preferens, cum paucis in hostes regreditur, plures suorum captos mira strenuitate eripit, quosdam hostium validissimo impetu intercipit, et ne ulterius ledant exercitum, ac si Gades Herculis [1] offendant aut magno Occeano arceantur, refugos repellit. Quibus, priusquam Puteolum regrediantur [j], quingentorum militum Normannorum aut amplior occurrit exercitus, qui si maturius venissent, exercitu corruente, majus dampnum inferre fortassis [k] potuissent [2]. Cumque regis

b. peditum B.
c. et F.
d. expectassent F.
e. penitus subjugassent F.
f. *Sic dans tous les manuscrits;* repperire *dépend de* deliberarent *et a le sens de* rechercher.
g. audiciores A, E.
h. regiam *deest* B.
i. reducit B.
j. ingrediantur G.
k. inferre regis exercitui potuissent F.

opponit qui donnerait, il est vrai, un sens plus satisfaisant; Suger est coutumier de ces erreurs.
1. Les *Chroniques de S.-D.* (III, 293) traduisent *les bones Artu.* Sur la confusion au Moyen-Age entre Hercule et Arthur, voir une note de Paulin Paris, *ibid.*
2. Cette défaite du roi est datée par Orderic de l'an 1112 (IV, 304).

exercitus circumquaque dispersus, alii Aurelianum, alii Stampas, alii Piverim [1] tetendissent, rex Tauriacum fatigatus deveniens,

> Pulsus ut armentis primo certamine taurus,
> .... explorat cornua truncis [2],

et fortissimo pectore robur recolligens, in hostem per ferrum *magni securus vulneris*[m] *exit* [3], haut secus rex exercitum revocans strenuitati reformat, audaciam reparat, exercitus ruinam stulticie non imprudentie reputat, inevitabiliter his aliquando militiam subjacere reportat : tanto ferocius et audacius, si oportunitas condonet, dimicare, illatam injuriam punire tam blandiciis quam minis excitare laborat. Et dum tam Franci quam Normanni castri restitucioni insistunt, — aderat enim cum Theobaldo comite et [n] exercitu Normannorum et Milo de Monte Leherii et tam Hugo Creciacensis quam frater ejus Guido, comes de Rupe Forti, qui mille trecenti milites obsidionem Tauriaco minabantur, — rex nullo timore flectebatur, quibus poterat nocte et die lacessire [4] injuriis nitebatur, ne [o] victualia longe queritarent refragabatur.

Restituto itaque castro continua septimana, cum recedentibus quibusdam Normannorum, comes Teobaldus cum exercitu multo remansisset, recollecto robore rex bellicum movet apparatum, in manu forti Puteolum regreditur, hostem obviantem conterit, per portam dimicando et illatam injuriam ulciscendo castro recludit, militum presidia ne exeant reponit, antiquam antecessorum suorum destitutam motam [5], castro jactu lapidis propinquam, occupat, castrum supererigit miro labore, mira anxietate, si trabes juncti [p]

m. ulneris A.
n. ex F.
o. nec E, F.
p. juncte F. *Nous maintenons la forme fautive* juncti, *Suger étant coutumier de ces solécismes.*

---

1. Orléans, Étampes, Pithiviers.
2. Lucain, II, 601 et 603.
3. Lucain, I, 212.
4. Barbarisme de Suger ; il faudrait *lacessere*.
5. Le château du Puiset avait probablement été déplacé ; on sait que par *mota* on entend au Moyen-Age le tertre, la colline artificielle ou naturelle sur laquelle s'élève le donjon.

clausuris non erigerentur contra, fundibalariorum *q*, balistariorum, sagittariorum emissa pericula sustinentes, gravissime quidem, cum qui eos angebant infra *r* septa castri securi, extra jaculantes nullam meriti mali hostium horrerent vicissitudinem. Flagrat emula victorie interiorum et exteriorum periculosa concertacio, et qui lesi fuerant regii quirites, acerrime ledere injuriarum memores contendunt, nec ab incepto desistunt, donec subitam ac si fatatam *s* munitionem multo milite, multa armatura munierunt, certi, mox ut recesserit rex, aut loci proximi importunitate se audacissime defendere, aut hostium sevissimo gladio miserrime interire.

Rediens itaque Tauriacum viresque recolligens, alendo exercitui in prefata mota modo clam cum paucis, modo palam cum multis per medias hostium acies victualia tam periculose quam audacter deferebat, donec quia *t* Puteolenses propinquitatis importunitate eos intolerabiliter urgentes obsidionem minabantur, rex comminus castra movit, Yonis Villam [1] fere uno miliario Puteolo propinquam occupat, inopinate palo et vimine curiam interiorem cingit. Dumque exercitus extra temptoria figit, palatinus comes Teobaldus, collecto quantocumque potuit et suorum et Normannorum exercitus robore, impetu validissimo in eos inruit, imparatos necdum munitos tam repellere quam prosternere animatur. Cui cum rex armatus extra *u* obviasset, vicissim in campo gravissime dimicatur, indifferenter tam lanceis quam gladiis, potius de victoria quam de vita agitur, de tropheo quam de morte consulitur. Ubi mirabilis audacie *v* videres experimentum, quoniam cum exercitus comitis, ter tantum exercitu regis numerosior, milites regis

q. fundibaliorum A, B, E, G; fudibaliorum D.
r. intra G.
s. Tous les manuscrits donnent cette leçon; on peut traduire enchantée, élevée par les fées; M. Huguenin *propose* ac si satam, *correction ingénieuse, mais parfaitement inutile.*
t. quia *deest* G; que F.
u. in campis F.
v. audacie mirabile F.

---

1. Janville, Eure-et-Loire, ch.-l. de cant.

in villam retrusissent, rex ipse cum paucis, videlicet nobilissimo comite Viromandensi Radulfo, consanguineo suo [1], Drogone Montiacensi [2], duobus aut tribus aliis, dedignatus villam timore regredi, memor pristine virtutis, elegit hostium impetus armatorum gravissimos et pene innumerabiles sustinere [w] ictus, quam si coactus villam intrare cogatur, proprie strenuitati et regis excellentie derogare. Cumque comes Teobaldus, jam se victorem arbitratus, temptoria prefati Viromandensis comitis [x] detruncare multa audacia inniteretur, assistit [y] ei comes mira velocitate qui ei improperans nunquam hactenus Brienses contra Viromandenses talia presumpsisse [z], irruit in eum, multoque conatu illate injurie vicem rependens, fortissime repellit. Cujus tam virtute quam clamore regii exhilarati quirites, in eos insiliunt, toto animo eorum sanguinem sitientes aggrediuntur, cedunt, dehonestant et usque Puteolum, etiam si porta sorderet [a], multis eorum retentis, pluribus interemptis, coactos retruserunt, et ut se habet [b] belli dubius eventus, qui prius se victores arbitrabantur, erubescunt victos, dolent captos, deplorant interemptos. Cumque rex deinceps in eos prevaleret, comes autem tanquam de summo rote exorbitans declinando deficeret, post longam sui et suorum defatigacionem, post intolerabilem et consumptivam sui suorumque [c] depressionem, quoniam cotidie regis et suorum invalescebat fortitudo et regni optimatum in comitem indignantium frequentacio, prefatus comes, nactus recedendi occasionem hesterni vulneris susceptione [d], regi [e] nuncios

w. sustinere *deest* B.
x. Radulfi *add.* F.
y. niteretur astitit F.
z. *Les* Chroniques (III, 297) *ajoutent la phrase suivante* : Et que mieux leur venist à faire leur fromages qui sont de grant los.
a. *Phrase énigmatique que les* Chroniques *traduisent ainsi* (III, 297) : Et les aultres qui echapper purent que ils avoient travaillés et demenés par les boues enfermèrent en leur chasteau.
b. habeat B.
c. sui et suorum E, F.
d. receptione F.
e. regi *deest* F.

1. Fils d'Hugues le Grand, frère de Philippe Ier, par suite cousin de Louis VI.
2. Mouchy-le-Châtel, Oise, cant. Noailles.

delegat, intercessores mittit, ut cum dominus rex secure Carnotum redire concedat suppliciter efflagitat. Cujus peticioni rex, ut erat dulcis et ultra humanam opinionem mansuetus, condescendens, cum multi dissuaderent ne hostem illaqueatum victualibus deficientibus dimitteret, ne deinceps repetitas injurias sustineret, relicto tam castro Puteolo quam Hugone arbitrio regis, comes Carnotum spe vana frustratus *f* recessit, et quod felici principio incepit, infausto fine terminavit [1]. Rex vero non tantum Hugonem Puteolensem exheredavit, quam *g* etiam castrum Puteoli, dirutis meniis et effossis puteis, tanquam locum divine maledictioni patulum subvertens deplanavit *h*.

[XXI]. Sed et alia vice, longo post tempore, cum *i* in gratiam regis multis obsidibus, multis sacramentis reductus esset, iterata fraude recalcitrans,

Et docilis Sillam scelerum *j* vicisse magistrum [2],

iterato rege obsessus [3], iterato exheredatus, cum dapiferum ejus Ansellum Garlandensem *k*, baronem strenuum, propria lancea [4] perforasset *l*, nativam et assuetam dediscere prodicionem non valuit, donec via Ierosolimitana, sicut et multorum nequam aliorum, ejus omni veneno inflammatam nequitiam vite ereptione extinxit [5].

f. frustatus A, E.
g. Sic dans tous les manuscrits; les éditeurs ont lu à tort quin.
h. deplatiavit B.
i. Idem Hugo Puteolensis, cum longo post tempore F.
j. scelerum *deest* F.
k. Warlandensem D.
l. perforavit nec F.

---

1. Le second siège du Puiset date vraisemblablement de l'automne de l'an 1112; la capitulation de Thibaud est de la fin de cette année. Le 2 février 1113 le comte était à Saint-Evroul avec son oncle, Henri d'Angleterre (Orderic Vital, IV, 201; d'Arbois, *Comtes de Champagne*, III, 206.)
2. Lucain, 1, 326.
3. Ce siège eut lieu durant l'été ou l'automne de 1117.
4. La mort d'Ansel ou Anseau de Garlande eut lieu, d'après M. Luchaire (*Grands officiers de la couronne de Louis VI et de Louis VII*, dans *Annales de la faculté de Bordeaux*, III, 68-69) entre le 3 août 1117 et le 1er janvier 1118.
5. Le départ d'Hugues du Puiset pour la Terre-Sainte n'eut pas lieu avant 1128 (Lépinois, *Hist. de Chartres*, I, 95; d'Arbois, *Comtes de Champagne*, II, 237); il y fonda la dynastie des comtes de Joppé ou de Jaffa.

[XXII]. Cum igitur [m] ad pacis confederacionem [1] inter regem Anglie et regem Gallie et comitem Teobaldum [n] tam regni optimates quam religiosi viri operam commodarent, justo Dei judicio [o] qui contra regnum conspirantes ad propriarum [p] recuperationem querelarum tam regem Anglie quam comitem Teobaldum obligaverant [q], guerra consumpti, pace nichil lucrantes, quid fecerint digna tandem sentencia animadvertunt, cum Lancelinus, comes [r] Domni Martini, querelam Belvacensis conductus sine spe recuperandi amiserit [2]; Paganus de Monte Gaio, querela castri Livriaci [s] deceptus, cum uno mense idem castrum clausura dirutum, sequente vero multo fortius pecunia regis anglici restitutum precordialiter doluerit [3]; Milo vero de Monte Leherii gratissimum de sorore comitis conjugium occasione parentele dolens et gemebundus amisit, nec tantum honoris et gaudii in receptione quantum in divortio dehonestacionis et tristicie suscepit [4]. Quod [t] quidem egregie factum virorum judicio ex ea canonum auctoritate assumptum est, ubi hec habetur sentencia : *Obligaciones contra pacem in irritum omnino reducantur* [5].

[XXIII]. Quia fortissima regum dextera, offitii jure votivo, reprimitur tirannorum audacia, quotiens eos guerris lacessiri vident, infinite gratulantur rapere, pauperes confundere,

---

m. cum igitur *deest* F.
n. componendam *addit* F.
o. justo judicio A, *mais récrit*; justo judicio E, G; justo eorum arbitrio B, D; justo Dei judicio F.
p. propriam B, E.
q. obligaverunt F.
r. comes *deest* D.
s. Livraci B; Livrici D.
t. quo D.

---

1. Cette paix est sans doute celle qui fut conclue à l'Ormeteau-Ferré, près Gisors, en mars 1113 (Orderic Vital, IV, 307-308). Les deux rois se sacrifièrent réciproquement quelques-uns de leurs alliés.
2. C'est-à-dire qu'on enleva à Lancelin le guidage, une partie du péage de Beauvais.
3. Livry, Seine-et-Oise, cant. Gonesse. — Sur Païen de Montjay, voir plus haut, p. 69.
4. C'est-à-dire qu'on lui enleva le château de Montlhéry, que le roi lui avait rendu quelques années plus tôt. Voir p. 59.
5. Nous n'avons pas retrouvé ce texte, qui paraît emprunté aux Capitulaires des rois carolingiens.

ecclesias destruere, interpolata licencia, quam, si semper
liceret, insanius inflammantur malignorum instar spirituum,
qui quos timent perdere magis trucidant, quos sperant
retinere omnino fovent, fomenta flammis apponunt, ut infinite crudelius devorent.

Thomas siquidem de Marna [1], homo perditissimus, Ludovico rege supradictis et multis aliis guerris attendente [u],
pagum Laudunensem, Remensem, Ambianensem, diabolo ei
prosperante, quia stultorum prosperitas eos perdere consuevit, usque adeo [v] dilapidaverat, furore lupino devorave-
rat, ut nec clero ecclesiastice ultionis [w] timore, nec populo
aliqua humanitate pepercerit, omnia [x] trucidans, omnia
perdens; etiam Sancti Joannis Laudunensis monasterie
sanctimonialium [2] duas villas peroptimas eripuerit [y], fortissima castella, Creciacum et Novigentum [3], vallo mirabili,
altis etiam turribus tanquam proprias munierit, et sicut
draconum cubile et speluncam latronum adaptans, totam
fere terram tam rapinis quam incendiis inmisericorditer
exposuerit [z]. Cujus intolerabili fatigata molestia, cum sede-
ret [a] Belvaci [b] generali conventu gallicana ecclesia [4], ut in
hostes veri sponsi Jesu Christi hic etiam judicii primordia
et dampnativam promulgare incipiat sentenciam, venerabilis
sancte Romane ecclesie legatus Cono [c], Prenestinus episcopus, innumerarum pulsatus molestia querelarum ecclesiarum, pauperum et orphanorum devexationum, ejus [d] tiran-

u. intendente A (*corr. post.*), E, F.
v. eo F.
w. et excommunicationis F.
x. omnia namque F.
y. eripuit F.
z. absque misericordia exposuit F.
a. Dans A, on a corrigé cumsederet; consederet G.
b. anno MCXIIII jam elapso *add.* F.
c. Ceno Prestinus B; Nono D.
d. ejus *deest* B.

1. Ou mieux de Marle; il a été déjà question de lui plus haut, et Suger
racontera bientôt la mort de ce héros de grand chemin.
2. Abbaye de femmes à Laon, transformée quelques années plus tard en
un monastère d'hommes.
3. Crécy-sur-Serre, Aisne, ch.-l. de cant. — Nouvion-l'Abbesse, cant.
Crécy-sur-Serre.
4. Le concile de Beauvais se tint en décembre 1114. Thomas de Marle y fut
excommunié comme protecteur de la commune de Laon et des meurtriers de
l'évêque Gaudry.

nidem muchrone beati Petri, anathemate scilicet generali detruncans, cingulum militarem ei licet absenti decingit, ab omni honore tanquam sceleratum, infamatum, christiani nominis inimicum omnium judicio deponit. Tanti itaque concilii rex exoratus deploratione *c*, citissime in eum movet exercitum et clero, cui semper humillime herebat, comitatus, Creciacum munitissimum castrum divertit, armatorum potentissima manu, quin potius divina, inopinate castrum occupat, turrim fortissimam ac si rusticanum tugurium expugnat, sceleratos confundit, impios pie trucidat et quos, quia inmisericordes offendit, inmisericorditer *f* detruncat. Videres castrum ac si igne conflari *g* infernali, ut fateri non differres : *Pugnabit pro eo orbis terrarum contra insensatos* [1]. Hac igitur potitus victoria, successus urgere suos promptus, cum ad *h* aliud castrum nomine Novigentum tetendisset, adest qui ei referat : « Noverit serenitas tua, « domine mi rex, in hoc scelerato castro sceleratissimos « illos demorari, qui solo inferorum loco digni erant, illi « inquam qui occasione jussu vestro amisse communic, « non solum civitatem Laudunensem, sed et nobilem « matris Domini cum multis aliis ecclesiam igne succende- « runt, nobiles civitatis *i* fere omnes, eo quod vera fide « suffragari domino suo innitebantur episcopo, tam causa « quam pena martirizaverunt, ipsum episcopum Galdricum, « venerabilem ecclesie defensorem, non veriti manum « mittere in Christum Domini, crudelissime interfecerunt, « bestiis nudum et avibus in platea *j* exposuerunt, digitum « cum anulo pontificali truncaverunt, et cum ipso suo « nequissimo persuasore Thoma turrim vestram ad vestri

c. cum pacis aliqualis tractatus inter ipsam et regem Anglie duraret F.
f. misericorditer F.
g. conflagrari G.
h. ad *deest* B.
i. civitates B.
j. in communi platea F.

1. Sagesse, V, 21.

« exheredacionem *k* occupare concertaverunt [1]. » Duppliciter ergo rex animatus sceleratum aggreditur castrum, disrumpit instar inferorum penalia et sacrilega loca, innocentes dimittens et noxios gravissime puniens, unus multorum injurias ulciscitur, quoscumque homicidarum nequissimorum offendit, justicie sitibundus milvorum, corvorum et vulturum rapacitati pastum generalem exhibens et patibulo affigi precipiens, quid mereantur qui in Christum Domini manum mittere non verentur edocuit [2]. Subversis igitur adulterinis castellis, easdem villas Sancto Johanni restituens, civitatem Ambianensem regressus, turrim ejusdem civitatis Ade cujusdam tiranni [3], ecclesias et totam viciniam dilapidantem, obsedit. Quam fere biennali coartans obsidione, ad dedicionem defensores cogens, expugnavit *l*, expugnatam funditus subvertit, ejusque subversione pacem patrie *m*, regis fungens officio qui *non sine causa gladium portat* [4], gratantissime reformavit, et tam ipsum prefatum Thomam nequissimum quam suos dominio ejusdem civitatis perpetualiter exheredavit.

[XXIV.] Ne igitur quacumque terrarum parte locorum angustiis virtus regia coartari videatur,

Scitur enim longas regibus esse manus [5],

accelerat ad eum de finibus Bituricensium vir peritus lin-

k. heredationem B.
l. et *addit* F.
m. pacem patrie *deest* F.

---

1. Les évènements rappelés ici remontent à l'an 1112 ; c'est vers la fête de Pâques de cette année que Louis VI, gagné à prix d'argent par l'évêque Gaudry, abolit la commune de Laon. L'évêque fut tué dans une émeute le jeudi de la semaine de Pâques (25 avril 1112). Sur ces évènements et la part qu'y prit Thomas de Marle, voir Guibert de Nogent, *De vita sua*, l. III.
2. Cette expédition de Louis VI date des premiers mois de l'an 1115.
3. Adam était châtelain d'Amiens pour Enguerrand de Boves, père de Thomas de Marle. Le château occupé par lui s'appelait *Châtillon (Castellio,* dit Guibert de Nogent). D'abord soutenus par Enguerrand de Boves, les bourgeois d'Amiens n'avaient pas tardé à l'avoir pour ennemi, et à la prière de l'évêque Geoffroi, Louis VI vint défendre la commune. Le siège du château d'Amiens commença à la fin du carême de l'an 1115, c'est-à-dire vers le milieu d'avril. Une attaque de vive force ayant été repoussée, le roi se décida à bloquer la place, qui ne se rendit qu'au bout de deux ans. Sur ces évènements, voir le récit très détaillé de Guibert de Nogent (l. III, c. 14).
4. Épître aux Romains, XIII, 4.
5. Ovide, *Héroïdes*, XVII, 166.

gueque venalis [n], Alardus Guillebaldi [o] [1] qui satis retorice privigni sui querelam deponens, domino regi humillime [p] supplicat, rogans quatinus nobilem baronem Haimonem nomine, Variam Vaccam cognomine, Burbonensem [q] dominum [2], justiciam recusantem imperialiter in jus traheret, nepotem [r] majoris fratris, Erchenbaldi scilicet filium exheredantem tam presumptuosa audacia compesceret [s] et Francorum judicio eorum quis quid habere debeat determinaret. Rex itaque, tam amore justicie quam ecclesiarum et pauperum miseratione, ne hac occasione guerrarum malitia pullulante pauperes devexati aliene superbie luerent penam, cum [t] prefatum Haimonem frustra [u] in causam vocari fecisset [v], recusabat enim de justicia diffidens [w], nulla remissus voluptate aut pigritia, ad partes Bituricensium cum exercitu multo tetendit [x], Germaniacum [y] [3] ejusdem Haimonis munitissimum castrum [z] divertens, multo conflictu [a] impugnare contendit. Videns autem prefatus Haimo nullo modo se posse resistere, jam et persone et castri spe sublata, hanc solam salutis sue repperiens viam, pedibus

n. M. *Huguenin propose de corriger* vernalis, *fleuri; mais* venalis *n'a-t-il pu être pris en bonne part par Suger?*
o. Willebaldi D.
p. humiliter F, G.
q. Burgonensem E; Borboniensem F.
r. nepotemque F.
s. et des forfais qu'il faisoit, non pas à luy tant seulement, mais aux povres et aux eglyses (*Chron. de S.-D.*, III, 302).
t cum *deest* F.
u. frustra *deest* F.
v. fecit F.
w. quem cum frustra eumdem submonuisset, et videns quod recusabat comparere de justitia diffidens F.
x. flectit iter. Primo quoque impetu F.
y. Germanicum D; Germiniacum B.
z. castellum F.
a. reiterando assultus illud impugnare F.

1. Alard Guillebaud, seigneur de La Roche-Guillebaud et de Château-Meillant, avait épousé la veuve d'Archambaud le jeune, sire de Bourbon; le frère de ce dernier, Aimon Vairevache, avait usurpé la seigneurie de son neveu, encore en bas âge. (Chazaud, *Chronologie des sires de Bourbon*, p. 171 et suiv.)
2. Chazaud place cette expédition vers 1108 ou 1109. Suger racontant d'ordinaire les évènements dans leur ordre chronologique, on doit la placer vers 1115; Aimon était déjà mort en 1116.
3. Probablement Germigny, Cher, cant. La Guerche.

domini regis prostratus et multorum admiratione sepius revolutus, ut in eum misericorditer ageret efflagitans, castrum reddit, seipsum regie majestatis arbitrio totum exponit, et quanto superbius se subduxerat, tanto humilius his edoctus justicie se reduxit. Rex vero, retento castro et eodem Haimone in Francia cause [1] reducto, Francorum judicio aut concordia avunculi et nepotis litem tam justissime quam piissime diremit, multorumque oppressiones et labores sumptuoso sudore consumpsit. Hec et his similia in partibus illis crebro clementissime pro quiete ecclesiarum et pauperum patrare consuevit, que quia si stilo traderentur tedium generarent, supersedere dignum duximus.

[XXV.] Habet effrenis elatio hoc amplius superbia [b], ut cum hec superioritatem, illa nichilominus dedignetur paritatem [c], cui illud convenit poeticum :

Nec quemquam sufferre potest Cesarve priorem,
Pompeiusve parem.

Et quoniam *omnis potestas impatiens consortis erit* [2], rex Francorum Ludovicus, ea qua supereminebat regi Anglorum ducique Normannorum Henrico sublimitate, in eum semper tanquam in [d] feodatum suum efferebatur. Rex vero Anglorum et regni nobilitate et divitiarum opulentia mirabili inferioritatis impatiens, suffragio nepotis Teobaldi palatini comitis [e] et multorum regni emulorum, ut ejus dominio derogaret, regnum commovere, regem [f] turbare nitebatur [g].

b. superbie F.
c. parilitatem E.
d. in *deest* E.
e. comitisque Britannie et F.
f. Francie F.
g. Tam gravissimum laborem tunc assumpsit, nam sibi relatum fuerat quod rex Francorum, comites Flandrensis et Andegavensis juraverant se Normanniam ei ablaturos et Guillelmo, filio ducis Normannie, quem excecatum captivaverat, eam daturos. Hac de causa multi procerum ab eo recesserunt in ejus maximum detrimentum, quo tamen non obstante, cum necessitate guerre hujus variis exercitationibus Angliam affecisset, in Franciam transfretavit. F.

---

1. *Cause* a ici le sens de tribunal ; mais Suger emploie à tort le datif.
1. Lucain, I, 125-126; la seconde citation est tirée des vers 93-94 du même livre : « Nulla fides regni sociis, omnisque potestas — Impatiens consortis erit. »

Reciprocatur igitur inter eos [h] antiquarum guerrarum recidiva malitia. Dum rex Anglie cum comite Teobaldo, quia [i] eos Normannici et Carnotensis pagi concopulabat affinitas, proximam regis marchiam impugnare concertant, comitem Moritoilensem [j] Stephanum [1], alterius fratrem, alterius nepotem, ad alias partes videlicet Briensium cum exercitu transmittunt, formidantes ne absentia comitis terram illam subito rex occuparet. Qui nec Normannis nec Carnotensibus nec etiam Briensibus parcere sustinebat, cum in utrorumque medio tanquam in circino positus, modo in istos, modo in illos terrarum dissipatione, crebro etiam conflictu regie majestatis animositatem declaraverit. Verum quia Normannorum marchia, tam regum Anglorum quam Normannorum ducum nobili providentia, et novorum positione castrorum et invadalium [k] fluminum decursu extra alias cingebatur, rex, quia his callebat, transitum in Normanniam sibi affectans, cum pauca militum manu, ut secretius agendis provideat, ad eandem marchiam contendens, viros [l] caute premittit qui tanquam viatores, loricati sub cappis et gladiis cincti, publica via descendentes [m] ad villam que dicitur Vadum Nigasii, villam antiquam, patulum et gratum Francis prebere paratam ad Normannos accessum, que, Ette fluvio circumfluente, cum in medio sui tutum prebeat, extra inferius et superius longe prohibet transitum, subito cappas [n] deponunt, gladios exponunt, accolas animadvertentes et armis gravissime insistentes fortissime resistendo repellunt, cum subito rex jam pene lassatis, per declivum

h. reges F.
i. quoniam B.
j. Moritolensem F.
k. *Faute pour* invadabilium; *tous les manuscrits donnent la même leçon, sauf* D *qui porte* ravadabilium.
l. contendit isto modo. Viros namque F.
m. descenderunt F.
n. ad quam accedentes subito clamides dep. F.

---

1. Etienne, comte de Mortain, puis de Blois, qui devint roi d'Angleterre à la mort de Henri [er]; il était frère de Thibaud, et sa mère, Adèle, était sœur du roi d'Angleterre. — Le prétexte de cette prise d'armes contre le roi d'Angleterre était la restauration de Guillaume Cliton, fils de Robert Courteheuse, duc de Normandie; elle date de 1118. (Voir Orderic Vital, IV, 315-316, etc.)

montis periculose accelerans, opem oportunam ferre precipitat, tam ville atrium quam munitam turre ecclesiam non sine suorum damno occupat *o* [1]. Cumque regem Anglie prope cum exercitu multo, ut semper consuevit, comperisset, barones suos asciscit *p*, adjurando ut se sequantur invitat. Adventare festinant comes Flandrie Balduinus [2], adprime militaris, elegans, juvenis et facetus, comes Andegavensis Fulco [3], multique regni optimates, qui, rupta Normannie clausura *q*, dum alii villam muniunt, alii terram longa pace opimam tam rapinis quam incendiis exponunt et quod insolitum fuerat, presente rege Anglorum, circumquaque devastantes intolerabiliter confundunt.

Interea idem rex Anglie castelli apparatum multa instancia preparat, operosos sollicitat, et dum rex suum presidio militum munitum relinquit, ipse suum proximo monte erigit castrum *r*, ut exinde militari copia, balistariorum et sagittariorum repulsione, et cibaria terre *s* eis excuteret et pro his terram suam jugi necessitate confundere coartaret. Cui rex Francorum jaculata retorquens, absque mora vicem reddit, cum subito collecto exercitu, sicut qui thesseris ludit, in aurora remeans, novum illud castrum, quod vulgo nominabatur Malesessum [4], virtuose aggreditur, multo conatu, multa gravissimorum ictuum donatione et receptione, tali enim foro tale vulgo solvitur teloneum, viriliter suppeditat, diripit et pessundat, et ad regni excellentiam et oppositi contumeliam quicquid machinatum inde fuerat

o. occupabat D.
p. astitit F.
q. plurimum gratulantur, prudentiamque et strenuitatem regis in immensum attollentes, dum F.
r. castrum *deest* F.
s. terre *deest* F.

---

1. La surprise de Gasny (Eure, cant. Ecos) date de 1118. Voir le récit de ce fait d'armes dans Orderic, IV, 311.
2. Baudoin dit à la Hache (1111-1119.)
3. Foulques le Jeune (1109-1142.)
4. Orderic Vital mentionne en effet (IV, 311) la construction par Henri d'Angleterre de deux châteaux aux environs de Gasny, châteaux que les Français appelèrent par dérision l'un Malassis, l'autre le Gîte du Lièvre (*Trulla leporis*), mais il ne parle pas de la prise de Malassis par Louis VI.

vera virtute dissolvit *t*. Et quoniam *u* nulli fortuna aliquando parcit potestativa, cum dicatur :

Si fortuna volet, fies de rethore consul,
Si volet hec eadem, fies de consule retor [1],

rex Anglie, post longos et mirabiles placidissime prosperitatis successus, quasi de summo rote descendens, mutabili et infausto rerum angariatur eventu *v*, cum ex hac parte rex Francie, ex parte Pontivorum Flandrie affinitate comes Flandrensis, ex parte Cinomannorum comes Fulco Andegavensis omnino eum turbare *w*, omnino eum aggredi tota virtute contenderint. Qui nec exteriorum tantum sed interiorum hominum suorum, Hugonis videlicet Gornacensis [2], comitis Oensis [3], comitis Albemarlensis [4] et multorum aliorum lacessiebatur guerrarum injuriis *x*. Qui etiam ad cumulum mali intestino malitie devexabatur dispendio, cum et camerariorum et cubiculariorum *y* privata factione *z* perterritus, sepe lectum mutaret, sepe nocturno timori vigiles armatos multiplicaret, ante se dormientem scutum et gladium omni nocte constitui imperaret. Horum vero unus, H. *a* nomine, familiarium intimus, regis liberalitate ditatus, potens et famosus *b*, famosior proditor, tam horribili factione deprehensus, oculorum et genitalium amissione, cum laqueum suffocantem meruisset, misericorditer est dampnatus [5]. His et talibus rex nusquam securus, native magnani-

t. Et quamvis occasione predictorum uterque rex haberet occasionem adversarium invadendi, non fuit tamen isto anno in campo mutuum bellum commissum, sed rex Anglie usque in annum sequentem suam ignominiam vindicare dignum duxit F.
u. Inter reges Francie et Anglie adhuc guerra perdurante, quoniam F.
v. eventu isto anno. Nam ab una parte... a parte F.
w. omnino... turbare *deest* F.
x. molestiis F.
y. et cubiculariorum *deest* B.
z. et proditione F.
a. Henricus G.
b. sed F.

1. Juvénal, satire VII, v. 197-198.
2. Nommé également par Orderic Vital, IV, 315, parmi les partisans de Guillaume Cliton.
3. Henri, comte d'Eu, incarcéré à Rouen avec Hugues de Gournay par le roi d'Angleterre (1118) ; Orderic, IV, 316.
4. Etienne, comte d'Aumale, partisan de Guillaume Cliton. (Orderic, *ibid.*)
5. Les *Chroniques de Saint-Denis* (III, 308) appellent ce traitre *Hue*; le

mitatis strenuitate conspicuus, in arto providus, etiam in ostio gladio cingebatur, nec quos fidiores habebat extra domos gladiis excingi [c], quacumque multa tanquam ludo, impunitos sustinebat.

Qua tempestate quidam etiam Engerrannus de Calvo Monte [1], vir strenuus et cordatus [d], audacter militari manu progrediens, castellum cui nomen Andeliacum, quorundam factione clam munitis propugnaculis, strenue occupavit, fretusque regis presidio, occupatum audacissime munivit, quo terram usque ad fluvium qui [e] dicitur Andella [2], a fluvio Ette usque etiam ad Pontem Sancti Petri [3] omnino subjacere cogebat. Qui multorum se etiam superiorum fretus comitatu, ipsi etiam regi in plano occurrebat, redeuntem irreverenter insequebatur, ejusque terra in [f] termino supradicto pro sua utebatur. Ex parte etiam Cinomannorum, cum idem rex obsessis in turre Alenciaci castri [4] presidia

c. se cingi G ; *partout ailleurs* excingi, *leçon traduite par les* Chroniques de S.-D., III, 308. *La phrase est d'ailleurs obscure. Que veut dire ici* multa *pour* multa ?
d. *Dans* A, *on avait d'abord écrit* concordatus.
e. flumen quod F.
f. terram termino A, D, E, F ; terra in termino G. *La leçon de G se confond avec celle de* A.

manuscrit G *écrit* Henricus. Le même fait est rapporté par Guillaume de Malmesbury (*Gesta regum Anglorum*, éd. Duffus Hardy, II, 641), mais cet historien ne nomme pas ce chambellan ; il dit seulement que le traître était gardien du trésor royal et d'extraction plébéienne.

1. C'était très probablement un parent de Hugues de Chaumont, connétable de France de 1108 à 1138 ; cette famille de Chaumont, originaire du nord de l'Ile-de-France ou du sud de la Picardie, possédait, suivant le P. Anselme (VI, 42), la seigneurie de Trie : on pourrait par suite identifier l'Enguerrand de Chaumont de Suger avec l'Enguerrand de Trie dont parle Orderic Vital (IV, 342, 354), grand ennemi du roi d'Angleterre, qui mourut des suites d'une blessure, dans un accès de folie ; voir le texte de Suger plus loin ; en 1119, il tenait garnison aux Andelys. Il semble toutefois difficile de faire, à l'exemple du P. Anselme, de cet Enguerrand un parent de Eudes, Gautier et Otmond de Chaumont-en-Vexin, chevaliers souvent nommés par Orderic.

2. L'Andelle, affluent de la rive droite de la Seine. Le territoire compris entre cette rivière et l'Epte est le Vexin normand, théâtre des opérations militaires pendant les années 1118 et 1119.

3. Pont-Saint-Pierre, Eure, commune Saint-Nicolas de Pont-Saint-Pierre.

4. La ville d'Alençon, donnée par Henri Ier à Etienne, frère de Thibaut de Champagne, se révolta contre son nouveau seigneur en novembre 1118 (Orderic Vital, IV, 331-332). Appelé par les bourgeois, le comte d'Anjou entra dans la ville et assiégea le château ; Henri Ier et Thibaud de Champagne se hâtèrent de venir au secours de la garnison, mais ils furent complètement battus par Foulque (déc. 1118). Le château dut se rendre peu après. V. Orderic, IV, 323-4.

ferre cum comite Teobaldo multa mora decrevisset, a comite Fulcone repulsam referens, et multos suorum et cum castello, eo inglorius facto, turrim amisit.

Cumque his et talibus multo tempore anxiatus pene in imum *g* declinasset, cum jam *h* divina propitiatio dure flagellato et aliquantisper castigato, erat enim ecclesiarum liberalis ditator et elemosinarum dapsilis dispensator sed lascivus, parcere et a tanta eum depressione misericorditer sublevare decrevisset, ex insperato inferioritatis ejus adversitas in summam rote prosperitatem subito reducitur, cum et altiores *i* turbatores potius manu divina quam sua aut suppreme *j* declinant aut omnino defitiunt, sicut ipsa Divinitas consuevit jam pene desperatis et humano auxilio destitutis misericordie dexteram misericorditer extendere. Comes siquidem Flandrensis Balduinus, cujus gravissima infestacione graviter idem rex infestabatur, sepius in Normanniam irruens, cum ad debellandum Oense castellum et maritimam viciniam animo effrenis militie vacaret, subito sed raro *k* ictu in facie lancea percussus, dedignatus tantilla sibi providere plaga *l*, mori non dedignatus, non tantum regi Anglie, sed omnibus deinceps finem faciens parcere elegit *m* 1. Prefatus itaque Engerrannus de Calvo Monte, vir audacissimus et ejusdem regis *n* infestator presumptuosus, cum beate Marie matris Domini Rothomagensis archiepiscopatus terram destructum iri non obhorreret *o*, gravissimo

g. cum rex Anglie Henricus Francorum molestiis per biennium anxiatus, pene in imum rote F.
h. cum jam *deest* F. *Dans ce dernier manuscrit, le début du paragraphe a été récrit, mais les corrections faites n'ont aucun intérêt.*
i. nam altiores F.
j. suppreme *deest* F.
k. parvo F. *Le mot raro a ici le sens de faible, léger.*
l. tantille... plage F.
m. Erat enim iste comes Balduinus Calixti pape ex sorore nepos, et modis omnibus Guillelmum filium Roberti, ducis Normannie ab Henrico rege captivati, in hereditatem patris instituere nitebatur. Successit autem eidem in comitatu Carolus, Cnuti Danorum regis filius, ex amita regis Francie. Nec solum rex Anglie tanto hoste privatus est, imo prenominatus F.
n. ejus F.
o. abhorreret D, F, G.

1. Baudoin fut blessé en septembre 1118 ; sa blessure s'envenima faute de soins : mais il ne mourut que le 17 juin 1119, après 10 mois de souffrances. (Orderic. IV, 316.)

tactus morbo, post longam sui exagitacionem, post longam et intolerabilem proprii corporis meritam molestiam, quid regine celorum debeatur licet sero addiscens, vita decessit [1]. Comes etiam Andegavensis Fulco, cum et proprio hominio et multis sacramentis, obsidum etiam multiplicitate regi Ludovico confederatus esset, avaritiam fidelitati preponens, inconsulto rege, perfidia infamatus, filiam suam regis Anglici filio Guilelmo nuptui tradidit [2] et compactas sacramento inimicicias, tali cum eo amicitie conjunctus copula, fraudulentus dissolvit.

Rex itaque Ludovicus, cum terram Normannie ea de parte in conspectu[p] suo silere [3] coegisset, modo multa, modo pauca manu indifferenter rapinis eam exponebat, tam regem quam suos longa devexationis consuetudine omnino floccifaciens vilipendebat, cum subito quadam die rex Anglie, collectis [q] multorum viribus, speculatus regis Francorum improvidam audaciam, ordinatas militum acies occulte in eum dirigit, incendia, ut in eum exordinarie [r] insiliant, ponit, milites armatos ut fortius comittant pedites deponit, quacumque belli cautela sibi providere potest, sagaciter satagit [s] [4]. Rex autem cum suis, nullum prelii constituere dignatus apparatum, in eos [t] indiscrete sed audacissime evolat, cum priores qui dextras applicuerunt Vilcassinenses cum Buchardo [5] Monmorenciacensi [u] et Guidone Claromontensi [6] primam Normannorum aciem fortis-

p. in conspectu *deest* D.
q. cum comite Britannie F.
r. extraordinarie G. — Le mot incendia *est peu explicable*; M. Huguenin *propose de corriger* insidias, *les Bénédictins* incentiva, aiguillon, stimulant.
s. *Voir aux additions un passage emprunté au manuscrit* F.
t. hostes F.
u. Monmorenciaci F.

1. Voir plus haut et Orderic, IV, 354.
2. Guillaume Adelin épousa Mathilde d'Anjou à Lisieux, en juin 1119 (Orderic, IV, 347); après la mort tragique de son mari, en 1120, elle prit le voile à Fontevrauld.
3. Expression biblique, déjà employée par l'auteur.
4. Combat de Bremule, que la plupart des historiens nomment à tort combat de *Brenneville*; 20 août 1119. (Orderic, IV, 356-357, et note.)
5. Bouchard de Montmorency, celui-là même que Louis VI avait eu à combattre vers 1101.
6. Gui, fils de Hugues Ier, comte de Clermont (Orderic, IV, 358). Les *Vilcassinenses* de Suger sont certainement les *Calvimontenses* d'Orderic (*ibid.*), c'est-à-dire les seigneurs de Chaumont-en-Vexin.

sima manu cedentes, a campo marte mirabili fugaverunt, et priores equitum acies super armatos pedites validissima manu reppulerunt. Verum qui eos sequi proposuerant Franci incompositi, extraordinarie ordinatis et compositis aciebus insistentes, sicut se res in talibus habet, eorum *v* compositam instanciam ferre non valentes, cesserunt *w*. Rex autem lapsum admiratus exercitum, ut consueverat in adversis, constanciam *w* sui suorumque presidio armis consulens, quam decentius potest, non tamen sine magno erratici exercitus detrimento, Andeliacum remeavit [1]. Quo subiti eventus infortunio aliquantisper levitate propria lesus, ne diutius hostes insultent, tanquam si ulterius Normanniam intrare non audeat, solito multo animosior in adversis et, quod tantum virorum est, constancior, exercitum revocat, absentes asciscit, optimates regni invitat, die certa et terram intrare et certamen celeberrimum inire regi Anglorum significat et quod ei promittit tanquam jurejurando pactum persolvere festinat. Irruens siquidem in Normanniam, mirabili exercitu eam depopulando, cum castrum munitissimum quod dicitur Ivriacum [2], multo congressu expugnatum, incendio conflari *x* effecisset, Britoilum [3] usque pervenit. Qui aliquantisper in terra demoratus, nec regem Anglorum videre *y* nec in quem suffitiat illatam vindicare repperiens injuriam, ut etiam in comitem Teobaudum redundaret, Carnotum regressus, impetu validissimo urbem aggrediens, igne conflagrare concertabat, cum subito tam clerus *z* quam cives, beate Dei genitricis camisiam preferentes, ut pro

v. et sic pars adversa potita est victoria F.
w. Tous *les manuscrits donnent* constantiam *ou* constanciam; *M. Huguenin propose de corriger* constanti, *rapporté à* presidio. *Ne pourrait-on lire* constanti animo ? *Paléographiquement la conjecture nous paraît soutenable.*
x. conflagrari D.
y. videns F; *avec la leçon de ce manuscrit, la phrase est plus correcte.*
z. cleri A, B, D, E, G. Cleri *pluriel de* clerus *est peu naturel.*

---

1. La bataille de Bremule eut, quoi qu'en dise Suger, un grand retentissement et Louis VI ne répara pas facilement cet échec.
2. Ivry-la-Bataille, Eure, cant. Saint-André.
3. Breteuil, Eure, ch.-l. de cant. Orderic Vital (IV, 365 et suiv. : voir aussi p. 370) place cette nouvelle expédition de Louis VI en Normandie immédiatement après la bataille de Bremule, et dit que le roi attaqua Breteuil le 17 septembre.

ejus amore tanquam ecclesie tutor principalis misericorditer parcat devotissime supplicant, in suos alienam ne ulciscatur injuriam implorant. Quorum rex supplicationibus regie majestatis inclinans celsitudinem, ne nobilis beate Marie cum civitate igne solveretur ecclesia, comiti Flandrensi Karolo [a] mandat ut exercitum revocet, ecclesie amore et timore civitati parcat[1]. Qui cum repatriassent, momentaneum infortunium longa, continua et gravissima ultione punire non desistebant.

[XXVI.] Ea tempestate, venerande memorie summum pontificem romanum Paschalem ab hac ad lucem perpetuam contigit demigrare[2]. Cui cum de Johanne Gaitano cancellario electione canonica constitutus papa Gelasius successisset, et cujusdam Burdini, depositi Bracarensis archiepiscopi, imperatoris Henrici violentia in sedem apostolicam intrusi, et populi romani conducticia infestacione intolerabiliter fatigaretur et a sancta sede eorum tirannide arceretur, ad tutelam et protectionem serenissimi regis Ludovici et gallicane ecclesie compassionem, sicut antiquitus consueverunt, confugit. Qui cum navali subsidio, pauperie quippe multa angebatur, applicuisset Magalonam[3], artam in pelago insulam, cui superest solo episcopo, clericis et rara familia contempta [b] singularis et privata, muro tamen propter mare commeantium Sarracenorum impetus munitissima civitas, a domino rege, quia jam adventum ejus audierat, destinati mandata deposuimus, diem certam locumque Vizi-

a. quem premiserat addit F.
b. Phrase un peu obscure, qu'on peut toutefois expliquer sans corriger contempta en completa, comme le veut M. Huguenin; voici le sens, suivant nous: île, sur laquelle s'élève une cité isolée et déserte, si l'on excepte l'évêque, les clercs et quelques rares serviteurs. — La grammaire demanderait, il est vrai, contemptis, mais Suger fait souvent peu de cas des règles grammaticales.

---

1. La Chronique de Morigny, *Hist. de France*, XII, 74, place ce siège de Chartres vers le temps où le pape Calixte II se trouvait à Orléans, c'est-à-dire fin septembre (24 sept.-3 octobre) 1119. Il eut lieu par suite au retour de l'expédition de Breteuil.
2. Pascal II mourut le 21 janvier 1118; Gélase II fut élu le 24 du même mois.
3. Le pape Gélase, après beaucoup d'hésitations et d'atermoiements, s'embarqua le 2 septembre à Pise; il aborda à Maguelonne le 15 novembre et y séjourna jusqu'au 30; c'est à ce moment que Suger le vit.

liaci [1] mutui colloquii, cum ejus benedictione, quia regni primitias obtuleramus, gratanter reportavimus. Cui cum dominus rex occurrere maturaret, nunciatum est eundem summum pontificem, podagrico morbo diu laborantem, tam Romanis quam Francis vite depositione pepercisse [c][2]. Cujus apostolicis exequiis cum multi religiosorum virorum et ecclesie prelatorum interesse festinassent, astitit virorum venerabilis Guido, Viennensis archiepiscopus [3], imperialis et regie celsitudinis dirivativa consanguinitate generosus, multo generosior moribus, qui cum in somnis proxima nocte, apto satis licet ignoto presagio, vidisset sibi a persona prepotente lunam sub clamide repositam committi, ne causa ecclesie apostolici transitu periclitaretur ab ea que aderat Romana ecclesia in summum pontificem electus, visionis veritatem enucleatius animadvertit. Sublimatus itaque tante celsitudinis dignitate, gloriose, humiliter, sed strenue ecclesie jura disponens, amore et servitio domini Ludovici regis et nobilis Adelaidis regine neptis [d] aptius ecclesiasticis providebat negotiis. Remis [4] itaque celeberrimum celebrans concilium, cum legatis imperatoris Henrici [5] pro pace ecclesie sedere differens in marchiam versus Mosonum [6] occurrisset nec profecisset, quemadmodum et antecessores fecerant, anathematis vinculo pleno Francorum et Lotaringorum concilio innodavit [e][7]. Cum autem, ecclesiarum votivis ditatus beneficiis,

c. depositionem percepisse G.
d. *Les éditeurs ont ajouté ici* suae, *qui n'est dans aucun manuscrit et qui n'est point absolument nécessaire au sens.*
e. innotavit D.

1. Vezelay, Yonne, ch.-l. de cant.
2. Gélase II mourut à Cluny le 29 janvier 1119.
3. Gui de Bourgogne, fils de Guillaume Tête-Hardie, comte de Bourgogne ; sa sœur, Gisèle, avait épousé Humbert II, comte de Maurienne, et de ce mariage était née Adélaïde, épouse de Louis VI. — Calixte II fut élu à Cluny le 2 février 1119.
4. Le pape, après avoir parcouru le midi de la France, arriva à Paris le 8 octobre 1119. Dès le 18, il était à Reims ; le concile commença le 20.
5. Henri V.
6. Mouzon, Ardennes, ch.-l. de cant. L'entrevue entre les envoyés d'Henri V et le pape eut lieu du 23 au 25 octobre.
7. Voir une relation très détaillée des actes du concile de Reims dans Orderic, IV, 372-393. Louis VI y assista pour se plaindre du roi d'Angleterre. La sentence d'excommunication contre Henri V fut prononcée le 30 octobre, dernier jour du concile.

gloriose Romam pervenisset *f*, gloriosa tam cleri quam populi Romani susceptus receptione, multis antecessorum superiorum *g* ecclesie curam feliciter amministrabat [1]. Nec multam adhuc in sede sancta fecerat moram, cum Romani, ejus tam nobilitati quam liberalitati faventes, intrusum ab imperatore scismaticum Burdinum *h*, apud Sutram sedentem et ad limina apostolorum transeuntes clericos genuflectere compellentem, expugnatum tenuerunt, tortuoso animali camelo tortuosum antipapam, immo antichristum, crudis et sanguinolentis pellibus caprinis amictum, transversum superposuerunt, et ignominiam ecclesie Dei ulciscentes, per medium civitatis via regia, ut magis publicaretur, educentes [2], imperante domino papa Calixto, perpetuo carcere in montanis Campanie prope Sanctum Benedictum captivatatum dampnaverunt, et ad tante ultionis memorie conservationem *i*, in camera palatii sub pedibus domini pape conculcatum depinxerunt [3].

Domino *j* itaque Calixto gloriose presidente et raptores Italic et Apulie perdomante, pontificalis cathedre lucerna non sub modio [4] sed superposita monti, clare elucebat beati Petri ecclesia, et relique *k* urbis et extra amissa recu-

f. provenisset E.
g. superior D. *Nous maintenons la leçon des autres manuscrits, bien que peu claire; celle de D n'est pas meilleure; le passage manque dans F; voir aux additions*; plus que nul de ses prédécesseurs, *disent les* Chroniques, III, 314.
h. Ici s'arrête le manuscrit B, *dont les derniers feuillets manquent depuis le XVII*[e] *siècle.*
i. confirmationem F.
j. Le compilateur du manuscrit F *rapporte textuellement le récit de l'élection de Suger, en y ajoutant le préambule suivant :* Sugerius, Sancti Dionysii in Francia monachus, scripturarum scientia clarus, in diaconatus ordine constitutus, in abbatem monasterii electus est, et quia temporibus istis historie Francorum scriptor erat, que de et super electione sua scripsit, hic dignum duximus inserendum : Domino Calixto papa...
k. Tous les manuscrits portent relique; *les éditeurs corrigent à tort* reliqua;

1. Calixte II était réinstallé à Rome dès le 3 juin 1120.
2. Le pape se mit lui-même à la tête des troupes envoyées contre l'antipape; la place de Sutri fut prise le 10 avril 1121. Burdin, ignominieusement ramené à Rome, y fut traîné en triomphe le 23 avril de la même année. Incarcéré ensuite au monastère de la Cava, en Campanie, il mourut en prison longtemps après; il vivait encore en 1137.
3. Cette peinture, vue sans doute par Suger, lors de l'un de ses voyages à Rome, n'existe plus aujourd'hui.
4. Cp. Évangile de saint Mathieu, V, 14-15.

perantes tanti domini gratissimo fruebantur patrocinio. Cui cum in Apulia, apud civitatem Botontum[1], missus a domino rege Ludovico pro quibusdam regni negotiis occurrissem, vir apostolicus tam pro domini regis quam pro monasterii nostri reverentia honorifice nos recepit, et diutius retinere vellet, si ecclesie nostre amore et sociorum, abbatis Sancti Germani[2], socii et connutriti, et aliorum persuasione non devocaremur. Peractis itaque regni que susceperamus negociis, cum prospere redire maturaremus, ut peregrinorum mos est hospitio suscepti quadam villa, cum finitis matutinis, auroram expectando vestitum in lecto me[l] reddidissem, semivigilans videor videre me alto maris spatio, exiguo lembo solum omni remigio destitutum vagari, frequenti fluctuum motu modo ascendendo modo descendendo periculose fluctuare, percussum[m] horrido naufragii timore Divinitatis aures multo clamore sollicitare, cum subito, divina propitiatione, lenis et placida aura, tanquam sudo aere suscitata, tremulam et jam periclitantem misere[n] navicule proram in directum retorquens, oppinione cicius applicans, portum placidum apprehendit. Excitatus autem crepusculo, iter ceptum aggrediens, cum et visionem et visionis interpretacionem et memorare et assignare eundo multa meditacione laborarem, — timebam enim fluctuum infestacione aliquod grave infortunium michi significari, — occurrit subito puer familiaris, qui meos meque recognoscens letus et tristis singularem[o] educit[p], domini nostri bone memorie abbatis Ade antecessoris decessum denunciat[3],

il faut sous-entendre ecclesie : les autres églises de Rome et du dehors recouvrant leurs biens perdus, etc.

l. me *deest* D.
m. perculsumque D.
n. miseram G.
o. Inutile de corriger singultum, *comme le veulent les Bénédictins*; singularem *dépend de* me; me singularem educit *veut dire :* il me tire à part.
p. eduxit F.

1. Calixte II était à Bitonto, en Calabre, le 28 janvier 1122, date d'une bulle en faveur de l'abbaye de Saint-Germain-des-Prés.
2. Hugues IV (vers 1118-1146) avait été moine à Saint-Denis, avant de devenir le restaurateur de la discipline monastique à Saint-Germain.
3. Adam mourut le 19 février 1122.

communem de persona nostra pleno conventu factam electionem [1], sed quia inconsulto rege factum fuerat, meliores et religiosiores fratrum, milites etiam nobiliores, cum obtulissent domino regi electionem ut assensum preberet, multis affectos [q] conviciis, Aurelianis castello inclusos reportat. Obortis itaque lacrimis, patri spiritali et nutritori [r] meo humanitatis et pietatis affectu compatiens, de morte temporali graviter dolens, a perpetua eum erui devotissime divinam implorabam propitiationem. Cum autem et multorum consolatione comitum et ipsa mei discretione ad meipsum [s] redissem, triplici angebar dispendio, utrum contra domini regis voluntatem electionem suscipiens, ecclesie Romane rigore et domini pape Calixti qui me diligebat auctoritate, matrem ecclesiam que a mamilla gratissimo liberalitatis sue gremio dulcissime fovere non destiterat, dilapidare et emungere utroque dissipatore, occasione mei, cum nunquam tale quid affectassent [t], sustinerem, utrum fratres et amicos pro amore nostro deturpari et dehonestari regio carcere permitterem, utrum etiam pro his et hujusmodi eam [u] postponens, tante improperium repulse incurrerem. Cumque de meis aliquem domino pape, ut super his consuleret, remittere deliberarem, subito occurrit nobis clericus romanus, nobilis et familiaris, qui quod sumptuoso labore per nostros volebamus, per seipsum facere votive suscepit. Premisimus etiam de nostris cum eo qui venerat ad regem unum, ut quem finem turbati [v] negotii confusio repperisset nobis referrent, neque enim incaute regis molestiis nos exponeremus. Subsequentes itaque, sicut si mari magno absque remige fluctuaremus, turbati, incerti rei eventus cum gravissime anxiaremur, Dei omnipotentis larga propitiatione, placida aura naufragantem navem appli-

q. afflictos G.
r. interiori F.
s. ad me F.
t. affectassem F.
u. pro... eam *deest* D.
v. turbari E.

1. La rencontre entre le moine de Saint-Denis et le nouvel abbé eut lieu en France ou dans le nord de l'Italie, car dès le 10 mars les voyageurs étaient arrivés à l'abbaye.

cante, inopinate redeunt qui domini regis pacem, captorum solutionem, electionis confirmationem reportant. Nos autem ex hoc ipso voluntatis Dei argumentum assumentes, voluntas enim Dei fuit ut cito occurreret quod volebamus, cum ad matrem ecclesiam, Deo opitulante, pervenissemus, tam dulciter, tam filialiter, tam nobiliter filium prodigum suscepit, ut et dominum regem prius severo, modo sereno vultu [w] occurrentem, archiepiscopum Bituricensem [1], episcopum Silvanectensem [2] et ecclesiasticas plures personas ibidem nos expectantes gratanter [x] invenerimus. Qui cum multa veneratione celeberrime cum letabundo fratrum conventu nos suscepissent, sequente die, sabbato scilicet mediane [3] me indignum ordinavit presbiterum. Sequente autem dominica *Isti sunt dies* [4], ibidem ante sacratissimum corpus beatissimi Dyonisii abbatem licet immeritum consecravit. Quo consueto Dei omnipotencie facto, quanto ab imo ad summum, *de stercore erigens pauperem, ut sedere cum principibus faceret* [5], sublimavit, tanto humiliorem et si fragilitas humana non impediat, in omnibus devotiorem [y] manus tam dulcissima quam potentissima comparavit. Que [a] cum in omnibus clementer parvitati nostre prosperata fuerit, novit enim insufficientia [b] nostri tam generis quam scientie, inter antiquorum prediorum ecclesie recuperationem et novorum adquisitionem, et ecclesie circumquaque augmentacionem et edificiorum restitucionem sive institucionem, hoc potissimum [c] et gratissimum, immo summam

w. prius sereno modo et sereno vultu F.
x. gratulanter F, G.
y. devotionem E.
a. *Ce qui suit, jusqu'à la fin du paragraphe, manque dans* F.
b. *Neutre pluriel*; les insuffisances; *inutile de corriger* insufficientiam.
c. potentissimum D.

---

1. Vulgrin (1121-1136).
2. Clarembaud (1115-1133).
3. On appelle *mediana dominica* le dimanche de la Passion, lequel tombait le 12 mars en 1122; la semaine précédente s'appelle *hebdomada mediana*; le *sabbatum mediane* correspond donc en 1122 au 11 mars.
4. C'est-à-dire le dimanche de la Passion (12 mars 1122).
5. Psaumes, CXII, 7-8. — Voir pour ce que Suger dit ici de son administration à Saint-Denis, le *Liber de administratione*, qu'il ne composa d'ailleurs que la vie de Louis VI achevée.

prestitit miseratus prerogativam, quod sancte ecclesie sue, ad sanctorum immo sui honorem ordinem, sanctum ibidem plene reformavit [1], sancte religionis propositum, quo ad Deo [d] fruendum pervenitur, absque scandalo et perturbatione fratrum, licet non consueverint, pacifice constituit. Cujus voluntatis divine efficatiam tante libertatis, bone fame et terrene opulentie subsecuta est affluentia ut etiam in presenciarum, quo magis nostra excitetur pusillanimitas, quodam modo cognoscatur nos ipsos remuneratione etiam temporali remunerare, cum et apostolici, reges et principes felicitatibus ecclesie congratulari delectet, gemmarum preciosarum, auri et argenti, palliorum et aliorum ecclesiasticorum ornamentorum affluentia exinde exuberet, ut recte dicere valeamus : *Venerunt michi omnia bona pariter cum illa* [2]. Quo [e] experimento glorie future Dei, fratres successores nostros obtestando per Dei misericordiam et terribile ejus judicium sollicitamus, ne sanctam religionem, que et homines et Deum conciliat, confracta consolidat, perdita restaurat, paupertatem opimat, tepescere permittant, quia sicut timentibus Deum nichil deest, non timentibus etiam regibus omnia, ipsi quoque sibi deficiunt [3].

Sequente itaque ordinationis nostre anno, ne ingratitudine argueremur, — sancta quippe Romana ecclesia ante nostram promotionem tam Rome quam alibi multis et diversis conciliis, tam pro ecclesia nostra quam pro aliis agentem benigne susceperat, gratanter disserentem audierat, negotia nostra me [f] altius erexerat, — ad eam visitandam properantes, a domino papa [g] Calixto et tota curia honorifice

---

d. quod ad Deo E.
e. quod D.
f. Sic dans tous les manuscrits; M. Huguenin propose de corriger in altius; *la correction est ingénieuse mais inutile; l'explication des Bénédictins,* le pape avait mis les affaires traitées par Suger en meilleur point que celui-ci ne le méritait, *nous paraît à peu près satisfaisante; notre auteur, ici comme ailleurs, a fait preuve de mauvais goût.*
g. papa *deest* E.

---

1. La réforme de Saint-Denis date de 1127; voir D. Félicien, *Histoire de Saint-Denis,* 157 et suiv. S. Bernard en félicita Suger.
2. Sagesse, VII, 11.
3. Passage peu clair; *ipsi* doit se rapporter à *reges* sous-entendu.

valde recepti, per sex menses, cum apud eum demorando magno concilio trecentorum aut amplius episcoporum Lateranis compositioni pacis de querela investiturarum astitissemus [1], orationis causa frequentatis diversis sanctorum locis, videlicet Sancti Benedicti Cassini, Sancti Bartholomei Beneventi, Sancti Mathei Salerni, Sancti Nicholai Bari, Sanctorum Angelorum Gargani [2], Deo opitulante, cum gratia et domini pape amore et formatis epistolis [3] prospere remeavimus. Cum autem et alia vice, post aliquot annos, nos dulcissime, ut magis honoraret et, sicut in litteris suis continebatur, libenter exaltaret, ad curiam revocasset, apud Lucam Tuscie civitatem decessus ejus veritatem cognoscentes [4], Romanorum novam et veterem avaritiam devitando retrocessimus. Cui successit de Hostiensi episcopo approbata persona assumptus papa Honorius, vir gravis et severus [5]. Qui cum justiciam nostram de monasterio Argentoilensi [h] [6], puellarum miserrima conversacione infamato, tum legati sui Mathei, Albanensis episcopi, tum domini Carnotensis, Parisiensis, Suessionis, domini etiam archiepiscopi Remensis Rainaldi [7] et multorum virorum testimonio cognovisset, precepta regum antiquorum Pipini, Karoli Magni, Ludovici Pii et aliorum de jure loci prefati [i] nunciis nostris oblata perlegisset, curie tocius persuasione, tam pro nostra justicia quam pro earum

h. Argentoili D.
i. a *add.* G.

---

1. Le concile de Latran se tint du 18 au 28 mars 1123; le voyage de Suger en Italie date donc du début de cette année.
2. Tous ces pèlerinages sont célèbres; le sanctuaire de Monte-Gargano est plus souvent désigné sous le vocable de saint Michel.
3. C'est-à-dire de recommandation; mais ici Suger veut peut-être simplement parler d'une bulle de privilèges pour l'abbaye de Saint-Denis, car les *formatae epistolae* proprement dites n'étaient plus guère en usage au XIIe siècle.
4. Calixte II mourut à Rome le 13 décembre 1124.
5. Honorius II fut élu dans la nuit du 15 au 16 décembre 1124.
6. Argenteuil, Seine-et-Oise, ch.-l. de cant.
7. Voici les noms de ces prélats, qui tous figurent dans l'acte cité ci-dessous : Chartres, Geoffroi de Lèves ; Paris, Etienne de Senlis; Soissons, Josselin, celui-là même auquel Suger a dédié son ouvrage; Reims, Renaud de Martigny.

fetida enormitate beato Dyonisio et restituit et confirmavit [1].

[XXVII.] Ut autem ad propositum recolende regis hystorie revertamur, ante domini pape Calixti decessum, imperator Henricus, collecto longo animi rancore contra dominum regem Ludovicum, eo quod in regno ejus Remis in concilio domini Calyxti anathemate innodatus fuerat, exercitum quantumcumque potest Lotaringorum, Alemannorum, Baioariorum, Suevorum et Saxonum, licet eis infestaretur, colligit alioque tendere simulans, consilio regis anglici Henrici, cujus filiam reginam duxerat, qui etiam regi guerram inferebat, Remis civitatem inopinate aggredi machinatur, proponens aut eam subito destruere, aut tanta dehonestacione et oppressione civitatem obsidere, quanta dominus papa [j] in eum agens sedit sessione [2]. Quod cum domino regi Ludovico intimorum relatione innotuisset, tam strenue quam audacter delectum quem non expectat cogit, nobiles asciscit, causam exponit [k]. Et quoniam beatum Dionisium specialem patronum et singularem post Deum regni protectorem et multorum relatione et crebro cognoverat experimento, ad eum festinans, tam precibus quam benefitiis precordialiter pulsat ut regnum defendat, personam conservet, hostibus more solito resistat, et quoniam hanc ab eo habent prerogativam ut si regnum aliud regnum Francorum invadere audeat, ipse beatus et admirabilis defensor cum sociis suis tanquam ad defendendum altari suo super-

j. ibidem *addit* D.
k. Dans le manuscrit A, *la note suivante à la marge :* Henricus imperator duxit exercitum contra Ludovicum grossum, regem Francorum, Remis.

1. Voir sur cette affaire le *Liber de administratione*, chap. III. Suger y raconte que c'est à ses recherches dans les archives de l'abbaye qu'est due la restitution d'Argenteuil à Saint-Denis. Cette restitution fut effectuée en 1129 dans une assemblée tenue par le légat Mathieu, évêque d'Albano, à Saint-Germain-des-Prés (Mansi, XXI, 379-384); elle fut confirmée par Louis VI la même année, lors du couronnement à Reims du jeune roi Philippe. Sur le prieuré d'Argenteuil, voir Lebeuf, *Histoire de Paris*, IV, 2-4.
2. Cette expédition de l'empereur date de 1124, du mois d'août, dit Robert du Mont; le 25 juillet 1124, Henri V était à Worms (Bochmer, *Regesta*, n. 2086.) Ekkehard d'Uraugen note également l'entente entre Henri V et le roi d'Angleterre, et donne, pour cause de la retraite précipitée des Impériaux, la révolte de la ville de Worms (*Mon. Germ., SS.*, VI, 262-263).

ponatur, eo presente fit tam gloriose quam devote. Rex autem vexillum ab altari suscipiens quod de comitatu Vilcassini, quo ad ecclesiam feodatus est, spectat, votive tanquam a domino suo suscipiens [1], pauca manu contra hostes, ut sibi provideat, evolat, ut eum tota Francia sequatur potenter invitat. Indignata igitur hostium inusitatam audaciam usitata Francie animositas, circumquaque movens militarem delectum, vires et viros pristine virtutis et antiquarum memores victoriarum delegat. Qui cum Remis undecumque potenter convenissemus, tante militaris et pedestris exercitus [l] copie apparebant, ut viderentur superfitiem terre more locustarum non tantum secus decursus aquarum, sed etiam montanis et planitie devorare [2]. Ubi cum rex continuata septimana Theutonicorum prestolaretur incursum, tali inter regni proceres deliberatione res disponebatur : « Transeamus, inquiunt, audacter ad « eos, ne redeuntes impune ferant, quod in terrarum « dominam Franciam superbe presumpserunt. Senciant « contumacie sue meritum, non in nostra sed in terra sua, « que jure regio Francorum Francis sepe perdomita « subjacet [m], ut quod ipsi furtim in nos machinabantur « atemptare, nos in eos coram retorqueamus. » Aliorum autem perita severitas persuadebat eos diutius [n] expectare, ingressos marchie fines, cum jam fugere intercepti nequirent, expugnatos prosternere, tanquam Sarracenos inmisericorditer trucidare, inhumata barbarorum corpora lupis et corvis ad eorum perhemnem ignominiam exponere, tantorum homicidiorum et crudelitatis causam terre sue defen-

l. Le mot exercitus *est écrit au dessus de la ligne dans* A.
m. subjaceret D.
n. diu G.

1. Cet étendard est le célèbre oriflamme; on trouvera cette cérémonie rapportée presque dans les mêmes termes dans le diplôme de Louis VI, cité plus loin. La plus ancienne description de l'oriflamme se trouve dans quelques vers de la *Philippide* de Guillaume le Breton, souvent cités (l. [XI, 32-39); c'était à l'origine la bannière des comtes du Vexin, avoués et vassaux de l'abbaye de Saint-Denis.
2. On fera bien de comparer tout ce récit de l'invasion de 1124 avec la rédaction du manuscrit F, qui présente de nombreuses différences de détail; on le trouvera à la suite du texte de Suger.

sione justificare *o*. Ordinantes autem regni proceres in palatio bellatorum acies coram rege, que quibus suffragio jungerentur, Remensium et Catalaunensium *p* ultra sexaginta milia tam equitum quam peditum unam componunt, Landunensium et Suessionensium nec minori numero secundam, Aurelianensium, Stampensium et Parisiensium et beati Dyonisii copioso exercitu et corone devoto terciam [1], cui etiam seipsum interesse, spe suffragii protectoris sui, disponens : « In hac *q*, inquit, acie tam secure quam stre-
« nue dimicabo, cum preter sanctorum dominorum nostro-
« rum *r* protectionem, etiam qui me compatriote familiarius
« educaverunt aut vivum juvabunt aut mortuum conser-
« vantes reportabunt. » Comes etiam palatinus Teobaldus cum avunculo nobili Trecensi comite Hugone [2], cum ex ajuracione *s* Francie, guerram enim regi [3] cum avunculo rege anglico inferebat *t*, adventasset, quartam effitiens, quintam Burgundionum ducis et Nivernensis comitis previam fecit [4]. Comes vero egregius Viromandensis Radulfus, germana regis consanguinitate conspicuus [5], optima fretus militia multoque Sancti Quintini et tocius terre armato tam loricis quam galeis exercitu, cornu dextrum conservare destinatus, Pontivos et Ambianenses et Belvacenses in sinistro constitui approbavit. Nobilissimus etiam comes Flandrensis *u* [6] cum decem milibus militum pugnatissimo-

o. Ici à la marge dans A (*écriture du XIIIe siècle*) : Quod rex Francorum accipit vexillum desuper altare beati Dionisii, contra hostes dimicaturus.
p. Cataulaunensium A, D.
q. in *deest* E, G.
r. suorum D, E.
s. adjuratione G.
t. inferebat *deest* G.
u. Dans A, *on a ajouté plus tard le nom du comte,* Karolus, *dans un blanc laissé par le premier copiste.*

---

1. Comparez ici et plus loin, pour le chiffre des combattants, la version du manuscrit F; les *Chroniques de Saint-Denis* reproduisent le texte de Suger tel que nous l'imprimons.
2. Hugues Ier, comte de Troyes.
3. Exagération de Suger; depuis plusieurs années déjà, Thibaut de Chartres, sans rompre ses relations avec son oncle, Henri Beauclerc, avait cessé toute hostilité contre Louis VI.
4. Hugues II le Pacifique, duc de Bourgogne. — Guillaume II, comte de Nevers et de Tonnerre.
5. Cousin du roi, fils de Hugues le Grand, frère de Philippe Ier.
6. Charles le Bon, comte de Flandre.

rum, triplicasset exercitum si tempestive scisset, extrema
acie ad peragendum ordinabatur. His autem locorum affinitate propinquis *v* dux Aquitanie Guilelmus [1], comes egregius Britannie [2], comes bellicosus Fulco Andegavensis [3]
summe emulabantur *w*, eo quod vires exagerare et Francorum injuriam gravissime punire et vie prolixitas et temporis
brevitas prohiberet. Provisum est etiam ut ubicumque
exercitus, apto tamen loco, certamen inirent, et carri [et] *x*
carrete aquam et vinum fessis et sauciatis deferentes, instar
castellorum in corona locarentur, ut a labore bellico a *y*
vulneribus defitientes, inibi potando ac ligaturas restringendo fortiores, indurati ad palmam optinendam concertarent. Publicata igitur tanti et tam tremendi facti deliberatione tantique delectus fortissimi apparitione *z*, cum hoc
ipsum auribus imperatoris intonuisset, simulans et dissimulans, palliata occasione subterfugiens, alias tendit [4],
magis eligens ignominiam defectus sustinere quam et imperium et personam ruina periclitantem Francorum gravissime
ultioni suppeditare. Quo Franci comperto, sola archiepiscoporum et episcoporum et religiosorum prece virorum ab
illius regni devastacione et pauperum depressione vix se
continere valebant. Tanta igitur et tam celebri potitis victoria, idem enim aut superius fuit quam si campo triumphassent, Francis repatriantibus, rex exhilaratus nec
ingratus ad protectores suos sanctissimos martires humillime devenit, eisque post Deum gratias magnas referens

v. Tous les manuscrits portent propinquus, *qui donne un sens absurde ;
M. Huguenin propose* propinquis, *qui nous paraît la véritable leçon. Cette
faute commune semblerait prouver que tous les manuscrits de Suger dérivent
d'un original commun.*
w. emulabatur G.
x. et manque dans tous les manuscrits, sauf dans F.
y. Ici la préposition a *prend le sens de* propter, *à cause.*
*z. Dans le sens d'*apparatus; *faut-il corriger* apparatione *avec le manuscrit*
F *? Ce dernier mot paraît d'ailleurs un barbarisme.*

1. Guillaume VII.
2. Conan III.
3. Foulques le Jeune.
4. L'*Auctarium Laudunense*, ou suite de Sigebert de Gemblours (*Mon.
Germ., SS.*, VI, 443), date la retraite des Allemands du 19 des calendes
de septembre, soit le 14 août. Ekkehard d'Uraugen explique la résolution de
l'Empereur par le petit nombre de combattants qui l'avaient suivi.

coronam patris sui quam injuste retinuerat, jure enim ad eos omnes pertinent, devotissime restituit. Indictum exterius in platea, interius enim sanctorum erat, libentissime reddidit, viaturam omnimodam quibus spaciis cruces et columne statuuntur marmoree, quasi Gades Herculis omnibus obsistentes hostibus, precepti regii confirmatione sanctivit [1]. Sacras etiam *a* venerabiles sacratissimorum corporum lecticas argenteas, que altari principali superposite toto spacio bellici conventus extiterant, ubi continuo celeberrimo diei et noctis offitio fratrum colebantur, multa devotissimi populi et religiosarum mulierum ad suffragandum exercitui frequentabantur multiplici oratione, rex ipse proprio collo dominos et patronos suos cum lacrimarum affluentia filialiter loco suo reportavit, multisque tam terre quam aliarum commoditatum donariis pro his et aliis impensis benefitiis remuneravit. Imperator ergo theutonicus, eo vilescens facto et de die in diem declinans, infra anni circulum extremum agens diem [2], antiquorum verificavit sentenciam, neminem nobilem aut ignobilem, regni aut ecclesie turbatorem, cujus causa aut controversia sanctorum corpora subleventur, anni fore superstitem, sed ita vel intra *b*deperire.

Rex autem Anglie, conscius theutonici doli, quia regi Ludovico cum comite Theobaldo guerram inferens conspiraverat, marchiam collimitantem regis absentia omnino

a. enim E.
b. ita intra D; ita vel infra G.

---

1. Il y a plusieurs observations à faire sur ce passage; en premier lieu, c'est par erreur que Suger date de 1124 la restitution à Saint-Denis de la couronne royale de Philippe Ier; l'acte de restitution, daté de 1120, existe encore et a été maintes fois cité. (Tardif, *Monuments historiques*, n. 379.) — En second lieu, le fameux diplôme de 1124, dans lequel il est question de l'invasion projetée par Henri V (*Ibid*, n. 391), est certainement antérieur au départ de Louis VI pour l'armée; il suffit de le lire pour s'en assurer. On y trouvera d'ailleurs indiqué le don à Saint-Denis : 1° de la viguerie et de la justice, de la Seine à Aubervilliers, dans les limites marquées par le roi; c'est ce que Suger désigne par ces mots : *cruces et columne*; 2° des revenus du Landit. Mais le roi ne distingue pas l'*Indictum interius* de l'*Indictum exterius*; ce dernier se tenait sur un terrain appartenant à l'église de Paris; on peut voir à ce sujet Lebeuf, *Hist. de Paris*, III, 250 et suiv.

2. L'empereur Henri V mourut à Utrecht le 23 mai 1125.

aut depopulari aut occupare solo uno barone, scilicet Amalrico de Monte Forti, viro marte jugi acerrimo, et strenuitate Vilcassinensis *c* exercitus repulsus, aut parum aut nichil profitiens, vana spe frustratus retrocessit [1]. Quo facto nostrorum modernitate nec multorum temporum antiquitate nichil clarius Francia fecit aut potencie sue gloriam, viribus menbrorum suorum adunatis, gloriosius propalavit, quam cum uno eodemque termino de imperatore romano et rege anglico, licet absens, triumphavit. Ex quo quidem, suffocata hostium superbia, *siluit terra in conspectu ejus*[2], et pene ad quos pertingere poterat inimici, in gratiam ultro *d* redeuntes, amicicie dextras dederunt. Sic

> .... *Arma tenenti*
> *Omnia dat, qui justa negat* [3].

[XXVIII.] Ea etiam tempestatis temperie *e*, Alvernorum pontifex Claromontensis [4], vir honeste vite et defensor ecclesie illustris, et pulsatus et pulsus *f* Alvernorum superbia nova et antiqua, que eis titulatur :

> *Alvernique ausi Lacios se fingere fratres*

ad dominum regem confugiens *g*, querelam ecclesie lacrimabilem deponit, comitem Alvernensem [6] civitatem occupasse, ecclesiam Beate Marie episcopalem decani sui fraude multa tirannide munivisse. Renitentis etiam pedibus provolutus, ancillatam *h* ecclesiam exancillari, tirannum

c. Vulcassinensis F.
d. ultro *deest* D.
e. isto anno Alvernorum F.
f. pulsus est a sede F.
g. is igitur confugiens ad dom. regem Francie Ludovicum F.
h. ancillam F.

---

1. Aucun autre historien ne parle d'une invasion de la France par Henri Ier en 1124; ce prince profita seulement de l'occasion pour écraser le comte de Meulan, Galeran, révolté contre lui. La victoire de Rougemoutier amena la pacification complète de la Normandie (Orderic, IV, 455 et suiv.; Henri de Huntingdon, 245). Amauri de Montfort y fut pris, mais relâché par les Normands, qui craignaient pour lui les rigueurs du roi d'Angleterre.
2. Machabées, I, c. I, 3; souvent cité par Suger.
3. Lucain, I, 348-349.
4. Aimeri, abbé de la Chaise-Dieu, élu évêque de Clermont vers 1111.
5. Lucain, I, 427. Le texte de Lucain porte *Latio*.
6. Guillaume VI (1096-1136).

effrenatum compescere regie *i* majestatis gladio suppliciter efflagitat. Rex autem, ut consueverat ecclesiis promptissime opitulari, causam Dei gratanter sed sumptuose assumens, quia verbis et majestatis sue sigillo tirannum corrigere non valet, facto maturans, militares colligit vires, movet in Alverniam recalcitrantem copiosum Francorum exercitum. Cui Bituricas adventanti regni optimates, comes bellicosus Andegavensis Fulco, comes potentissimus Britannie Conanus, comes egregius Nivernensis, multique alii regni proceres, manu magna militari, regni debitores [1] occurrunt, in Alvernos injuriam ecclesie et regni ulcisci festinantes. Terram itaque hostium depopulantes, cum civitati Claromontensi propinquarent, Alverni presidio civitatis, quia *j* peroptime erat munita, relictis montanis acutissimis castellis, se commiserunt. Unde Franci, consulte eorum deridentes simplicitatem et ad urbem tendere differentes, ut aut civitatem dimitterent ne castella amitterent, aut si *k* remanerent interim victualia consumerent, ad castrum peroptimum, Pontum nomine [2], super fluvium Hilerim *l* diverterunt. Ubi *m* circumquaque temptoria figentes, eque plana et ardua diripiunt, gigantea audacia celum tendere videntur, dum munitissima montium cacumina preripiunt, predas non tantum peccorum, sed et peccoralium hominum superfluo etiam educunt. Instrumenta impugnatoria turri ejusdem castelli applicantes, saxorum molarium impetu, sagittarum inpluvio, multa eos strage ad dedicionem compellunt. Quo audito, qui civitatem tenebant, timore percussi, simile aut gravius quid expectantes, fugam parant, civitatem excunt eamque regis arbitrio derelinquunt. Rex autem et Deo ecclesiam et clero turres et episcopo civitatem, pace inter eos et comitem et sacramen-

i. regio G.
j. que F.
k. si *deest* G.
l. Ligerim F.
m. ubi cum F.

1. Manière élégante de dire *vassaux du royaume*.
2. Pont-du-Château, Puy-de-Dôme, ch.-l. de cant., sur l'Allier.

tis et obsidum multiplicitate firmata, victor in omnibus restituit [1].

Verum [n] temporum lustro peracto, cum Alvernorum comitum perfida levitate solveretur [2], recidiva episcopi et ecclesie calamitas recidivam reportat regi querimoniam. Qui se casso labore adeo defatigatum dedignans, collecto primo multo majore exercitu, terram repetit Alvernorum. Jamque gravis corpore et carnee spissitudinis mole ponderosus, cum alius quislibet, pauper etiam, tanta corporis periculosi incommoditate equitare nec vellet nec posset, ipse contra multorum amicorum dissuasionem mira animositate rapiebatur, et quod ipsi etiam juvenes horrebant, estivos junii et augusti [3] tolerans calores, impatientes calorum deridet, cum sepius eum angustiis [o] paludum, locis fortissimis suorum lacertis sustentari oporteret. Erant in ejus expedicione comes prepotens Flandrensis Karolus, comes Andegavensis Fulco, comes Britannie, tributarius regis anglici Henrici de Normannia exercitus [4], barones et regni optimates quamplures, qui etiam Hispaniam perdomare sufficerent. Transiens itaque Alvernorum difficiles ingressus et obviantia castella, Claromontem pervenit. Cum autem abortivo et opposito civitati castro Montis Ferranni [5] exercitum applicaret, milites qui castrum defendere habebant, Francorum mirabilem exercitum suis dissimilem formidantes, loricarum et galearum repercusso [p] sole splendorem admirantes, solo

n. *Le récit de la seconde expédition en Auvergne manque dans* F.
o. angustis G.
p. reperculso D.

---

1. La date de cette première expédition d'Auvergne est inconnue; la seconde eut lieu avant 1127, date de la mort de Charles le Bon, comte de Flandre, qui y prit part; entre l'une et l'autre il s'écoula environ cinq ans. Si l'on date la seconde de 1126, la première se trouvera reportée à l'an 1121 ou 1122.
2. Sous-entendu *pax*; ce mot est exprimé un peu plus haut.
3. Indication à noter pour la date de l'expédition.
4. Ce qui prouve que cette campagne en Auvergne est postérieure à 1124, date des dernières hostilités entre le roi de France et celui d'Angleterre.
5. Cette expression est difficile à expliquer; Montferrand étant au nord-est de Clermont, on peut traduire avec les Bénédictins comme s'il y avait *ab oriente*; mais cette explication nous paraît peu satisfaisante. Ne pourrait-on y voir un terme de mépris; *abortivus* veut dire *avorton, né avant terme*, et, par extension, *misérable*.

visu herent, et exteriorem refutantes immunitatem, in turre
et turris procinctu vix etiam sibi *q* se contulerunt. Applicitus autem immunitatis relicte domibus flammivomus ignis,
quicquid erat preter turrim et procinctum ejus in cineres
dissolvit. Et prima quidem die propter estuantem incendio
subito villam extra temptoria figentes *r*, sequente intus
sopitis flammis reportavimus. Rex vero summo mane hoc
uno facto et eos contristavit et nos exhilaravit, quoniam cum
temptoria nostra, una de parte turri propinquiora, multo
bello, multis sagittarum et jaculorum emissionibus, ita
etiam ut, premissis inter nos et ipsos armatorum presidiis,
nos clipeis operiri oporteret, lacessire tota nocte non
desisterent, significavit militari viro et egregio baroni
Amalrico de Monte Forti ut, eis ex obliquo insidias ponens,
ne procinctum impune regrederentur provideat. Qui talibus
callens, in temptoriis [1] sumit *s* arma eosque equorum velocitate ex obliquo, nostris eos impedientibus, inopinate quosdam intercipit, regi celeriter remittit. Qui cum redimi se
multo rogarent, imperat eos emancari, mancos autem,
punnos in punnis referentes, intus sociis remitti. Quibus
ceteri territi deinceps nos quietos sinebant. Cumque
machinarum et instrumentorum structura demorante, tota
Alvernia voluntati et arbitrio exercitus pateret, dux Aquitanie Guilelmus [2], exercitu Aquitanorum fretus, advenit.
Qui cum in montanis castra metatus, in plano Francorum
intueretur rutilare phalanges, admiratus exercitus tanti
magnitudinem, penituit eum pro impotencia ad refragan-
dum venisse mittensque pacificos regi nuncios, ut ei tanquam domino suo loquatur assistit, perorans hoc modo :

q. inibi récrit dans E; *cette dernière leçon n'a aucun sens*; vix etiam sibi
veut dire, semble-t-il, *juste à temps pour eux.*
r. fingentes E.
s. sumit *deest* D.

1. Passage très clair si on écrit *in temptoriis*; Amauri de Montfort ordonne
à ses hommes de s'armer à l'intérieur des tentes pour ne pas attirer l'attention
de l'ennemi. Le continuateur d'Aimoin (éd. Du Breul, 366) porte *intenta-
mentis.*
2. Guillaume IX ou Guillaume X, suivant qu'on rapporte l'expédition de
Louis VI à 1126 ou, avec *l'Art de vérifier les dates*, à 1131.

« Dux tuus Aquitanie, domine rex, multa te salute, omni
« te potiri honore. Non dedignetur regie majestatis celsi-
« tudo ducis Aquitanie servitium suscipere, jus suum ei
« conservare, quia sicut justicia exigit servitium, sic et jus-
« tum exigit dominium. Arvernensis[t] comes, quia Alver-
« niam a me, quam ego a vobis habeo, habet, si quid
« commisit, curie vestre vestro habeo imperio[u] represen-
« tare. Hoc nunquam prohibuimus, hoc etiam modo offe-
« rimus et ut suscipiatis suppliciter efflagitamus. Et ne
« super his celsitudo vestra dubitare dignetur, multos et
« sufficientes obsides dare paratos habemus. Si sic[v] judi-
« caverint regni optimates, fiat[1], sin aliter, sicut. » Super
his igitur rex cum optimatibus regni consulens, dictante
justicia, fidem, juramentum, obsidum sufficientiam suscipit,
pacem patrie et ecclesiis[w] restituit, diem inter eos presente
duce Aquitanie agendis Aurelianis, quod huc usque renue-
rant, statuit, exercitumque gloriose reducens, in Franciam
victor remeavit.

[XXIX.] Egregie factum, quo nobilius ab adolescentia usque
ad vite limitem nullum perpetravit, vitando fastidium, cum
multa egeat, brevi narratione memorare, non quomodo sed
quid fecerit significantes, proposuimus[2]. Famosus comes
vir potentissimus Karolus, de amita domini regis Ludovici
Danorum regis filius[3], cum successisset jure consanguinitatis fortissimo comiti[x] Balduino, Ierosolimitani Roberti
filio, Flandrie terram valde populosam tam strenue quam
diligenter administrabat, ecclesie Dei illustris defensor,

t. Avernensis A; Alvernensis D, G.
u. judicio *addit* D.
v. sic sic D.
w. ecclesie D.
x. comiti *deest* G.

1. Il serait téméraire de voir dans cette phrase, avec Paulin Paris (*Chroniques*, III, 332), une allusion à la cour des pairs, mais il s'y agit certainement de la cour du roi.
2. On possède deux récits contemporains de la mort de Charles le Bon, l'un dû à Galbert de Bruges, l'autre à Gautier, archidiacre de Thérouanne; l'un et l'autre ont été édités dans les *Monumenta Germaniae historica, Scriptores*, XII, 537 et suiv., par Kœpke. Le récit de Suger paraît exact de tous points, même dans les plus petits détails.
3. Alix, femme de saint Canut, roi de Danemark, et mère de Charles le Bon, était sœur utérine de Berthe, mère de Louis VI.

elemosinarum liberalitate conspicuus, justicie tutor insignis. Qui cum debitor honoris adepti [1], potentes *y* quosdam genere humiles, opibus elatos, dominio ejus lineam consanguinitatis absentare superbe innitentes, erant enim de fece condicionis servilis, judicio curie convenienter satis repeteret, ipsi, videlicet Brugensis ecclesie prepositus et sui, viri superbissimi et famosi proditores, crudelissime ei insidiabantur [2]. Cum igitur quadam die Brugas venisset, summo mane ecclesie Dei assistens, pavimento prostratus, librum orationum manu tenens orabat, cum subito Buchardus *z* quidam, nepos prepositi prefati, satelles truculentus, cum aliis de eadem sceleratissima radice et aliis tradicionis pessime complicibus oranti, immo Deo loquenti, tacite retrocedit, et caute gladio evaginato, collum terre prostratum comitis suavissime tangens, ut paululum erectum ferientis gladio se inopinate dirigeret, ensem ei applicans, uno ictu impius pium, servus dominum sceleratissime detruncat [3]. Qui autem astabant necis impie cooperatores, sanguinem ejus sitientes, tanquam canes in relicta cadavera debachantes *a*, innocentem laniare gaudebant, summopere gloriantes quod opere complere potuerant, quem conceperant dolorem et quam pepererant iniquitatem [4]. Et apponentes iniquitatem super iniquitatem, utpote malitia sua excecati, quoscumque castellanos, quoscumque nobiliores comitis barones *b* sive in eadem ecclesia sive extra in castro offendere poterant, infelicissimo misere mortis genere imparatos nec confessos trucidabant. Quibus tamen prodesse valde arbitramur, quod pro fidelitate domini sui tali-

y. potenter D.
z. Burcardus D.
a. tanquam... debachantes *deest* D.
b. comites, barones F.

---

1. N'ayant pas d'enfants, il ne pouvait se considérer que comme usufruitier du comté.
2. C'étaient le prévôt Bertulphe ou Berthold, son frère Désiré Haket, châtelain de Bruges, et leur famille. Il semble aussi, bien que Suger ne le dise pas, que Louis VI ait connu le projet des conjurés. Charles le Bon était depuis déjà plusieurs années redevenu l'allié du roi d'Angleterre.
3. Le 2 mars 1127, au point du jour, dans l'église de Saint-Donatien de Bruges.
4. Cp. **Psaumes**, VII, 15.

ter mactati, in ecclesia orantes sunt reperti, cum scriptum sit : *Ubi te invenero, ibi te judicabo* [1]. Comitem vero truces in ecclesia ipsa tumulantes, ne honorifice extra deplangeretur et sepeliretur et pro gloriosa vita et gloriosiore morte devotus populus in ejus ultionem incitaretur, ecclesiam ipsam speluncam latronum statuentes, tam ipsam quam comitis domum ecclesie inherentem muniverunt et quibuscumque paratis [c] victualium alimentis, et seipsos exinde protegere et terram sibi allicere summa superbia deliberant [d]. Tanti igitur et tam scelerati horrore facti attoniti, qui his non consenserant [e] Flandrie barones, lacrimabiles exequias persolventes, notam prodicionis evitant, dum hoc domino regi Ludovico nec ei tantum, sed fama volante per universum orbem denuntiant [2]. Rex autem et amore justicie et consanguinitatis affectu in ultionem tante prodicionis excitatus, nec regis anglici nec comitis Teobaldi guerra detentus [3], Flandriam animosus intrat, ut nequissimos atrocissime perdat toto animi et operis nisu exestuat. Comitem Flandrie Guilelmum Normannum, filium Roberti Ierosolimitani Normannie comitis, ad eum enim jure consanguinitatis spectabat, constituit [4]. Ut autem Brugas [5] descendit, non veritus terre barbariem nec fedam proditorie consanguinitatis lineam, ipsos proditores in ecclesia et turre obsessos coartat, victualia preter sua, que divino nutu eorum etiam usui importuna repugnabant [6], prohibet. Ut

c. peractis F.
d. deliberabant G.
e. conserant A.

---

1. Non retrouvé dans la Bible.
2. Dès le 9 mars, les coupables furent obligés de se renfermer dans le château par les nobles du pays soulevés contre eux.
3. Erreur de Suger ; ni le roi d'Angleterre ni surtout le comte de Champagne ne faisaient en ce moment la guerre à Louis VI.
4. Guillaume Cliton pouvait en effet passer pour héritier légitime du comté de Flandre, comme petit-fils de Mathilde, femme de Guillaume le Conquérant et fille de Baudoin V. En l'établissant en Flandre, Louis VI faisait échec au roi d'Angleterre, ennemi-né de ce jeune prince, son neveu; voir à ce sujet Henri de Huntingdon, p. 247, et Robert de Torigni, éd. Delisle, I, 173-174.
5. Louis VI, à la première nouvelle de l'assassinat, s'était rendu à Arras, où il séjourna du 9 mars à la fin du même mois ; il arriva à Bruges le 3 avril et trouva le siège de la forteresse fort avancé.
6. Le même fait est rapporté par Gautier de Thérouanne (éd. Kœpke, p. 558) ; les assiégés avaient peut-être le scorbut.

autem fame, peste et gladio aliquantisper eos contrivit, ecclesiam relinquentes, turrim tantum ut eos turris retineret retinuerunt. Jam ergo de vita eis desperantibus, cum jam in luctum verteretur cithara *f* eorum et organum eorum in vocem flentium [1], nequissimus Buchardus *g* sociorum consensu fuga lapsus, terram exire volens nec valens, sola iniquitate propria prohibente, in firmitate cujusdam amici et familiaris reversus, interceptus regis imperio, exquisito misere mortis genere alta rota superligatus, corvorum et alitum rapacitati expositus, desuper oculis defossus et tota facie dilaceratus, inferiorum sagittis et lanceis et jaculis milies perforatus, miserrime interfectus, in cloacam projectus est [2]. Bertoldus vero, caput iniquitatis, cum similiter effugere *h* decrevisset, cum huc illucque satis licenter deambulasset, sola superbia reversus — dicebat enim : Quis ego, aut quid ego ? — suis *i* etiam capitur et regis arbitrio expositus, merita et miserrima morte est dampnatus. Furcis enim cum cane suspensus, quociens canis percutiebatur, in eum iram retorquens, totam faciem ejus masticando devorabat, aliquando etiam, quod horribile dictu est, stercorabat, sicque miseram vitam miserior miserrimo morte perpetua terminavit [3]. Quos autem in turre incluserat, multis angustiis ad dedicionem cogens, sigillatim unum post alium coram suis fractis cervicibus dejecit [4]. Quendam etiam eorum Ysaac nomine, timore mortis in monasterio quodam tonsoratum, demonachatum patibulo affixit [5]. Potitus itaque

f. chytara A.
g. Burcardus D.
h. fugere F.
i. a suis F.

---

1. Cp. Job, XXX, 31.
2. Bouchard, le principal des conjurés, s'était échappé de la tour; il fut pris près de Lille et exécuté un peu avant le 1er mai.
3. Le prévôt fut arrêté à Ypres le 11 avril, par ordre de son complice, Guillaume, dont il sera parlé plus loin, et exécuté le même jour dans les circonstances les plus dramatiques.
4. Les assiégés se rendirent le 19 avril; ils étaient au nombre de 28; le 4 mai, le roi les fit précipiter l'un après l'autre du haut de la tour.
5. Cet Isaac s'était réfugié à Saint-Jean-de-Thérouanne; Galbert de Bruges dit qu'il fut exécuté par ordre de Guillaume d'Ypres.

Brugensi victoria, rex cum suis Ipram *j*, peroptimum castrum, contra Guilelmum Bastardum, prodicionis fauctorem [1], ut et in eum ulciscatur, accelerat, Brugenses *k* tam minis quam blandiciis, directis ad eos nunciis, allicit, dumque Guilelmus cum trecentis militibus ei obviat, altera pars regalis exercitus in eum irruit, altera ex obliquo alia *l* porta castellum audacter occupat, eoque retento, Guilelmum a tota Flandria exheredatum exterminat, et quia prodicione ad possidendam Flandriam aspiraverat, merito in tota Flandria nichil obtinuit. His ergo et diversis ultionum modis et sanguinis multi effusione lota et quasi rebaptizata Flandria, Guilelmo Normanno comite constituto, rex in Franciam, Deo auxiliante, victor remeavit [2].

[XXX.] Sed et aliam consimilem et Deo gratam et alia vice famosam fecit ultionem, cum *m* hominem perditissimum Thomam de Marna *n*, ecclesiam Dei terebrantem nec Deum nec hominem reverentem, in manu forti celeriter tanquam ticionem fumigantem extinxit [3]. Querulo siquidem ecclesiarum planctu compulsus, cum Laudunum ad ulciscendum adventasset, episcoporum et regni optimatum persuasione et maxime egregii comitis Viromandensis Radulfi [4], qui potencior aliis post regem in partibus illis erat, consilio, in eum ducere exercitum Cotiacum [5] deliberatum est. Festinante autem rege ad castrum, cum qui missi fuerant opor-

j. Ypram F.
k. Tous les manuscrits portent Brugenses; il faudrait peut-être corriger Yprenses.
l. aliqua E.
m. Rex Francie Ludovicus, sicut anno precedenti, consimilem et Deo gratam fecit ultionem, cum F.
n. dominum Cociaci *add.* F.

---

1. Guillaume le Bâtard était enfant naturel de Philippe, second fils de Robert le Frison. Il était soutenu dans ses prétentions par Henri d'Angleterre. Le combat d'Ypres eut lieu le 26 avril.
2. Le roi quitta Bruges pour retourner en France le 6 mai 1127.
3. L'expédition contre Thomas de Marle est datée par les uns de 1130, par les autres de 1128; c'est cette dernière date que donne le manuscrit F. Dom Duplessis (*Hist. de Coucy*, 53) adopte la première, en se fondant sur la Chronique de Saint-Médard de Soissons.
4. C'est en effet à la requête de Raoul de Vermandois que Louis VI entreprit cette nouvelle campagne.
5. Coucy-le-Château, Aisne. On connaît la forte position de ce château; les constructions qui subsistent ne datent d'ailleurs que du XIII° siècle.

tunum explorare accessum, importunum omnino et inaccessibile renunciassent et a multis angariaretur juxta⁰ audita consilium mutare debere, rex ipsa indignatus animositate : « Lauduni, inquit, hoc remansit consilium. Quod
« enim ibi ᵖ deliberatum est, nec pro morte nec pro vita muta-
« bimus. Vilesceret merito regie majestatis magnificentia,
« si scelerati hominis formidine refugi derideremur ᵠ. »
Hec ait et mira animositate, licet corpore gravis, per abrupta et nemoribus obtrusas ʳ vias, licet periculose, cum exercitu penetrans, cum prope castrum pervenisset, nunciatum est strenuissimo comiti Radulfo, ex ˢ alia parte castri vaganti, exercitui insidias parari et ruine eorum instantissime demoliri. Qui ilico armatus, cum paucis sociorum illuc via opaca tendens, conspicatus, premissis quibusdam militibus suis, jam percussum illum cecidisse, equum calcaribus urgens, irruit in eum et audacter gladio percutiens, letale vulnus infligit, nec nisi prohiberetur ᵗ repetendum foret. Captus itaque et ad mortem sauciatus regique Ludovico presentatus, ejus imperio Laudunum, laude omnium fere et suorum et nostrorum, est deportatus. Sequente autem die, publicata terra plana ejus ruptisque stangnis ᵘ ¹, quia dominum terre habebat terre ᵛ parcens, Laudunum regressus dominus rex Ludovicus ʷ, hominem perditissimum nec vulneribus, nec carcere, nec minis, nec prece ad reddicionem mercatorum, quos mira prodicione in conductu spoliatos omnibus suis carcere detinebat, cogere valebat.

o. vix D.
p. ibi *deest* D.
q. deriderentur E.
r. obstrusas D.
s. rex D.
t. prohibetur E.
u. *Sic* A, E ; stannis D ; stagnis F.
v. terre *deest* D.
w. Ludovicus *deest* D.

1. Phrase énigmatique; le roi fit peut-être rompre les jetées retenant les eaux des étangs environnants, lesquels alimentaient soit le puits existant encore au château de Coucy, soit des sources situées sur le massif qui lui sert de base. Il est vrai que Ducange cite (éd. Henschel, VI, 349) le mot *stagnum* pris comme synonyme de *staca, staqua*, palissade, peut-être par extension *fortifications*. Si l'on adoptait cette dernière explication, on aurait un sens très simple : le roi fit démanteler le château.

Qui cum conjugem [1] ex regia permissione sibi ascivisset [a], magis videbatur de mercatorum, qui ab eo exigebantur, quam de vite amissione dolere. Cumque jam plagarum dolere gravissimo pene ad mortem constrictus, a multis etiam confiteri et viaticum suscipere rogaretur, vix concessit. Cum autem corpus Domini manu [y] sacerdotis in eam quam miser inhabitabat cameram deportatum esset, sicut si ipse dominus Jesus miserrimum vas hominis minime penitentis nullo modo ingredi sustineret, mox ut nequam ille collum erexit, ilico confractum retorsit [z], et spiritum teterrimum divine expers eucharistie exalavit. Rex autem ulterius aut mortuum aut mortui terram persequi dedignatus, mercatorum emancipationem et thesaurorum ejus maximam partem a conjuge et filiis extorsit, et pace ecclesiis morte tiranni restituta, victor Parisius remeavit [2].

Sed et alio tempore, cum [a] occasione dapiferatus emersisset inter dominum regem et Amalricum de Monte Forti, virum illustrem, stimulante Stephano Garlandensi [b][3], grandis altercacio, et tam regis [c] anglici quam comitis Theobaldi fulciretur suffragio [d], festinato exercitu Livriacum [4] obsedit castrum, et erectis impugnatoriis machinis, frequenti invasione, crebro ingrediens impetu, fortissime [e]

[a.] asscivisset A, E.
[y.] de manu G.
[z.] retrorsit A, D.
[a.] Hoc anno in regno Francie, cum occasione F.
[b.] Warlandensi D; de Garlanda F.
[c.] quamvis hec anglici F.
[d.] rex tamen festinato F.
[e.] fortissimo F.

---

1. Qui s'appelait Milesinde.
2. Louis VI laissa en effet Enguerrand, fils de Thomas, succéder paisiblement à celui-ci, en l'obligeant toutefois à restituer les biens mal acquis et à indemniser les églises lésées par son père. L'obituaire de Prémontré (Bibl. de Soissons) note la mort de Thomas de Marle au 9 novembre.
3. Sur cette brouille entre Louis VI et les Garlande, ses anciens favoris, voir Luchaire, *Institutions*, I, 179-180. Etienne de Garlande avait, vers 1120, réuni les charges de chancelier et de sénéchal et voulait donner cette dernière au mari de sa nièce, Amauri de Montfort. Louis VI, excité par la reine Adélaïde, ennemie des Garlande, s'y opposa de vive force. Cette guerre dura près de cinq ans; le principal épisode en fut la prise de Livry, que les Annales de Lagny (*Bibl. de l'Ecole des Chartes*, XXXVIII, 480) datent de 1128; le comte de Vermandois y perdit un œil. La réconciliation eut lieu en 1132.
4. Livry, Seine-et-Oise, cant. Gonesse.

expugnavit. Et quoniam egregius comes et cognatus germanus Radulfus Viromandensis balistarii quadro, in assultu promptissimus, oculo est privatus *f*, fortissimum castrum funditus subvertit. Sed et tanto guerrarum bello eos affecit, quod et dapiferatum et dapiferatus hereditatem bona pace relinquentes abdicaverunt. Qua guerra ipse etiam rex, quia *g* militaris vir erat, semper promptus in hostes, balistarii immissione quadri crure perforatus, lesus valde, multa animositate vilipendebat, et tanquam si regie majestatis thronus vulneris dolorem dedignaretur *h*, rigide angustiam quasi non sustinens sustinebat.

[XXXI.] Eo autem tempore, ecclesiam Romanam scismate periculoso gravissime et pene precordialiter contigit sauciari. Venerande memorie summo pontifice et universali papa Honorio viam universe carnis ingresso *i* [1], cum ecclesie Romane majores et sapientiores ad removendum ecclesie tumultum consensissent apud Sanctum Marcum *j*, et non alibi, et non nisi communiter, romano more celebrem fieri electionem, qui assiduitate et familiaritate propinquiores apostolici fuerant, timore tumultuancium Romanorum illuc convenire non audentes, antequam publicaretur *k* domini pape decessus, per eam venerabilem cardinalem de Sancto Angelo di... Gregorium *l* summum eligunt pontificem *m* [2]. Qui autem Petri Leonis parti favebant, apud Sanctum Marcum pro pacto alios invitantes convenerunt, dominique pape morte comperta, ipsum eundem Petrum Leonis cardinalem presbiterum, multorum et episcoporum et cardinalium et clericorum et Romanorum nobilium con-

f. non solum fortissimum F.
g. qui F.
h. dedignatur D.
i. et in ecclesia Laterani sepulto F.
j. Marchum E; *de même plus loin.*
k. publicaretur *deest* D.
l. nomine F.
m. cum Innocentium vocantes F.

1. Honorius II mourut le 14 février 1130.
2. Innocent II fut élu le jour même de la mort d'Honorius II.

sensu, votive elegerunt, sicque scisma perniciosum statuendo [1], Christi Domini tunicam inconsutilem discindendo [n], partiti sunt ecclesiam Dei, et dum

Magno se judice quisque tuetur [2],

alii alios alliciunt [o], alii alios anathemate innodant, judicium preter suum non attendunt. Cum autem Petri Leonis pars tum parentum suffragio, tum Rome [p] nobilitatis presidio prevaleret [3], dominus papa Innocentius cum suis Urbem relinquere deliberat, ut orbem terrarum optinere prevaleat [q]. Descendens itaque navali subsidio ad partes Galliarum, tutum et approbatum eligit [r] persone et ecclesie post Deum defensionis asilum, regnum nobilissimum Francorum, nunciisque suis ad regem Ludovicum destinatis et persone et ecclesie opitulari efflagitat [4]. Quo rex, ut erat piissimus ecclesie defensor, cito compunctus, concilium archiepiscoporum, episcoporum, abbatum et religiosorum virorum Stampis convocat, et eorum consilio magis de persona quam de electione [s] investigans, — fit enim sepe ut Romanorum tumultuancium quibuscumque molestiis ecclesie electio minus ordinarie fieri valeat, — ei [t] assensum electioni consilio virorum [5] prebet, et deinceps manutenere promittit. Cum autem et susceptionis et servitii primitias Cluniaci [6] per

n. discidendo D; distinguendo F.
o. alii... alliciunt *deest* F.
p. cum Rome F; Romane G.
q. prevaluerit G.
r. elegit G.
s. erectione E.
t. ejus F ; ejus *corr.* ult. A.

---

1. Pierre Léon, qui prit le nom d'Anaclet, fut élu le 15 février et intronisé le 23.
2. Lucain, I, 127.
3. Il était d'origine juive, et sa famille comptait parmi les plus riches de Rome.
4. Innocent II quitta Rome le 6 mai 1130; il aborda à Saint-Gilles vers le 11 septembre.
5. Il faut évidemment suppléer *sapientum* ou une autre épithète analogue. — Le concile d'Étampes, où saint Bernard décida le roi Louis VI et l'Église de France à reconnaître Innocent II, pour des raisons analogues à celles qu'expose ici Suger, eut lieu, dit-on, en avril 1130. Le fait est possible, mais tout ce qu'on peut dire, c'est qu'il se tint avant le mois de septembre 1130, date de l'arrivée d'Innocent II en France. Cf. Mansi, XXI, 441-444.
6. Innocent II résida à Cluny du 25 octobre au 3 novembre 1130.

nos *u* ei delegasset, tanto exhilarati suffragio, cum gratia et benedictione domino regi per nos *v* gratias referentes, ad propria remiserunt *w*. Ut autem usque Sanctum Benedictum super Ligerim descendit[1], dominus rex cum regina et filiis ei occurrens, nobilem et diademate sepius coronatum verticem tanquam ad sepulchrum Petri inclinans, pedibus ejus procumbit, catholicum affectum et devoti servitii effectum ei et ecclesie promittit. Cujus exemplo et rex Anglie Henricus ei Carnotum occurrens[2], devotissime pedibus ejus prostratus, votivam sui suorumque ut *x* terra sua susceptionem et obedientie filialis promittit plenitudinem. Visitando itaque Gallicanam, sicut res exigebat, ecclesiam, ad partes se transfert Lotaringorum. Cui cum imperator Loherius *y* civitate Leodii, cum magno archiepiscoporum et episcoporum et Theuthonici regni optimatum collegio, celeberrime occurrisset, in platea ante episcopalem ecclesiam humillime seipsum stratorem offerens, pedes per medium *z* sancte processionis ad eum festinat, alia manu virgam ad defendendum, alia frenum albi equi accipiens, tanquam dominum deducebat[3]. Descendente vero tota stacione[4], cum suppodiando deportans, celsitudinem paternitatis ejus notis et ignotis clarificavit. Pace itaque Imperii et Ecclesie confederata, instantem sancti Pasche diem apud nos *a* in ecclesia beati Dyonisii tanquam speciali filia affectat celebrare[5]. Nos autem *b* ob timorem Dei et ecclesie matris et filie gratan-

u. Sugerium, abbatem S.-D. eidem F.
v. per eundem abbatem F.
w. eum remisit ad propria F.
x. Sic tous les manuscrits, sauf F, *qui a corrigé* et terre sue. *Le sens est peu clair, mais admissible; ut peut signifier de même que,* en *sous-entendant* in. *L'omission de la préposition* in *est fréquente chez Suger.*
y. Lotherius F. *Suger a traduit la forme française du nom :* Lohier.
z. per modum F.
a. apud nos *deest* F.
b. Abbas vero Sugerius et conventus ecclesie F.

1. Innocent II était à Fleury-sur-Loire en janvier 1131.
2. L'entrevue de Chartres est du 13 janvier 1131. (Voir Orderic Vital, V, 25-26.)
3. Le 16 mars 1131, Innocent II était à Cambrai, à Liège le 22; il y résida jusqu'au 1er avril. Suger accompagna peut-être le pape dans son voyage en Lorraine et sur les bords de la Meuse.
4. C'est-à-dire *processione.*
5. En 1131, Pâques tombait le 19 avril.

ter pridie cene[1] Domini suscipientes, celeberrimam Deo et hominibus proferentes processionem[c], adventum ejus odis exultacionis collectantes[d] amplexati sumus. Cena ergo Domini[2] apud nos[e] more romano et sumptuoso donativo, quod presbiterium[3] nominatur, celebrata, venerandam Domini crucifixionem venerando[f] prosequtus, sanctissime Resurrectionis vigilias honore debito pernoctavit[4]. Summo mane vero extrinseca via ad ecclesiam Martirum[g] in Strata[5], cum multo collateralium collegio quasi secreto commeavit, ibique more romano seipsos preparantes, multo et mirabili ornatu circumdantes, capiti ejus frigium, ornamentum imperiale, instar galee circulo aureo circinatum imponunt, albo et palliato equo insidentem educant, ipsi etiam palliati equos albis operturis variatos equitantes, odas personando festive geminati procedunt. Barones vero ecclesie nostre feodati et castellani nobiles, stratores humillimi, pedes eum equitantem freno deducebant. Quidam etiam previi copiosam monetam, ut turbam impedientem removerent, jactitabant. Via autem regia et salicibus et fixis stipitibus preciosis palliis rutilabat. Cum autem[h] et militie cunei et populi multi concursus ei honoratissime occurreret, nec e m ipsa Judeorum Parisiensium excecata defuit synagoga, que legis litteram rotulam scilicet velatam offerens, ab ore ejus hanc misericordie et pietatis obtinet supplicationem : « Auferat « Deus omnipotens velamen a cordibus vestris[6]. » Perveniens vero ad sanctorum basilicam, coronis aureis rutilan-

---

c. professionem E.
d. colletantes D, E, F, G.
e. apud nos *deest* F.
f. venerande F, G.
g. nostram D ; matrem F, G.
h. autem *deest* G.

---

1. 15 avril.
2. 16 avril.
3. Terme consacré pour désigner les distributions d'argent faites par les papes au peuple dans certaines occasions solennelles.
4. 18 avril, samedi saint.
5. Église de Saint-Denis-de-l'Estrée, sur la route romaine de Pontoise à Paris. (Lebeuf, *Hist. de Paris*, III, 208.)
6. Sentence formée de deux versets de saint Paul, II Cor., III, 15-16. — La *legis littera* plus haut citée est la Thora, le Pentateuque.

tem, argenti et plus cencies auri preciosarum gemmarum et margaritarum splendore fulgurantem, divina divine celebrans, agni veri paschalis victimas sacratissimas nobis *i* cooperando immolavit. Finita vero missa, erectis in claustro palliis strato mensis, materialem agnum tanquam thoris accubitati sumunt, cetera nobilis mense fercula consueto more suscipiunt. Sed et sequente die eandem ab ecclesia Sancti Remigii ad principalem reciprocant processionem [1]. Transactis itaque tribus post Pascha diebus, cum gratiarum actione et auxilii et consilii promissione Parisium transmeavit [2]. Exinde Galliarum ecclesias visitando et de earum copia inopie sue defectum supplendo, cum per terram aliquantisper deambulasset, Compendii demorari elegit [3].

Interea contigit *j* singulare et ulterius inauditum *k* Francie regni infortunium. Regis enim Ludovici filius, floridus et amenus puer, Phylippus *l*, bonorum spes timorque malorum [4], cum quadam die per civitatis Parisiensis suburbium equitaret, obvio porco diabolico *m* offensus equus gravissime *n* cecidit, sessoremque suum nobilissimum puerum *o* silice consternatum, mole ponderis sui conculcatum, contrivit. Quo dolore civitas et quicumque audierunt consternati, ea siquidem die exercitum ad expedicionem asciverat, vociferabantur, flebant et ejulabant. Tenerrimum recolligentes puerum pene extinctum, proximam *p* domum reportant, nocte vero instante, pro dolor *q*, spiritum exala-

i. abbati cooperando F.
j. contigit hoc anno F.
k. non auditum F.
l. Phyppus A; quem regem constituerat *add.* F.
m. diabolo E.
n. gravissime *deest* F.
o. nob. puer. *deest* F.
p. in proximam *corr. ult.* E.
q. pro dolor *deest* F.

1. 20 avril 1131; sur l'église Saint-Remi à Saint-Denis, voir Lebeuf, III, 232.
2. Le pape résida à Paris du 22 au 26 avril.
3. Il était installé à Compiègne le 18 juin, après avoir visité Gisors, Rouen, Beauvais, etc.
4. Ce jeune Philippe, que quelques historiens du Moyen-Age appellent Philippe II, avait été couronné roi à Reims le 14 avril 1129.

vit *r* 1. Quantus autem et quam mirabilis dolor et luctus patrem et matrem et regni *s* optimates affecerit, nec ipse Omerus elicere sufficeret. Eo autem in ecclesia beati Dyonisii, in sepultura regum et sinistra altaris sancte Trinitatis parte, multorum conventu episcoporum et regni optimatum *x* more regio humato, pater sapiens, post lugubres querimonias, post miserabiles vite superstitis imprecationes, religiosorum virorum *y* consilio consolari admisit. Qui *z* ergo intimi ejus et familiares eramus, formidantes ob jugem debilitati corporis molestiam ejus subitum defectum, consuluimus ei quatinus filium Ludovicum, pulcherrimum puerum, regio diademate coronatum, sacri liquoris unctione regem secum ad refellendum emulorum tumultum constitueret. Qui consiliis nostris adquiescens, Remis cum conjuge et filio et regni proceribus devenit, ubi in pleno et celeberrimo quod dominus papa Innocentius convocaverat concilio, sacri olei unctione et corone regni deportacione in regem sublimatum, felicem providit regno successorem 2. Unde multis quasi quodam presagio videbatur ejus debere amplificari potencia, qui *a* tot et tantorum et tam diversorum archiepiscoporum, episcoporum, Francorum, Theutonicorum, Aquitanorum, Anglorum, Hispanorum suscepit benedictionem copiosam. Cumque pater, vivi gaudio defuncti dolorem allevians *b*, Parisium rediret, dominus papa, soluto concilio *c*, Autisiodoro elegit demo-

r. anno etatis sue vigesimo *add.* F.
s. atque optimates F.
x. cum ingenti luminari *add.* F.
y. religiosorum et sapientum consilio D, E, F, G.
z. Philippo, filio regis Ludovici, mortuo ut dictum est, vir Dei Bernardus, dominus Sugerius, abbas Sancti Dyonisii, et qui intimi regis familiares erant F.
a. qui domini pape, tot etiam et tantorum et tam diversorum archiepiscoporum F.
b. def... allevians *deest* D.
c. ubi multa ad honorem Dei disposuit F.

1. Cet accident arriva le 13 octobre 1131. Voir l'éloge du jeune prince dans Orderic Vital, V, 26-27 et dans Robert de Torigni, I, 186; il était dans sa seizième année.
2. Le concile de Reims s'ouvrit le 18 octobre 1131 et le pape résida dans cette ville jusqu'au 5 novembre; Louis VI se présenta au concile le 24 octobre; le couronnement de son fils eut lieu le lendemain 25.

rari *d* 1. Oportunitatem vero repatriandi nanciscens de imperatoris Ludovici *e* comitatu, quia eum in manu forti Romam perducere et Petrum Leonis deponere spoponderat, illuc cum eo devenit 2. Sed cum eum augustum imperatorem constituisset 3, Romanis resistentibus, pacem optinere, Petro Leonis vivente, non potuit. Sed cum Petrus Leonis de medio abisset 4, pace ecclesie post longam fluctuacionem, post diutinos et pene consumptivos languores Dei auxilio restituta, dominus papa felici successu sanctissimam cathedram vite et offitii merito nobilitavit.

[XXXII.] Jamjamque dominus rex *f* Ludovicus, et corporee gravitatis mole et laborum continuato sudore aliquantisper fractus, ut humane complexionis mos est, corpore non animo defitiebat, cum tamen *g* si quid regie majestati importunum per universum regnum emergeret, inultum nullo modo preterire sustineret. Tante enim scientie et industrie quinquagenarius *h* erat 5, ut si impingati corporis molestia jugis non resisteret, omnem universaliter hostem superando contereret. Unde sepe intimis ingemiscendo querebatur : « Heu! inquit, misere condicioni, que scire et posse insi- « mul aut vix aut nunquam admittit! Si enim juvenis scis- « sem aut modo senex possem 6, efficacissime multa regna « perdomassem. » Ea tamen corporis debilitatus gravitate,

d. demorari. Antequam tamen Romam tenderet, cum ecclesias regni huc illucque visitasset, Sancti Medardi Suessionensis ecclesiam consecravit F. *La fin du paragraphe manque dans ce manuscrit.*
e. Sic dans tous les manuscrits; les Chroniques (III, 345) *corrigent* Lothaire. *A la marge de A, d'une main du XIIIe siècle :* Idem nomen videtur esse Loherius et Ludovicus.
f. rex Francie F.
g. tamen *deest* F.
h. sexagenarius D, E, F *et corr. ult.* A.

1. Innocent II était à Auxerre le 28 novembre.
2. Le pape, quittant la France, avait atteint les Alpes en avril 1132.
3. Innocent II rentra à Rome le 30 avril 1133; le couronnement de l'empereur Lothaire eut lieu le 4 juin suivant.
4. Pierre Léon mourut le 25 janvier 1138; son successeur, l'antipape Victor IV, résigna son titre le 29 mai suivant.
5. Nous maintenons *quinquagenarius*, contre la majorité des manuscrits; Louis VI étant né vers 1082, et Suger résumant dans ce paragraphe les évènements arrivés de 1131 à 1137, il a pu traiter le roi de *quinquagénaire*, et *sexagenarius* paraît être une correction maladroite.
6. C'est le proverbe français : *Si jeunesse savait et si vieillesse pouvait.*

etiam lecto rigidissimus, usque adeo et regi Anglie comitique Theobaldo [1] et omnibus resistebat, ut quicumque eum viderent et preclara opera audirent, animi nobilitatem predicarent, corporis debilitatem deplangerent. Ea etiam molestatus angaria, cum contra Theobaldum comitem, leso crure et vix deportato, Benevallis [k] [2], preter claustra monachorum que defendebat, igne concremare fecisset, sed et alia vice cum Castellum Renardi [l] [3] de feodo comitis Theobaldi per homines etiam absens destruxisset, ea quam extremam fecit expedicionem, nobilissimo exercitu castrum Sancti Brictionis [4] super fluvium Ligerim, ob sui rapacitatem et mercatorum depredacionem, et incendio dissolvit et turrim et dominum ad dedicionem coegit. Qua regressus expedicione, apud castellum novum Montis Treherii [5] gravi diarria ventris profluvio, sicut aliquando consueverat, graviter cepit anxiari. Qui, ut erat in consiliis providus, sibi ipsi consulens et miseratus anime sue, Deo placens, frequentate confessionis et orationum sibi devotione providebat, hoc unum toto animi affectu preoptans [m], apud sanctos martyres protectores suos Dyonisium sociosque ejus se quomodocumque deferri, et ante sacratissima eorum corpora regni et corone depositione, coronam pro corona, pro regalibus insignibus et imperialibus ornamentis humilem beati Benedicti habitum commutando, monasticum ordinem profiteri. Videant qui monastice paupertati derogant, quomodo non solum archiepiscopi, sed [n] et ipsi reges, transi-

---

k. *Sic* A, D, E; Bonevallis F; Bonevallis monasterium G.
l. Renardi *corr. ult.* A.
m. peroptans F.
n. sed *deest* F.

---

1. Seul Suger parle de nouvelles hostilités entre le comte Thibaud et le roi de France.
2. Bonneval, abbaye bénédictine du diocèse de Chartres, aujourd'hui Eure-et-Loir, ch.-l. de cant.
3. Châteaurenard, Loiret, ch.-l. de cant.
4. Saint-Brisson, Loiret, cant. Gien. Ce siège date de 1137 (voir plus loin).
5. Les Bénédictins proposent à tort de traduire Montereau; quelques jours plus tard Louis VI gagne péniblement Melun par terre pour s'embarquer sur la Seine. Peut-être ce Châteauneuf est-il Châteauneuf-sur-Loire, Loiret, ch.-l. de cant., qui, dit-on, aurait été élevé sur l'emplacement d'un château du nom de *Montraer*. V. Bardin, *Châteauneuf, son origine*, etc., 1864, in-8°, p. 142-156.

toric vitam eternam preferentes, ad singularem monastici ordinis tutelam securissime confugiunt.

Cum autem *o* de die in diem gravi diarrie turbaretur motu, tantis et tam molestis medicorum potionibus, diversorum et amarissimorum pulverum susceptionibus ad restringendum infestabatur *p*, ut nec etiam ipsi incolumes et virtuosi sustinere prevalerent. Qui *q* inter has et hujusmodi molestias, innata dulcedine benivolus, omnibus ita blandiebatur, omnes admittebat *r*, omnes demulcebat *s* ac si nichil molestie pateretur. Asperrimo itaque *t* profluvii motu et longo macerati corporis defectu, dedignatus viliter aut inopinate mori, convocat religiosos viros, episcopos et abbates et multos ecclesie sacerdotes, querit, rejecto pudore omni, ob reverentiam Divinitatis et sanctorum angelorum, coram devotissime confiteri et securissimo Dominici corporis et sanguinis viatico exitum suum muniri *u*. Cumque idipsum preparare festinant, rex ipse inopinate se levans et preparans, vestitus cameram, cunctis admirantibus *v*, obviam corpori Domini Jesu Christi exit, devotissimus assistit. Ubi, videntibus cunctis tam lericis quam laicis, regem exuens regnum deponit, peccando regnum administrasse confitetur, filium suum Ludovicum anulo investit, ecclesiam Dei, pauperes et orphanos tueri, jus suum unicuique custodire, neminem in curia sua capere *w*, si non presentialiter ibidem delinquat, fide obligat. Ubi etiam aurum et argentum et vasa concupiscibilia et pallia et palliatas culcitras et omne mobile quod possidebat et quo ei serviebatur ecclesiis et pauperibus et egenis pro amore Dei distribuens, nec clamidibus nec regiis indumentis usque ad camisiam [1] pepercit. Capellam autem suam

o. cum rex Francie Ludovicus F.
p. infestatur E, F.
q. ipse tamen F.
r. admitteret F.
s. demulceret F.
t. enim G.
u. munire F.
v. mirantibus F.
w. carpere F.

1. *Camisia* a ici le sens de *chainse*, de robe de dessous.

preciosam, textum[1] preciosissimum auro et gemmis, turibulum aureum quadraginta unciarum, candelabra centum sexaginta auri unciarum, calicem auro et preciosissimis gemmis carissimum, cappas de pallio preciosas decem, preciosissimum jacinctum [x] atave regis Ruthenorum filie [2], quod de sua in manu nostra [y] reddens ut corone spinee Domini [3] infigeretur precepit, sanctis martiribus [z] per nos destinavit, et si quocumque modo subsequi posset, devotissime spopondit. His igitur exoneratus et Dei misericordia perfusus, humillime flexis genibus ante sacratissimum corpus et sanguinem Domini nostri Jesu Christi, — qui enim mox missam celebraverant, illuc ei cum processione devote attulerant, — in hanc oris et cordis vere et catholice confessionis vocem, non tanquam illiteratus, sed tanquam litteratissimus theologus [a], erumpit : « Ego peccator Ludovicus con-
« fiteor unum et verum Deum, Patrem et Filium et Spiritum
« sanctum, unam ex hac sancta Trinitate personam, videlicet
« unigenitum et consubstancialem et coeternum Dei Patris
« Filium, de sacratissima virgine Maria incarnatum, pas-
« sum, mortuum et sepultum, tercia die resurrexisse, celos
« ascendisse, ad dexteram Dei Patris consedere, vivos et
« mortuos extremo et magno judicio judicare. Hanc autem
« sacratissimi corporis ejus [b] eucharistiam illud idem credi-
« mus corpus quod assumptum est de Virgine, quod disci-
« pulis suis ad confederandum et uniendum et in se com-
« manendum contradidit. Hunc sacratissimum sanguinem
« illum eundem qui de [c] latere ejus in cruce pendentis
« defluxit, et firmissime credimus et ore et corde confite-

x. hyacinthum vel rubinum F.
y. domini Sugerii abbatis S.-D. F.
z. Dionysio, Rustico et Eleutherio per eundem abbatem F.
a. Le mot theologus *a été ajouté entre les lignes dans* A *au* XIIe *siècle et est passé dans tous les manuscrits postérieurs.*
b. ejus *deest* G.
c. e F.

1. C'est-à-dire un évangéliaire avec reliure en orfèvrerie.
2. Anne, femme d'Henri Ier.
3. C'était un fragment de la couronne d'épines, qui passait pour avoir été rapporté d'Aix-la-Chapelle et donné à Saint-Denis par Charles le Chauve.

« m'ir, hocque securissimo viatico decessum nostrum
« m'iniri, et contra omnem aeriam *d* potestatem[1] certissima
« protectione defendi preoptamus *e*. » Cum autem cunctis
admirantibus, facta primum peccatorum confessione, devotissime corpori et sanguini Jesu Christi communicasset,
tanquam ilico convalescere incipiens, ad cameram rediit,
omnique secularis superbie rejecta pompa, sola linea
culcitra decubuit. Cumque eum de tanto tantillum, de
tam *f* alto tam humilem humano more me *g* deflere conspi-
caretur : « Noli, inquit, karissime amice, super me
« deflere, quin potius exultando gaudere, quod *h* Dei mise-
« ricordia prestitit me in ejus occursum, sicut vides, pre-
« parasse. »

[XXXI.] Cum autem paulatim ad incolumitatem respi-
raret, *c* potuit vehiculo prope Milidunum *i* ad fluvium
Sequane[2], occurrentibus et concurrentibus per viam ei
obviam et Deo personam ejus commendantibus a castellis et
vicis et relictis aratris devotissimis populis quibus pacem
conservaverat, descendit, sicque ob amorem sanctorum martirum quos visitare et grates reddere desiderabat, deveniens
citissime, Deo donante, eques ad eos pervenit. Qui a fratribus
et pene tota patria tanquam piissimus ecclesie pater et nobilis
defensor solempniter et devotissime susceptus, sanctissimis
martiribus humillime prostratus, votivas pro impensis
beneficiis et devotas gratiarum actiones lacrimando persol-
vit, et ut deinceps ei provideant humillime interpellavit.
Cumque castrum Bestisiacum *j*[3] pervenisset, celeriter sub-
secuti sunt eum nuncii Guilelmi ducis Aquitanie[4], denun-

d. aeream D, E, F; A portait d'abord aeriem; aeriam G.
e. peroptamus F.
f. et de tam F, G.
g. prefatum abbatem F.
h. quia F.
i. Miludinum D; Meledunum F; Melidunum G.
j. Betisiacum G; rex Francie, peregrinacione peracta, cum Bestisiacum F.

1. Les puissances de l'air, les démons.
2. C'est-à-dire qu'il alla s'embarquer sur la Seine près de Melun.
3. Probablement Béthizy, Oise, cant. Crépy.
4. Guillaume X, duc d'Aquitaine, mourut le vendredi saint, 9 avril 1137. (Orderic Vital, V, 81.) Ce dernier fait date de l'an 1137 l'expédition contre Saint-Brisson, et la maladie du roi à *Mons Treherius*.

ciantes eundem ducem ad Sanctum Jacobum [1] peregre profectum in via demigrasse, sed antequam iter aggrederetur et etiam in itinere moriens, filiam nobilissimam puellam nomine Aanor [k] desponsandam totamque terram suam eidem retinendam et deliberasse et dimisisse. Qui, communicato cum familiaribus consilio, solita magnanimitate gratanter oblata suscipiens, karissimo filio Ludovico eam copulari [l] promittit, necnon et deinceps nobilem apparatum ad destinandum [m] illuc componit, nobilissimum [n] virorum exercitum, quingentorum et eo amplius militum de melioribus regni colligit, cui etiam palatinum comitem Theobaldum et egregium Viromandensem comitem et consanguineum Radulfum preesse constituit. Nos autem familiares ejus et quoscumque sanioris consilii repperire potuit ei concopulavit [o], sic in [p] ejus exitu filio valedicens : « Protegat te, « inquit, et tuos, fili karissime, omnipotentis Dei per quem « reges regnant, validissima dextera, quia si te et quos « tecum transmitto quocumque infortunio amitterem, nec « me presentialiter nec regnum curarem. » Copiosas etiam gazas et thesaurorum sufficientiam deliberans, ne quid in toto ducatu Aquitanie rapiant, ne terram aut terre pauperes ledant, ne amicos inimicos faciant regia majestate interminat, ut gratam exercitui de proprio erario cotidianam exhibeant deliberationem imperare non dubitat [2]. Qui cum per Limovicensium [q] partes ad Burdegalensium fines pervenissemus, ante civitatem interposito magno fluvio Garona [r] temptoria defiximus, ibidem prestolantes et navali subsidio

k. Alienor E, G ; Alienordem F.
l. concopulari D.
m. festinandum D.
n. nobilissimorum F.
o. Multos quoque familiares ejus ex prudentioribus ei concopulavit F.
p. in *deest* F.
q. Lemovicensium F, G.
r. Warona D; Garumna F; Garonna G.

1. Santiago de Compostelle; Orderic dit que le duc mourut à Santiago même. Les envoyés aquitains ne durent pas arriver à Béthizy avant le début de juin.
2. Orderic Vital (V, 88) met le départ du jeune Louis VII pour l'Aquitaine au mois de juillet, qui fut très chaud cette année, ainsi que le mois d'août.

ad urbem transeuntes, donec die dominica, collectis Gasconie *s*, Sanctonie, Pictavie optimatibus, prefatam puellam cum eo diademate regni coronatam sibi conjugio copulavit [1]. Redeuntes igitur per pagum Sanctonicum et, si qui erant, hostes prosternentes, Pictavorum civitatem cum exultacione tocius terre pervenimus *t*.

Estuabant eo tempore estivi calores solito nociviores, quorum consumptione aliquantisper soluti et valde contriti defatigabamur *u*. Quorum intolerabili solutione cum dominus rex Ludovicus Parisius [2] recidiva profluvii dissenteria gravissime fatigaretur, omnino deficiebat. Qui nunquam super his improvidus, accito venerabili Parisiensi episcopo Stephano, et religioso Sancti Victoris abbate Gilduino *v* [3], cui familiarius confitebatur eo quod monasterium ejus a fundamine construxerat, et confessionem repetit et exitum suum viatico Dominici corporis muniri devotissime satagit. Cumque se deferri *w* ad ecclesiam sanctorum Martirum faceret, ut quod *x* votum sepius spoponderat humillime persolveret, egritudinis anticipatus angustiis, quod opere non potuit, corde et animo et voluntate complevit. Precipiens ergo tapetum terre et cineres tapeto in modum crucis deponi, ibidem manibus suorum depositus, signo sancte crucis presentiam suam muniens, tricesimo regni administracionis, etatis vero ferme sexagesimo anno [4], kalendis

s. Wasconie D.
t. pervenerunt F.
u. quorum... defatigabamur *deest* F.
v. Gelduini D; Guilduino F.
w. deferre F.
x. eo quod D.

---

1. Le mariage de Louis VII et d'Eléonore de Guyenne fut célébré soit le 24 juillet, soit le 1er août, à Bordeaux, mais leur couronnement comme duc et duchesse d'Aquitaine eut lieu à Poitiers le 8 août (Orderic, IV, 88). C'est sans doute à Poitiers même que le jeune roi apprit la mort de son père.
2. Orderic (IV, 88) fait séjourner Louis VI durant sa dernière maladie dans la forêt d'Iveline, c'est-à-dire près de Rambouillet.
3. Premier abbé et fondateur de cette illustre maison.
4. Expression un peu vague; Louis VI, né au plus tôt en 1078, au plus tard en 1082, ne pouvait avoir plus de 59 ans en 1137; il faut traduire *approchant de la soixantaine*.

augusti [1], spiritum emisit [y]. Cum autem eadem hora corpus ejus preciose pallio involutum ad ecclesiam sanctorum Martyrum sepulture deportaretur, et precessissent qui sepulture locum adaptarent, unum contigit quod silentio preterire dignum non videtur. Cum enim prefatus rex nobiscum [z] conferendo de sepulturis regum aliquando aut sepius ageret, felicem fore asserebat qui inter sacratissima sancte Trinitatis et sanctorum Martyrum altaria sepeliri mereretur, quoniam et sanctorum suffragio et adventancium orationibus peccatorum veniam optineret, ex hoc ipso voluntatem suam tacite significans. Cum autem [a] antequam cum filio exissemus, cum venerabili ecclesie priore Herveo sepulturam ejus ante altare sancte Trinitatis, ex oposito [b] tumuli Karoli imperatoris [2], mediante altari, providissemus, occupato loco Karlomagni [3], Francorum regis [c], quia nec fas nec consuetudo permittit reges exhospitari, quod proposueramus [d] fieri non potuit. Ubi autem ipse quasi quadam pronostica preoptaverat, attemptantes contra omnium opinionem, omnes enim impeditum locum estimabant, quantum nec plus nec minus longitudini et latitudini corporis ejus conveniebat locum reservatum invenerunt [e], ubi cum orationum et hymnorum frequentia et celeberrimo devotoque exequiarum officio more regio depositus, resurrectionis future consortium expectat, tanto sanctorum spirituum collegio spiritu propinquior, quanto corpore sanctis martyribus ad suffragandum proxime sepultus assistit.

Felix qui potuit, mundi nutante ruina,
Quo jaceat precisse loco [4].

y. creatori *add.* F.
z. cum abbate Sugerio F.
a. idem abbas S.-D. Sugerius, antequam in comitatu filii regis iret F.
b. exposito D.
c. sepultura *addit.* D. *Nous maintenons la leçon commune à tous les autres manuscrits.*
d. proposuerat F.
e. reppererunt D.

1. Le 1er août 1137.
2. Charles-le-Chauve.
3. Carloman, fils du précédent.
4. Lucain, IV, 393 ; le texte original porte *jam scire*.

Cujus devotissimam sanctis martiribus animam, ipsis intercedentibus, ipse Redemptor resuscitet et in parte sanctorum collocare dignetur, qui posuit animam suam *f* pro salute mundi, Jesus Christus Dominus noster qui vivit et regnat rex regum et *g* dominus dominantium per omnia secula seculorum. Amen [h].

f. suam *deest* F.
g. et *deest* F.
h. Expliciunt gesta Ludovici, regis Francorum, cognomento Grossi G.

TABLE ET EXTRAITS

DU MANUSCRIT LATIN 5949 A DE LA BIBLIOTHÈQUE NATIONALE

Les extraits de la vie de Louis VI commencent dans le manuscrit F, au fol. 79 v°. Le compilateur omet naturellement la dédicace à Josselin, évêque de Soissons, et la liste incomplète des chapitres donnée par trois manuscrits. Le récit commence à la guerre entre Guillaume le Roux et le jeune prince Louis.

DE MORTE REGIS ANGLIE GUILLELMI ET DE MORIBUS IPSIUS. — Guillelmus, rex Anglorum, cum... (*Combinaison du récit de Suger et de l'*Historia Anglorum *de Henri de Huntingdon, éd. Arnold, p. 232-233.*)

DE GUERRA MOTA INTER DUCEM NORMANNIE, ROBERTUM CURTA-OCREA, ET HENRICUM, FRATREM EJUS, OCCASIONE REGNI ANGLIE. (*Cp. Henri de Huntingdon, p. 233-4.*)

DE MORTE FILII IMPERATORIS. — DE HENRICO IMPERATORE. (*Courts chapitres sans valeur.*)

QUALITER DOMINUS LUDOVICUS, FILIUS REGIS FRANCIE, DOMINUM MONTISMORENCIACI AB INFESTATIONE ECCLESIE BEATI DIONYSII CUM SUIS COMPLICIBUS COMPESCUIT VI ARMORUM.

Dum paulisper post mortem regis Anglie Guillelmi regnum Francie ab externorum bellorum fragoribus tumultuosis quiescebat, mutuis tamen discordiis et rebellibus baronibus non carebat, ad quorum motus sedandos quanta solerti diligentia, quantave dextera prepotenti usus fuit juvenis famosissimus dominus Ludovicus, filius regis Francie, ne meritis laudibus defraudetur, per sequentia patebit. Paterni namque regni defensor existens, laboratorum et pauperum, quod diu insolitum fuerat, tranquillitati studebat et ecclesiarum utilitatibus prudentissime providebat. Unde isto anno inter venerabilem Beati Dionysii Adam abbatem, et Burchardum, nobilem virum, dominum Montismorenciaci, accidit quasdam contentiones pro quibusdam consuetudinibus tangentibus terras suas, que vicine in multis locis erant, emersisse. Que contentiones verbales in tantam ebullierunt irritationis molestiam, ut dominus prefatus, rupto hominio, diffidentias miserit. Quibus receptis, inter federatos armis bello ordinario certatum est utrimque, et utraque pars terras adversarii incepit flamma voraci devastare. Quod cum auribus domini Ludovici insonuisset, indignatus egre tulit ecclesiam sic gravari, nec mora, prefatum Buchardum ante patrem apud castrum Possiacum ad causam submonitum coegit per regios servientes, ut sic contentio terminaretur auctoritate regia. Sic monitus comparere contempsit cadensque a causa, justitiam judicio exequi noluit, et de curia illicentiatus et inobediens recessit. Quamvis hoc in injuriam regie auctoritatis verteretur, non tamen de facto retentus est, quia

hic Francorum mos non erat, sed mox quid incommodi, quid calamitatis a
regia majestate subditorum mereatur contumacia animadvertit. Collecto ergo
exercitu, illico famosus juvenis in eum arma movit et in complices ipsius
confederatos, quippe Matheum, Bellimontensem comitem, et Droconem
Munciacensem, viros strenuos et bellicosos, quos idem Buchardus ad
resistendum asciverat. Qui tamen audientes adventum domini Ludovici, inde
territi castrum Montismorenciaci intraverunt, debellare designatum dominum non audentes. Ludovicus igitur, terram ejusdem Buchardi depopulans,
municipia et incurtes preter castrum subvertens pessumdedit, incendio, fame
et gladio absque resistentia contrivit. Qui autem in castro erant, ad resistentiam se parantes, illud reddere noluerunt. Quare illud idem Ludovicus obsidione Francorum et Flandrensium sibi ab avunculo suo Roberto transmisso-
rum cinxit, et tot et tantis contrivit assultibus, donec dominum humiliatum
coegit veniam postulare, ipsumque voluntati et beneplacito suo curvavit,
postulantem ut commotionem terminaret ad sue beneplacitum voluntatis. His
peractis, mox Droconem Munciacensem pro his et aliis causis, et maxime
ecclesie Belvacensi irrogatis injuriis aggressus est, et versus castrum ipsius
cum copia pugnatorum et magna militari et balistaria manu flectit iter. Quod
audiens dictus Droco, cum suis prope castrum exiit, ut contra Ludovicum
pugnaret, sed cito huc adveniens et in eam irruens, mox eum retrocedere
castrumque ingredi armorum oppressione coegit. Absque se tamen hostes
ingredi non permisit, nam irruens inter eos et cum eis per portam, ut erat
fortissimus palestrita et spectabilis gladiator, pervenit usque ad medium
castri. Tunc crebro percussus et crebro percutiens, nullam pati dignatus est
repulsam, nec recedere voluit donec cum supellectile totum castrum usque
ad turris procinctum incendio concremavit. Tanta viri erat animositas, ut nec
incendium declinare curaret, cum et ei et exercitui periculosum esset et multo
tempore maximam ei raucitatem generaret. Sic humiliatum in brachio
virtutis Dei, qui in causa erat, subjectum tanquam clinicum voluntatis sue
ditioni subjugavit.

De rege Anglie et quomodo primo in Anglia prohibitum fuit, ne sacerdotes amplius uxores ducerent. (*Henri de Huntingdon*, p. 234.)

De imperatore Henrico. (*Chapitre de 3 lignes.*)

Quomodo inclytus juvenis dominus Ludovicus castrum de Lusarchiis
Matheum Bellimontensem restituere coegit, et quomodo obsidens Canliacum, totus ejus exercitus deperiisset, nisi ipse solus fortiter
restitisset.

Hoc anno Bellimontensis comes Matheus contra Hugonem Claromontensem, virum nobilem, sed mobilem et simplicem, cujus filiam duxerat sponsam, longo animi rancore contendens, castrum nomine Lusarchium, cujus
medietatem causa conjugii susceperat, totum occupare conatus est, sibi
turrim quoque armatam viris et victualibus munire, ut circumadjacentem
patriam sibi redderet subjectam. Occupatio predicta in prejudicium Hugonis
vertebatur, qui tandem videns se aliquandiu contra Matheum nunciis et
monitoriis verbis laborasse in vacuum, ad defensorem regni Francie, dominum Ludovicum, filium regis Philippi, festinans, pedibus ejus prostratus,
obortis lacrymis, supplicat ut seni condescendat et gravissime gravato opem
ferat. « Malo, inquit, carissime domine, te terram meam totam habere, quia a
te eam possideo, quam gener meus degener hanc injuste possideat, mori

enim cupio si eam mihi aufferat, et de facto. » Cujus lacrymabili calamitate animo compunctus, amicabiliter manum porrigit, suffragari promittit, spe exilaratum remittit, spes autem non confundit. Velociter siquidem de curia exeunt, qui comitem Bellimontensem conveniant, extraordinarie expoliatum ordinarie vestiri ore defensoris regni precipiant, de jure in curia ejus ratiocinando certa die decertent. Quod cum idem comes superbe refutasset, ulcisci contumaciam festinans dominus Ludovicus, mox collecto exercitu in eum exiliit, prefatumque castrum aggrediens, modo armatorum insultibus et modo igne impugnans, multo congressu expugnavit, turrimque ipsam militari custodia munivit et munitam Hugoni, sicut spoponderat, restituit. Quo peracto non cum modico damno suorum, tamen resistentium majori, quia ibi non erat Matheus Bellimontensis, nec ira justa ejus propter inobedientiam deferbuit, imo exercitum movet iterum ad ejusdem comitis castrum, nomine Canliacum. Quod cum inexpugnabile crederetur, quia victualibus et armatis pugilibus illud comes munierat, castra per circuitum metatus tentoria figi fecit, machinas impugnatorias per circuitum instrui, et quia ardua aggredi cupit virtus, illud capere decrevit firmiter. Sed contigit incidentaliter aliud quam sperabat. Mutata quippe aeris temperie gratissima, que hucusque duraverat, ingrata et turbulenta intemperies emersit, tantoque et tam horribili impluvio, tonitruorum coruscatione totam terram in una nocte turbavit, exercitum affecit, equos occidit, ut vix vivere quidam eorum sperarent. Quo intolerabili horrore cum quidam de exercitu in aurora fugam matutinam prepararent, dormitante adhuc in papilione domino defensore, dolose in tentoriis ignem applicuerunt. Quod percipientes alii, et quia signum tunc erat recedendi, subito exercitus commovetur, et tam incaute quam confuse exire quasi omnes indifferenter festinant, inopinatam recessionem mirantes et formidantes, nec quid alii aliis conferant attendentes. Incursu fugientium precipiti multoque clamore dominus Ludovicus stupefactus, querens quid esset, ut comperit, equo exiliit post exercitum festinans, huc illucque fugientes revocabat, sed quia jam circumquaque dispersi erant et territi, eos reducere non valuit. Tanta ergo perplexitate coartatus, cum quid eligere deberet ignoraret, postremo tamen mortem si contingeret potius elegit, quam ignominiosam fugam. Oppidani igitur, confusionem obsidentium attendentes et paucitatem eorum, subito apertis portis exierunt, ut et captioni recedentium intenderent et remanentes fortiter expugnarent. Ut hoc vidit dominus Ludovicus, famosus juvenis, ad arma currens, cum paucis quos potuit recolligere resistit, murum se pro precedentibus opposuit, ibique durum prelium committens, multos ictus sustinuit, quidquid hostis in hostem potuisset cum lacertis Hectoreis exercendo, ut fugatos a mortis periculo liberaret. Verum etsi illi, quibus preeuntibus ipse murus erat, quiete et secure potuerunt fugere, tamen quia multi gregatim et disperse procul ab eo fugiebant, multi ab hostibus capti sunt, inter quos excellentior captus fuit ipse Hugo Claromontensis, et Guido Sylvanectensis, Herluinus Parisiensis, et obscuri nominis quamplures gregarii et pedestres exercitus multi. Hac igitur lacessitus injuria, quanto rudis et ignarus infortunii hujusmodi hactenus fuerat, tanto cum Parisius rediisset moti animi insolentia intumescebat, ut et ejus etatis mos est, si tamen sit immutativa probitatis, movet et movetur. Et ut cito injuriam ulciscatur exestuans, undecunque triplicato exercitu sagaciter eque ut prudenter crebro ingeminat suspirio, decentius mortem quam verecundiam sustinere. Quod cum amicorum relatione comperisset comes Matheus, ut erat elegans vir et facetus, impatiens verecundie accidentalis domini sui, multiplicato intercessore viam pacis affectare summopere investigat, multa dulcedine, multis blandimentis animum juvenilem demulcere elaborat, satis convenienter nulla hoc factum deliberatione, sed ex contingenti accidisse injuriam excusat, seque pronum ad ejus nutum satisfactioni presentat. In quo quidem prece multorum, consilio familiarium, multo etiam patris regis Philippi rogatu, licet sero viri animus mollescit, resipiscenti parcit, injuriam condonat, recuperabilia perdita comite reddente restaurat, captos liberat, Hugoni Claromontensi pacem et quod castri preoccupati suum erat, firma pace reformat.

QUOMODO HENRICUS, REX ANGLIE, ROBERTUM, FRATREM SUUM ANTIQUIOREM, DUCEM NORMANNIE, BELLO VICIT, VISU ET DOMINIO PRIVAVIT. (*En partie Henri de Huntingdon*, p. 234-236.)

QUOMODO DOMINUS LUDOVICUS, FILIUS REGIS FRANCIE, VIRIBUS HUMILIAVIT COMITEM ROUCIACENSEM, QUI ECCLESIAM RHEMENSEM INFESTABAT. (*Voir les variantes, plus haut*, p. 13-14.)

QUOMODO DOMINUS LUDOVICUS, FILIUS REGIS FRANCIE PHILIPPI, ECCLESIE AURELIANENSI OPEM TULIT. (*Variantes*, p. 15.)

QUOMODO PRINCEPS BOADMUNDUS VENIT IN FRANCIAM ET FILIAM REGIS FRANCIE DESPONSAVIT.

Princeps Antiochie Boadmundus, cum non posset de reditibus transmarinis redemptionem suam solvere competenter, principatum suum Tancredo tradidit gubernandum, et in Apuliam transfretavit. Inde non diu protracta mora montes transiens, cum papam visitasset, cum legato ejusdem in Franciam ad regem Philippum venit. Causa autem adventus ejus extitit, ut nobilissimam domini Ludovici designati sororem.... promeruit. (*Suger*, p. 22-23.) Dominam etiam Ceciliam, filiam regis Francie ex superducta comitissa Andegavensi, pro Tancredo uxorem petiit et impetravit, quam Tancredus postmodum in Antiochia desponsavit maximo cum honore. Astitit etiam ibidem... animavit. (*Voir Suger*, p. 23, *sauf les mots* : cui... redieramus.)

DE DISCORDIA MOTA INTER IMPERATOREM ET HENRICUM FILIUM SUUM, ET DE MORTE IPSIUS IMPERATORIS.

QUOMODO DOMINUS LUDOVICUS, FILIUS REGIS FRANCIE, MULTOS BARONES REGNI VIRIBUS HUMILIAVIT, ET CASTRUM MONTISACUTI DEFENDIT CONTRA EOS. (*Voir les variantes*, p. 15-17.)

PHILIPPUS, FILIUS REGIS FRANCIE EX SUPERDUCTA MULIERE, UXORATUR ET MEDUNTAM IN MATRIMONIO RECIPIT. (*Variantes*, p. 18-20.)

DE GUERRA MOTA PROPTER DUCATUM LOTHARINGIE.

QUOMODO DOMINUS LUDOVICUS, FILIUS REGIS FRANCIE, MONTEM LEHERII RECUPERAVIT. (*Variantes*, p. 19-21.)

DE PROSPERIS SUCCESSIBUS REGIS ANGLIE HENRICI. (*Henri de Hunt.*, p. 236.)

QUOMODO PASCHALIS PAPA VENIENS IN FRANCIAM ROGAVIT REGEM FRANCIE ET FILIUM EJUS LUDOVICUM, UT ECCLESIAM TUERENTUR CONTRA IMPERATOREM HENRICUM. (*Variantes*, p. 24-26.)

DE LEGATIONE NUNCIORUM IMPERATORIS ET QUOMODO PAPA APUD TRECAS CELEBRATO CONCILIO ROMAM REDIIT. (*Variantes*, p. 26-28.)

QUOMODO DOMINUS LUDOVICUS, FILIUS REGIS FRANCIE PHILIPPI, CASTRUM GORNACI CEPIT, ET VICTORIAM OBTINUIT CONTRA COMITEM CAMPANIE THEOBALDUM.

In concilio Trecensi matrimonium, quod a tribus annis et hucusque sperabatur posse contrahi inter dominum designatum et filiam Guidonis, comitis de Ruperforti, consanguinitate impeditum, divortio solutum in presentia domini pape fuerat. Et quia dictus comes machinatione quorumdam sciebat id contigisse, ac etiam ope Garlandensium fratrum, quos alias domino Ludovico pacificaverat, inde rancore animi concepto *scintillam tenuem commotos pavit in ignes.* Nec minus dominus designatus in eum zelabatur quam antea, cum subito Garlandenses se intermiscentes amicitiam solvunt, fedus defederant, inimicitias exagerant, ipsum dominum moventes, ut a rebellione comitis precaveret. Jam equidem hoc tempore contigerat Hugonem de Pompona, virum strenuum, militem ipsius comitis, castellanum de Gornaco, castro super fluvium Matrone sito, mercatorum in regia strata equos ex insperato rapuisse et Gornacum adduxisse. Qua contumeliosa presumptione dominus Ludovicus indignatus, quamvis hoc accidisse jussu comitis ignoraret, bellandi tamen occasionem accepit, exercitum collegit, castrum subita obsidione, ut custodes victualium carerent opulentia, cingere maturavit. Heret castello insula grata amenitate pabulorum, equis et pecoribus opima, que se aliquantisper latam, sed plus longam producens, maximam oppidanis confert utilitatem, cum et spatiantibus decurrentium aquarum clarificam exhilarationem et modo florentium, modo virentium graminum obtutibus et formis exhilaratam offerat clarificationem, amnis etiam circumclusione existentibus securitatem. Hanc igitur dominus Ludovicus classem preparans aggredi maturat, quosdam militum et multos peditum, ut expeditius ineant et si cadere contingat, citius resiliant, denudat et premittit. Alios vero natando, alios licet periculose aquarum profundo utcunque equitando, ipsemet flumen ingrediens, audacter insulam occupare imperat. Quod perpendentes oppidani, qui in magno numero ibidem residebant, indilate huc accurrunt, mutuoque se incitant ad resistendum fortiter et de ripa ardua altiores, fluctibus qui erant in navibus classeque inferiores, qui natando transmeabant, saxis, lanceis, sed et fundibus ferreis, et omni genere missilium repellunt potentissime. Verum repulsi animi motu, animositate resumpta, repellentes repellere insistunt, balistarios et sagittarios jacere compellunt manualiter, alii prout attingere possunt, confligunt, loricati et galeati de classe piratarum more audacissime committunt, repellentes repellunt, et ut consuevit virtus dedecoris impatiens, occupatam armis insulam recipiunt, sanguine plurium madefacta, eosque se in castro coercitos recipere compellunt. Quos primo deditione negata cum aliquantisper arte obsessos ad deditionem cogere non valerent, dominus Ludovicus iteratis assultibus impatiens morarum, quadam die animositate rapitur, ad clangorem buccinarum exercitum cogit, castrum munitissimum vallo arto et rigido superius glande, inferius torrentis profunditate pene inexpugnabile aggreditur. Ut suis exemplum daret, primus per torrentem usque ad balteum fossatum conscendens, ad glandem contendit modis omnibus pugnare, ad ascensum ceteros incitat pugnando, ceteris imperat, et vere tunc gravissime et periculose cum hoste decertavit. Nam econtra defensores audaciam vite preferentes, defensioni fortiter insistentes, nec domino parcebant arma moventes et omne genus missilium emittentes hostem reiciunt, superiores sepius ad ima torrentis precipitando. Tota die continuatum assultum nox diremit, multi ex utraque parte ceciderunt mortui et lethaliter sauciati, sed tandem pro vice illa obsessi gloriam, alii repulsam licet inviti sustinuerunt. His peractis, ne inceptum in longum iret et in irritum tandem desineret, deinceps dominus Ludovicus castri eversioni preparari mandavit bellica et obsidionalia instrumenta. Cito erigitur tristegas tres pugnantibus porrigens supereminens machina, que castro superlativa de propugnatorio primo sagittariis et balistariis ire aut per castellum apparere prohiberet. Unde quia incessanter die ac nocte his coartati defensionibus suis assistere non valebant, terratis et subterraneis cavcis defendentes seipsos, provide defensabant, suorumque ictibus sagittariorum insidiantes primi propugnaculi superiore transverberabant sepius et occidebant. Herebat machine eminenti pons ligneus, qui se extentius porrigens, cum paulisper dimitteretur super glandem, facilem descendentibus pararet ingressum. Quod contra super his viri callentes lignea podia ex opposito separatim preferebant, ut et pons et qui per pontem ingrederentur, utrique corruentes in subterraneas foveas acutis sudibus armatas, ne animadverterentur ficte paleis opertas, vite periculum et mortis multam sustinerent. Interim dum hec aguntur, Guido comes, metuens amissionem oppidi, ut erat vir callens et strenuus, exercitum quantum potest colligit, parentes et amicos ubique exagitat, dominos supplicando sollicitat ut obsessis opem ferant indilate. Agens etiam cum domino Theobaldo, Campanie et Brie comite palatino, nepote regis Anglie, utique elegantissime juventutis et militaris discipline industria exercitato viro, quatinus die certa (deficiebant enim obsessis victualia) presidia ferret obtinuit. Ad quod peragendum ingentem Campanorum et Briensium coadunavit exercitum, ut castrum obsessum manu forti deliberaret, aut dominum Ludovicum provocaret ad certamen. Et quia comes Guido adhuc palam rebellare non audebat, ipse propter hoc dignum duxit, ut interim in villagiis propinquis rapinis et incendiis insudaret, ut occasione talis contumelie obsidio etiam frustraretur. Designata igitur die, qua predictus comes Theobaldus et presidia ferret et obsidionem manu militari removeret, dominus designatus non eminus, quia impossibile, sed cominus et de propinquo pugiles evocans, augmentavit exercitum, et tunc regie memor excellentie, macte virtutis, relictis tentoriis sub custodia paucorum, occurrit hostibus letabundus, premissoque exploratore qui statum eorum et si venirent ad dimicandum renunciaret, ipse, accitis baronibus, eos ad audaciam incitat, acies ordinat, militarem et pedestrem, sagittarios et lancearios loco debito sequestrat. Nec mora, ut se acies mutuo conspicantur, classica intonant, equitum et equorum animositas incitatur, citissime committitur, et cum emissione sagittarum, cum lanceis et ensibus fortiter sese impingunt. Atrox initur prelium, sed diu non duravit, nam marte continuo exercitati Brienses et Campanenses longa pace solutos agressi cedunt, lanceis et gladiis precipitant, victorie insistunt, nec eos impugnare viriliter tam militari quam pedestri manu desistunt, donec terga vertentes fuge arripuerunt presidium. Ipse vero comes, videns suos rarescere et malens primus quam extremus in fuga, ne caperetur, reperiri, relicto exercitu, repatriare contendit. In illa congressione quingenti interfecti, multi vulnerati, plures capti fuerunt, sicque Franci famosam ubique terrarum celeberrimam peregerunt victoriam. Qua victoria tanta et tam opportuna dominus Ludovicus potitus, collectis occisorum exuviis, victorem exercitum ad obsidionem reduxit. Tunc oppidani, superbie et audacie sarcinam deponentes, erga victorem validis precibus obtinuerunt, deinceps fidelitate jurata, ut inde exirent salva vita, sicque illud castrum intrans et sibi retinens, Garlandensibus fratribus commisit custodiendum.

QUOMODO DOMINUS LUDOVICUS, FILIUS REGIS FRANCIE, HUMBALDUM, DOMINUM SANCTE SEVERE, DEBELLAVIT, ET CASTRUM ILLIUS CEPIT. (P. 36-37.)

Sicut ergo nobiles..... offerendo reponit. Cum enim prefatus dominus Ludovicus obsidioni prefate insudaret, assistunt solemnes nuncii, a nonnullis baronibus ac etiam populo Aquitanie directi, qui cum reverentia addito prompto servitio in omnibus exhibita, ipsi flexis genibus humiliter supplicarunt, ut ad partes Bituricensium cum exercitu se transferret, ad eam partem tuendam quam confinia Lemovicensium conterminant. Sancte Severe, oppidum pene inexpugnabile, ibi constructum habebat castrum, utique nobilissimum et hereditarie militie possessione famosum, pedite etiam multo populosum, de cujus munitione pugiles sepius erumpebant, per tyrannidem devastantes patriam adjacentem. Hac de causa postulabant, ut Humbaldum, dominum loci, militem fortissimum et famosum, aut ad exequendum justitiam cogeret, aut jure pro injuriis illatis castro lege salica privaretur. Capto ergo Gornaci castro, quod petebatur annuens dominus Ludovicus, non cum magno exercitu, sed cum domesticorum militari manu fines illos ingressus, ad castrum usque pervenit, non sperans resistentiam reperire. Sed aliter contigit quam sperabat. Prefatus namque castellanus, multa militia comitatus (erat enim generosi sanguinis, bene liberalis et providus) ei occurrit, rivumque quendam repagulis et palis preponens, nulla enim alia succedebat via, exercitui Francorum resistere dignum duxit. Hostes Francos numero excedebant, unde hostes in superbiam elati, cum Franci deliberarent quid inde agendum esset, quidam eorum, ad laudis titulum acquirendum repagula exiens, quedam ignominiosa verba, eorum cunctacionem vilipendens, protulit. Quibus indignatus dominus Ludovicus, equum calcaribus urget et ut erat vir pre ceteris animosus, insiliens in eum, lancea percussum nec eum solum, sed per eum alium uno ictu prosternit. Quo peracto, quod regem vel regis filium dedeceret, in eodem rivo copiosum usque ad galeam balneum componit successusque suos urgere non differens, quo occisus arto exierat, hic intravit et pugili congressione hostes abigere solus cepit. Quod Franci videntes et mirantes, mirabiliter animati quamvis impares numero essent, ne tamen dominus naturalis captivus detineretur vel occideretur, protinus repagula rumpunt, rivum transiliunt, hostes multa cede persequentes ad castrum usque coactos repulerunt. Fama volat, oppidanos totamque provinciam vicinam percellit, quod dominus Ludovicus juraverit inde se non recessurum donec funditus subverterit castrum, et nobiliores castri aut patibulo affigat aut oculos eruat. Unde oppidani territi, consensu omnium pro omnibus dominus se subdere regie non distulit majestati cum toto suo dominio, pro ceteris veniam multis precibus implorans. Quo concesso castri possessionem recepit rediensque, cum pro preda dominum castri cepisset et apud castrum Stampense sub custodia reliquisset, Parisius felici successu remeavit.

De morte Philippi regis Francie et ejus sepultura. (*Variantes*, p. 37-39.)

De coronatione regis Ludovici Grossi et quomodo ecclesia Rhemensis voluit eam impedire. (*Variantes*, p. 39-42.)

Quomodo imperator filiam regis Anglie uxorem petiit. (*Henri de Hunt.*, p. 237.)

Quomodo rex Francie, Ludovicus Grossus, castrum Firmitatis Balduini cepit, et comitem Corboliensem atque Ancellum de Garlanda, qui ibi captivi detinebantur, eripuit. (*Variantes*, p. 41-45.)

De guerra mota inter reges Francie et Anglie occasione castri

Gisortii, que per biennium duravit, et primo de recommendatione regis Anglie secundum vatem Anglorum Merlinum. (*Variantes*, p. 45-52.)

De malitia, proditione et tyrannide Henrici imperatoris contra papam Paschalem, et quomodo papa captus est coactus eum absolvere et eidem reddere investituras ecclesie. (*Variantes*, p. 28-31.)

De guerra regum Francie et Anglie.

Quomodo Laudunenses occiderunt episcopum suum.

De morte comitis Flandrie.

Rex Francie uxoratur.

Quomodo imperator excommunicatur. (*Variantes*, p. 31.)

De fine guerre mote inter reges Francie et Anglie occasione castri Gisorcii. (*Variantes*, p. 52.)

De reparatione ecclesie Beate Marie Laudunensis.

De morte Sigiberti, monachi, chronographi, cui successit Guillelmus de Nangiaco, monachus ecclesie Beati Dionysii in Francia.

De vindicta homicidarum, qui dominum de Rupeguidonis in Normania sine causa occiderunt. (*Variantes*. p. 52-57.)

De dissentione orta inter regem Francie Ludovicum et fratrem suum illegitimum Philippum. (*Variantes*, p. 57-59.)

De nativitate domini Ludovici, filii regis Francorum.

Quomodo multi barones Francie rebellaverunt contra regem, quos tamen nutu divino potenter humiliavit, et primo quomodo Hugonem de Puisac obsedit, cepit, et castrum ejus destruxit.

Anno isto et sequente multi barones et milites rebellaverunt contra regem Francie Ludovicum, et in his duobus annis sic ab eis arctatus est, quod vix ab urbe Parisius secure egredi posset. Sed tandem Dei virtute et auxilio beatorum martyrum Dionysii, Rustici et Eleutherii, quos in cunctis necessitatibus devotissime invocabat, contra hostes animatus, primo Hugonem de Puisaco in Belsia, et postmodum comitem Blesensem Theobaldum, potentissime subegit, castrum Puisaci funditus evertens. Occasionem autem quam habuit insurgendo primo contra Hugonem de Puisaco, dominus Sugerus, abbas Sancti Dionysii, sic describit. (*Variantes de la suite*, p. 60-66.)

De guerra mota inter regem Francie et comitem Carnotensem Theobaldum.

Cum rex castrum Puisiaci flamma voraci consumi precepisset, de consilio baronum turrim castri integram dereliquit, ut munitio pugilum posset ibidem locari, si aliquid novitatis vel rebellionis in adjacenti patria emergeret, quod et contigit per hunc modum. Comes namque Theobaldus, immemor beneficii sibi facti, quod per se adipisci non valuisset, cito post machinatus est marchiam suam amplificare, castrum erigendo in potestate castellanie Puteoli, quod de feodo regis erat, apud villam que dicitur Alona. Quod cum rex omnino recusaret et prohiberet hoc fieri, comes pactum hoc et conventum dicebat regem concessisse, et hoc offerebat per Andream de Baldamento, terre sue procuratorem, ratiocinare vi armorum. Rex vero et ratiocinatione et lege duelli nunquam se pepigisse dicebat, et per Ansellum de Garlanda, dapiferum suum, ubicunque secure vellent, deffendere dictum suum offerebat. Qui viri strenui multas huic prelio postulantes curias, nullam invenerunt opportunitatem pugnandi, cum non possent reperire qui adjudicaret duellum. Tandem autem subverso castro, Hugo Puteolensis in turre Castri Landulfi inclusus est. Theobaldus post, fretus avunculi sui regis Anglie Henrici auxilio, regi Ludovico cum multis suis complicibus guerram movet, terram turbat et quidquid deterius, reipublice invisus, machinatur. Rex autem, ut erat vir militie aptus, ulcisci in eum pluries attentavit, et multis baronibus, specialiter comite Flandrensi, accitis, terram comitis direptioni exponebat. (*Voir les variantes de la suite du chapitre*, p. 67-70.)

DE FUNDATIONE CENOBII CLAREVALLIS.

DE GUERRA MOTA INTER REGEM FRANCIE ET COMITEM CARNOTENSEM AC ETIAM HUGONEM DE PUISACO, ET QUOMODO IPSUM HUGONEM EXHEREDAVIT. (*Variantes*, p. 70-79.)

DE MORTE HUGONIS PUTEOLENSIS. (*Variantes*, p. 79.)

DE PROLOCUTIONE PACIS INTER REGES FRANCIE ET ANGLIE CONTRA MULTOS MILITES, QUI PACEM AMBORUM TURBABANT. (*Variantes*, p. 80.)

DE QUADAM APPARITIONE. (2 *lignes*.)

DE AUSTERITATE VITE CUJUSDAM PREMONSTRATENSIS RELIGIOSI. (4 *lignes*.)

QUOMODO REX LUDOVICUS CONTRA THOMAM DE MARNA TYRANNUM INSURREXIT, ET EUM EXHEREDAVIT. (*Variantes*, p. 80-83.)

QUOMODO REX LUDOVICUS HAYMONEM, DOMINUM BORBONII, SUBJUGAVIT. (*Variantes*, p. 83-85.)

DE GUERRA MOTA INTER REGES FRANCIE ET ANGLIE, ET QUOMODO REX FRANCIE LUDOVICUS NORMANIAM INTRAVIT HOSTILITER. (*Variantes*, p. 85-88.)

QUOMODO REX ET BARONES FRANCIE CONTRA REGEM ANGLIE INFESTANT NORMANIAM. (*Variantes*, p. 88-90.)

DE MORTE PASCHALIS PAPE.

Venerande memorie summus pontifex Paschalis diem signavit ultimum, cui successit Johannes Gaitanus cancellarius, qui canonice electus Gelasius vocatus est, seditque in sede Petri centesimus LXV.⋅. At imperator Romanorum Henricus, quia electioni non interfuerat nec ipso consentiente electus fuerat, Hispanum quendam, nomine Burdinum, archiepiscopum Bracariensem, Calixto superordinavit. Gelasius vero papa, cum a sancta sede imperatoris et Romanorum tyrannide arceretur, ad tutelam et protectionem serenissimi regis Francie Ludovici et Gallicane ecclesie compassionem, ut antiquitus predecessores consueverant, confugit. Qui cum navali subsidio, pauperie quippe multa angebatur, applicuisset Magalonam, arctam in pelago insulam, cui superest solo episcopo, clericis et rara familia contempta, singularis et privata, muro tamen propter mare commeantium Sarracenorum impetus munitissima civitas, ad quem mittens rex Francie, idem papa ordinavit ut apud Viziliacum obviam ei veniret, ipseque postmodum Rhemis generale concilium celebraret.

DE MORTE GELASII PAPE.

Cum rex Francie Ludovicus summo pontifici Gelasio apud Viziliacum occurrere maturaret, nuntiatum est eumdem podagrico morbo diu laborantem diem extremum clausisse apud Cluniacum, ibidem quoque sepultum. Cujus apostolicis exequiis cum multi religiosorum virorum et ecclesie prelatorum interesse festinassent, adstitit virorum venerabilis Guido, Viennensis archiepiscopus, imperialis et regie celsitudinis dirivativa consanguinitate generosus ducisque Burgundie Stephani germanus, qui electus canonice, CLXVI.[s] sedem Petri tenuit, et vocatus fuit Calixtus II. Hic, generosus genere et generosior existens moribus, cum in somniis proxima nocte, apto satis licet ignoto presagio, vidisset sibi a persona prepotente lunam sub clamyde repositam committi, ne causa ecclesie apostolici transitu periclitaretur, ab ea que aderat Romana ecclesia in summum pontificem electus, visionis veritatem enucleatius animadvertit. Sublimatus itaque tante celsitudinis dignitate, gloriose, humiliter, sed strenue ecclesie jura disponens, amore et servitio domini Ludovici, regis Francie, et nobilis Adelaidis regine Francie neptis aptius ecclesiasticis providebat negotiis. Rhemis itaque celeberrimum celebravit concilium, votum predecessorum complendo, ubi excommunicati sunt symoniaci et pro sepultura, chrismate et baptismo pretium exigentes, ibique uxorum et concubinarum contubernia presbyteris, diaconis et subdiaconis sunt penitus interdicta. In hoc autem concilio, cum pro reconciliatione imperatoris Romanorum Henrici et ecclesie, occasione investiturarum ecclesie Romane, cum legatis imperatoris tractaret nec valeret proficere, ipsum imperatorem cum suis fautoribus excommunicavit et anathematis vin pleno Francorum et Lotharingorum concilio innodavit.

QUOMODO REX ANGLIE HENRICUS REGEM FRANCIE DEBELLAVIT. (*Voir les variantes*, p. 90-91, 91-93, *pour le début et la fin du chapitre. Nous donnons le texte complet du milieu.*)

Cum subito quadam die rex Anglie, collectis cum comite Britannie multorum viribus, speculatus regis Francorum improvidam audaciam, ordinatas militum acies in eum dirigit, incendia, ut in eum exordinarie insiliatur, et quacumque belli cautela sibi providere potest, sagaciter satagit. In prima namque acie proceres suos constituerat, in secunda cum propria familia eques ipse residebat, in tertia vero filios suos cum summis viribus pedites collocaverat. Rex autem Ludovicus cum suis nullum prelii constituere dignatus apparatum, in hostes indiscrete sed audacissime evolat, cum priores qui dextras applicuerunt Vulcassinenses cum Buchardo Monmorenciaci et Guidone Claremontensi primam Normanorum aciem fortissima manu cedentes, a campo marte mirabili fugaverunt, et priores equitum acies super armatos pedites validissima manu repulerunt, aciem etiam, in qua inerat rex Henricus, diviserunt, et tunc acies regales sibi invicem offenderunt, et acerrime pugnando, fractis hastis, res gladiis acta est. In conflictu Guillelmus dictus Crispin regis Henrici caput gladio bis percussit, et quamvis lorica esset impenetrabilis, magnitudine tamen ictuum ipsa aliquantulum regis capiti inserta est, ita ut sanguis flueret, sed tandem rex percussorem cum equo suo prostravit. Non diu bellum duravit, nam Franci....., etc. (*Ce passage est emprunté en grande partie à Henri de Huntingdon, p. 241, sauf quelques expressions de Suger conservées par le compilateur.*)

DE EXPULSIONE BURDINI ANTIPAPE. (*Variantes*, p. 95.)

DE FILIIS REGIS ANGLIE SUBMERSIS (*Henri de Huntingdon*, p. 242.)

DE QUODAM IGNE CASUALI. (3 *lignes.*) — DE ORDINE PREMONSTRATENSI. (2 *lignes.*) — DE ORDINE MILITIE TEMPLI. (1 *ligne.*)

De electione Sugerii abbatis Sancti Dionysii. (*Variantes*, p. 95-99.)

De pace facta inter Imperium et sacerdotium pro investituris ecclesiarum.

De Sugerio abbate Sancti Dionysii.

In ipso concilio interfuit venerabilis abbas Sugerius, qui per sex menses cum domino papa manens, cum confirmationis sue epistolam impetrasset, et orationis causa frequentatis diversorum sanctorum locis, videlicet Sancti Benedicti Cassini, Sancti Bartholomei Beneventi, Sancti Matthei Salerni, Sancti Nycholai Bari et Sanctorum Angelorum Gargani, Deo opitulante ad cenobium suum remeavit, et tunc per industriam suam et ad sanctorum et sui honorem ordinem sancte religionis reformavit. Antea namque per abbatum negligentiam, qui ante ipsum fuerant, et quorumdam illius monasterii monachorum, regularis institutio ita ab eodem loco abjecta fuerat, quod vix speciem religionis monachi pretendebant. (*Cp.* p. 99-100 *et* 98-99.)

De morte Calixti pape et electione Honorii.

Quomodo imperator regnum Francie proposuit devastare, sed illud ingredi non est ausus.

Ante domini pape Calixti decessum, imperator Henricus, collecto longo animi rancore contra dominum regem Ludovicum, eo quod in regno ejus Remis in concilio domini Calixti anathemate innodatus fuerat, Franciam inquietare et devastare decrevit. Exercitum igitur quantumcumque potest et fere innumerabilem Lotharingorum, Alemanorum, Bohemanorum, Austrasiorum, Baioariorum, Suevorum et Saxonum, licet eis infestaretur, collegit alioque tendere simulans ut invasio ageretur secretius, consilio regis Anglorum Henrici, cujus filiam reginam duxerat, qui etiam regi guerram inferebat, Remis civitatem aggredi inopinate statuit. Proposuerat enim eam destruere penitus, aut tanta dehonestatione et oppressione civitatem obsidere quanta dominus papa in eum agens sedit sessione, et inde per regnum hostiliter debacchari. Quod cum domino regi Ludovico intimorum relatione innotuisset, nobiles regni asciscit, causam exponit, inquirit quid inde agendum esset. Ibi dum varie varii opinarentur, et aliqui hostes dignum ducerent prestolari, dicentes eos in regni medio facilius expugnandos, alii villas regni murari et oppida pugilibus muniri dignum ducerent, rex Teutonicam rapacitatem abhorrens et damnum irreparabile, si permitterentur ingredi spatiumque deesset muniendi civitates et oppida : « Non sic, inquit, sed delectum militarem sine mora colligendum censeo, et in extremo termino regni nostri loco muri validissimi adversarios expectari pede fixo. » Dictum regis assistentibus placuit, et quoniam idem rex beatum Dionysium specialem patronum et singularem post Deum regni protectorem et multorum relatione et crebro cognoverat experimento, ad ecclesiam ipsius devotissime accessit, evocatis inde cum abbate ejusdem monasterii Sugerio religiosis, et in pleno capitulo causam regni eorum devotioni commendans, dixit se more priscorum regum auriflammam velle sumere ab altari, affirmando quod hujus bajulatio ad comitem Vulcassini de jure spectabat, et quod de eodem comitatu, nisi auctoritas regia obsisteret, ecclesie homagium facere tenebatur. Inde ad altare festinans gloriosi martyris, tam precibus quam beneficiis ipsum precordialiter pulsat ut regnum defendat, personam conservet, hostibus more solito resistat, et quoniam hanc ab eo habet prerogativam ut si regnum aliud regnum Francorum invadere audeat, ipse beatus et admirabilis defensor cum sociis suis tanquam ad defendendum altari suo superponatur, eo presente et juvante fit tam gloriose quam devote. Rex autem postmodum auriflammam que Vexillum Beati Dionysii dicitur ab altari suscipiens, quod de comitatu Vulcassini, quo ad ecclesiam feodatus est, spectat, votive tanquam a domino suo suscipiens, finitis missarum solemniis, pauca manu contra hostes ut sibi provideat evolat, ut eum tota Francia sequatur potenter invitat. Indignata igitur hostium inusitatam audaciam usitata Francie animositas, circumquaque movens militarem delectum, vires et viros pristine virtutis et antiquarum memores victoriarum delegat. Cum aute rex Remis convenisset, tante militaris et pedestris exercitus copie apparebant, ut viderentur superficiem terre more locustarum, non tantum secus decursus aquarum, sed etiam montanis et planitie devorare. Ubi cum rex continuata septimana Teutonicorum prestolaretur incursum, et reiteratis vicibus nobiles ad colloquium evocaret, tali inter regni proceres deliberatione res disponebatur : « Transeamus, inquiunt, audacter ad eos, ne redeuntes impune ferant que in terrarum dominam Franciam superbe presumpserunt. Sentiant contumacie sue meritum non in nostra, sed in terra sua, que jure regio Francorum Francis sepe perdomita subjacet, ut que ipsi furtim in nos machinabantur attentare, nos in eos coram retorqueamus. » Aliorum autem perita severitas persuadebat eos diutius expectare, ingressos marchie fines, cum jam fugere intercepti nequirent, expugnatos prosternere, tanquam Saracenos inmisericorditer trucidare, inhumata barbarorum corpora lupis et corvis ad eorum perennem ignominiam exponere, tantorum homicidiorum et crudelitatis causam terre sue defensione justificare. Ordinantes autem regni proceres in palatio bellatorum acie coram rege, que quibus suffragio jungerentur, Rhemensium et Cathalanensium ultra sexaginta millia tam equitum quam peditum unam componunt, Laudunensium et Suessionensium nec minori numero secundam, Aurelianensium, Stampensium, Parisiensium et beati Dionysii copioso exercitu X millium hominum et corone devoto tertiam, cui etiam seipsum interesse spe suffragii protectoris sui disponens : « In hac, inquit, acie tam secure quam strenue dimicabo, cum preter sanctorum dominorum nostrorum protectionem, etiam qui me compatriote familiarius educaverunt aut vivum juvabunt, aut mortuum conservantes reportabunt. » Comes etiam palatinus Theobaldus cum avunculo nobili Trecensi comite Hugone, cum ex adjuratione more Francie, guerram enim regi cum avunculo rege anglico inferebat, adventasset, cum octo millibus quartam efficiens, quinta Burgundionum ducis et Nivernensis comitis previam fecit, que decem millia hominum strenuorum continebat. Comes vero egregius Viromandensis Radulphus, germana regis consanguinitate conspicuus, optima fretus militia multoque Sancti Quintini et totius terre armato tam loricis quam galeis exercitu, cornu dextrum conservare destinatus cum septem millibus, Pontivos et Ambianenses et Belvacenses in sinistro constitui in tanto numero approbavit. Nobilissimus etiam comes Flandrensis Carolus cum decem millibus militum pugnatissimorum, triplicasset enim exercitum si tempestive scivisset, extrema acie ad peragendum ordinabatur. His autem locorum affinitate propinquis dux Aquitanie Guillelmus, comes egregius Britannie, comes bellicosus Fulco Andegavensis summe emulabantur, eo quod vires exagitare et Francorum injuriam punire, et vie prolixitas et temporis brevitas prohiberet. Provisum est etiam ut ubicumque exercitus, apto tamen loco, certamen iniret, et carri et carrete aquam et vinum fessis et sauciatis deferentes, instar castellorum in corona locarentur, ut a labore bellico et vulneribus deficientes inibi potando ac ligaturas restringendo, fortiores indurati ad palmam obtinendam concertarent. Publicata igitur tanti et tam tremendi facti deliberatione tantique delectus apparatione, quia jam cum rege ultra regnum pedem fixerant et turmatim incompositosque Alemannos accedentes jam usque ad II millia occiderant, cum hoc ipsum auribus imperatoris innotuisset, simulans et dissimulans, palliata occasione subterfugiens et retrocedens, alias illico tendit, magis eligens ignominiam defectus sustinere quam et imperium et personam ruina periclitantem Francorum gravissime ultioni suppeditare. Quo rex et Franci comperto, sola archiepiscoporum et episcoporum et religiosorum prece virorum a Teutonici regni devastatione et pauperum depressione vix se continere valebant. Tanta igitur et tam celebri potitis nec multum cruenta victoria, idem enim aut superius fuit quam si campo triumphassent, Francis repatriantibus, rex exhilaratus nec ingratus, ad protectores suos sanctissimos martyres devenit humiliter, eisque post Deum gratias magnas referens, coronam patris sui, quam injuste hucusque retinuerat, jure enim ad eos omnes corone et regalia spolia regum decedentium pertinent, devotissime restituit, et pro satisfactione retentionis injuste Cergiacum villam cum omnibus pertinentibus eorum ecclesie liberaliter concessit perpetuo possidendam. Indictum etiam exterius in platea, quia tunc interius sanctorum erat, libentissime reddidit, viaturam quoque ac omnimodam justitiam quibus spatiis columne statuuntur marmoree, quasi Gades Herculis omnibus obsistentes hostibus, precepti regii confirmatione sancivit. Sacras vero ac venerabiles sacratissimorum corporum lecticas, que altari principali superposite toto spatio bellici conventus extiterant, ubi continuo et celeberrimo diei et noctis officio fratrum colebantur, multa devotissimi populi et religiosarum mulierum ad suffragandum exercitui frequentabantur multiplici oratione, rex ipse proprio collo dominos et patronos suos cum lachrymarum affluentia filialiter loco suo reportavit, multisque tam terre quam aliarum commoditatum donariis pro his et aliis impensis beneficiis remuneravit. Imperator ergo Teutonicus, eo vilescens facto et de die in diem declinans, non diu post extremum diem agens, antiquorum verificavit sententiam, omnem nobilem aut ignobilem regni aut ecclesie turbatorem, cujus causa aut controversia sanctorum corpora subleventur, cito postea deperire.

Quomodo rex Anglorum victus fuit. (*Variantes*, p. 105-106.)

De episcopatibus quos rex Anglie concessit servitoribus suis. (*Henri de Huntingdon*, p. 244-245).

De magna hyeme et disconvenientia temporis hujus anni.

Uxores sacerdotibus Anglie prohibentur. (*Henri de Huntingdon*, p. 245-6.)

De rege Anglie Henrico. (*Cp. le même*, p. 245.)

De summo pontifice.

De quibusdam monstris.

De morte vel amissione Henrici imperatoris.

De Hugone Sancti Victoris.

Quomodo Ludovicus, rex Francie, civitatem Claromontensem cepit et comitem Alvernie humiliavit. (*Variantes*, p. 106-108; *le récit de la seconde expédition d'Auvergne manque dans F.*)

De iis qui contra imperatorem rebellaverunt.

Quomodo Ludovicus, rex Francorum, interfectores Caroli, comitis Flandrie, ignominiose punivit. (*Variantes*, p. 110-114.)

De rege Anglie.

De claris viris hujus temporis.

Quomodo rex Francie Ludovicus Thomam de Marna, dominum Cociaci, expugnavit. (*Variantes*, p. 114-116.)

De rege Anglie et comite Flandrie. (*Henri de Huntingdon*, p. 247-248 et 249.)

Moniales de ecclesia Sancti Joannis Laudunensis expelluntur.

Quomodo Fulco, comes Andegavie, primogenitam filiam regis Hierusalem uxorem duxit.

De Matilde imperatrice.

Philippus, primogenitus regis Francie, in regem coronatur.

De morte Guillelmi, comitis Flandrie. (*Cp. Henri de Huntingdon*, p. 249-250.)

De restitutione prioratus Argentolii facta ecclesie Beati Dionysii.

Moniales quedam infames, que ecclesiam Beate Marie de Argentolio diu potentia cujusdam filie Caroli Magni, regis Francorum, occupaverant, industria Sugerii, abbatis Sancti Dionysii in Francia, inde expelluntur, et monachis ejusdem loci quorum prius fuerat restituitur. Cum enim de ipsarum conversatione miserrima Honorio pape querela lata fuisset, causam legato suo Albanensi episcopo ac archiepiscopo Remensi, Carnotensi et Parisiensi episcopis commisit. Et insuper hac informatione facta, cum tenorem cartarum et privilegiorum Caroli Magni, Pipini, Ludovici Pii et aliorum regum de concessione loci perlegissent, et omnia pape retulissent, locum ecclesie restituit, et etiam auctoritate apostolica confirmavit. (*Cp. p. 100-101.*)

De morte Honorii pape et de schismate orto propter papatum inter Innocentium papam et Petrum Leonis. (*Variantes*, p. 117-118.

Quomodo Innocentius papa, veniens in Franciam, a regibus Francie et Anglie ac imperatore honorifice receptus est. (*Variantes*, p. 118-119.)

Quomodo papa festum pasche in ecclesia Sancti Dyonisii celebravit. (*Variantes*, p. 119-121.)

Quomodo rex Ludovicus comitem Montisfortis viribus humiliavit. (*Variantes*, p. 116-117.)

De conciliis in Anglia celebratis contra sacerdotes uxoratos. (*Henri de Huntingdon*, p. 250-251.)

De morte Philippi, filii regis Francie. (*Variantes*, p. 121-122. *Dans le manuscrit F, la fin du paragraphe de Suger est remplacée par un long extrait de la vie de saint Bernard, abbé de Clairvaux.*)

Quomodo rex Francie filium suum Ludovicum fecit ungi in regem. (*Variantes*, p. 122.)

De religionibus, que multis locis florebant temporibus istis.

Quomodo imperator conduxit papam Innocentium usque Romam. (*Quelques mots empruntés au texte de Suger*, p. 123.)

De rege Anglie. (*Cp. Henri de Huntingdon*, p. 253.)

De morte regis Anglie Henrici. (*Henri de Huntingdon*, p. 253-254.)

De virtutibus et vitiis regis Anglie. (*Henri de Huntingdon*, p. 255-256.)

Quomodo comes Bolonie Stephanus regnum Anglie occupavit. (*Cp. Henri de Huntingdon*, p. 256.)

De sepultura regis Anglie Henrici. (*Henri de Huntingdon*, p. 256-257.)

De iis que Stephanus juravit observare rex effectus. (*Henri de Huntingdon*, p. 258.)

De infirmitate regis Francie Ludovici. (*Variantes*, p. 123-125.)

Quomodo dux Aquitanie ducatum suum et filiam regi Francie commendavit.

De gestis Stephani, regis Anglie. (*Henri de Huntingdon*, p. 258-260.)

De morte imperatoris Romanorum.

De infirmitate regis Francie Ludovici Grossi et distributione bonorum suorum mobilium. (*Variantes*, p. 125-126.)

Quomodo rex Ludovicus sacramentum Eucharistie devotissime recepit. (*Variantes*, p. 126-127.)

Quomodo Ludovicus rex misit filium suum Ludovicum ad partes Aquitanie, ut Alienordem, filiam ducis Aquitanie, desponsaret. (*Variantes*, p. 127-129.)

De morte regis Ludovici Grossi et sepultura ejus. (*Variantes*, p. 129-131.)

DE GLORIOSO REGE LUDOVICO, LUDOVICI FILIO [a].

[I.] Igitur gloriosus [b] gloriosi regis filius Ludovici Ludovicus, lugubri tanti patris demigratione [c] celerrimo comperta nuntio [1], ducatu Aquitanie consulte tutoque locato, anticipare festinans que regibus decedentibus consueverunt emergere rapinas, scandala et motiones [d], celeriter [e] Aurelianensem regressus civitatem [2], cum ibidem comperisset occasione communie quorundam stultorum insaniam contra regiam demoliri majestatem, compescuit [3] audacter [f] non sine quorundam lesione, indeque Parisius [4] tanquam ad propriam remeans sedem, — ea enim, sicut in antiquis legitur gestis, reges Francorum vitam degere [g] consueverunt, — de regni amministratione et ecclesie defensione pro etate, pro tempore gloriose disponebat. Felicem se fore tota existimabat patria, eo quod tante sunt reliquie homini pacifico, nobilissimo patri, que ad robustissimam totius regni defensionem nobilissima proles succederet, pios foveret, impios abdicaret. Imperium siquidem Romanorum, regnum etiam Anglorum in defectu successive prolis multa incommoda fere usque ad status sui ruinam sustinuisse conspicantes, quanto eorum regnorum indigenas super his dolere audiebant, tanto regis et regni successibus omnium et singulorum commoditatibus applaudebant.

a. *Le titre manque dans* D ; G *porte* Ludovici grossi.
b. Ludovicus *add.* G.
c. lugubri demonstratione D.
d. scandala, commotiones G.
e. celeriter *deest* G.
f. audaciam D.
g. degere *manque* A *et manuscrits en dérivant, ainsi que dans* D.

---

1. Louis VI mourut le 1ᵉʳ août 1137.
2. Louis VII dut arriver à Orléans vers la fin d'août.
3. Sur la répression de cette révolte, voir Luchaire, *Institutions monarchiques*, II, 163 ; dès les premiers mois de l'année suivante, le roi accorda leur pardon aux coupables. (Luchaire, *Actes de Louis VII*, n° 15.)
4. Louis VII ne dut pas arriver à Paris avant la fin du mois d'août.

[II.] Defuncto etenim absque herede [h] imperatore Romanorum Henrico[1], in ea que maxima et generalis est habita Maguntie[2] curia fere LX milium [i] militum, cui et nos interfuimus[j], tanta emersit hac occasione controversia, ut cum dux Alemannie Fredericus[3], eo quod defuncti imperatoris Henrici nepos esset, regnum obtinere niteretur in scandalo et divisione regni, Maguntinus[4] et Coloniensis[5] archiepiscopi et superior pars optimatum et procerum regni eum reicerent, et ad ducem Saxonie Lotharium[6] se convertentes[k], regio diademate Aquisgrani[7] cum summa cleri et populi exultatione coronarent. Quod etsi nobile factum, non sine lesione multorum constitit, cum ipse prefatus dux Fredericus solio regni repulsus, cum Conrado fratre[8] qui tamen prefato Lothario decedenti in regnum successit, cum parentibus et reliquis fautoribus suis multa dispendia, bella, incendia, pauperum depredationes, ecclesiarum destructiones, dampna innumera, similia perpessus ei intulerit. Qui prefatus Lotharius, cum multa egregie [egerit[l]], hoc suppremum et dignum laude atque ammiratione magnanimitati ejus assignatur, quod regnum Alemannorum nullo hereditatis jure sortitus, strenue amministravit, Italiam potestative subjugavit[9], Romani coronam

h. herede *manque* D.
i. milium *manque* A. *Nous maintenons la leçon des manuscrits* D, G, *sans nier que le sens donné par elle soit assez bizarre; il faut peut-être interpréter* miles *par combattants, adultes en état de combattre. Suger emploie ce mot dans ce sens* (*voir plus haut*, p. 28). *La leçon de* G *est passée dans la plupart des manuscri s des* Chroniques de Saint-Denis (III, 358-9 *et la note*).
j. cui... interfuimus *manque* A, G.
k. convertens D.
l. egerit *manque dans tous les manuscrits; il a été ajouté à la marge dans* A *au* XVIe *siècle*.

1. Henri V mourut le 23 mai 1125.
2. La diète de Mayence se tint en août 1125. Suger y assista; voir à ce sujet l'introduction du présent volume.
3. Frédéric, duc de Souabe, fils de Frédéric de Hohenstaufen et d'Agnès, fille d'Henri IV; il fut père de Frédéric Barberousse.
4. Adalbert de Sarrebruck, chancelier d'Henri V.
5. Frédéric de Friaul.
6. Il était duc de Saxe et n'avait, comme Suger le dit plus bas, aucun droit héréditaire à la couronne.
7. 13 septembre 1125.
8. Qui succéda en 1137 à Lothaire sous le nom de Conrad III et fonda la dynastie des Hohenstaufen.
9. Cette expédition en Italie date de 1132-1133.

imperii ab Innocentio papa Rome, repugnantibus Romanis, assumpsit[1], Capuanam et Beneventanam pertransiens provinciam, Apuliam in ore gladii perdomuit, regem Siculum fugavit, Barensem[m] civitatem et circumjacentem patriam occupavit, plenoque potitus tropheo, a partibus illis rediens, morte comuni preventus, ad nativum solum et proprios ducatus Saxonie penates relatus tantis laboribus finem egregium destinavit[2].

[III.] Nec minus infauste de regno Anglorum hac eadem occasione contigisse meminimus, cum defuncto strenuo et famosissimo rege Henrico[3], quia herede mare carebat, Boloniensis comes Stephanus[4], nepos ejus, frater junior palatini comitis Theobaldi, ex insperato regnum ingressus, non reputans quod comes Andegavensis[5] filiam prefati regis Henrici, avunculi sui, que et imperatrix Romanorum fuerat[6], conjugem et ex ca filios habebat[n], coronam ejus assumpsit. Que perniciosa factio, zelo et diversitate baronum, comitum atque optimatum regni tanta terram copiosam et fructiferam a malicia inhabitantium in ea calamitate extinxit, ut terram vastitate[o], predam rapinis, homines mortibus fere ad tertiam ut aiunt partem, circumquaque per totum regnum exterminaret[7]. Que quidem pericula Francorum solatia existebant, cum illi ex defectu hec sustinerent, Franci vero tante et tam egregie prolis successione congratularentur et congauderent.

m. Barrensem G.
n. habuerat A, G.
o. vastitatem D.

---

1. Lothaire fut couronné à Rome par le pape Innocent II, le 4 juin 1133. Voir plus haut, p. 32.
2. Lothaire mourut le 4 décembre 1137, au retour de son expédition contre Roger, comte ou roi de Sicile; son corps fut rapporté au monastère de Kœnigslutter, près de Brunswick.
3. Henri Ier mourut à Lions, près Rouen, en décembre 1135.
4. Fils d'Adèle, sœur du roi Henri et fille de Guillaume le Conquérant.
5. Geoffroy Plantagenet.
6. Mathilde, veuve de l'empereur Henri V.
7. La guerre entre Mathilde, fille d'Henri Ier, et le roi Etienne, dura environ sept ans, jusque vers 1142, mais les deux adversaires ne s'accordèrent définitivement qu'en 1153.

[IV.] Sed ut ad propositum redeamus, Ludovici regis circiter XIIII aut XV annorum ab adolescentia[1] tam natura quam industria de die in diem proficiebat. Cui*p* cum ex *q* generosa nobilitatis affectione licet conjugato cum matre Adelaide[2] una esset habitatio in palatio, expensarum et regie munificentie munerum aliquantisper interesset communio, sepe mater muliebri levitate animositatem ejus plus equo infestare satagebat. Quem etiam cum talium impatientem offenderet, tam ipsum quam nos et quoscumque palatinos[3] ad propriam dotem redire et ea contentam tam privatim quam pacifice, absque regni molestiis, supervivere intercederemus efflagitabat. Nec minus idipsum, videlicet ad propria remeare, comes Rodulfus[4] affectabat. Unde quibusdam callentibus videbatur hoc solo et singulari timore avaricie eos affectare, omnino desperantes ne ejus liberalitati et amministrationis necessitati sufficientiam, absque thesaurorum suorum proprietate, supererogare valerent. Quibus tam pene desperantibus cum ego ipse, velud exprobrando, nunquam Franciam repudiatam vacasse respondissem, pusillanimitate nimia uterque dicessit[5].

[V.] Nos autem qui et regni debitores et beneficii paterni merito ipsius consilio indissolubiliter inherebamus, his proximis circumquaque regionibus comitibus et oppidanis

p. Ici commence le fragment publié par M. Lair (Bibliothèque de l'école des Chartes, XXXIV, 1873, p. 589-596) et qui n'existe que dans le manuscrit D.
q. rex D.

---

1. Ce qui reporterait la naissance de Louis VII à 1122 ou 1123. Voir à ce sujet Chronicon S. Dyonisii ad cyclos paschales (Bibl. de l'école des Chartes, XL, p. 276); ce document place cette naissance en 1121; la seconde chronique de Saint-Denis (ibid., p. 287) dit 1120.
2. Adélaïde de Savoie, veuve de Louis VI.
3. C'est-à-dire Suger et les autres conseillers du feu roi. — M. Lair propose de suppléer *et* devant *intercederemus*; la phrase serait plus correcte, mais Suger omet souvent des mots plus importants.
4. Raoul, comte de Vermandois, ami intime et parent de Louis VI, mort en 1151.
5. Il est difficile de dire exactement sur quoi portaient ces débats. Voir toutefois Luchaire, Institutions monarchiques, I, 123 et 150-1. La reine Adélaïde se retira dans ses domaines personnels, du côté de Compiègne; elle ne tarda pas à épouser en secondes noces Mathieu de Montmorency.

fide et sacramento obligatis, ad superiores ducatus Burgundionum marchias, que regno Lotharingorum collimitant, videlicet Lingonensium civitatem, accedere festinanter eum persuadentes[1], comitem Theobaldum Autisiodoro[2] ei occurrere mandare curavimus. Erat enim intentio nostra ut virum illum, quia cunctis in regno fide et sacramento et legitimis sanctionibus precellebat, domino juramento fideliter necteremus, et quia tenere etatis tarditate minus sufficere regni negociis prevalebat, eorum accurate suppletioni mancipare sollicitabamur. Qui usque adeo tam devote quam fideliter ejus se obsecuturum famulatui devovit, ut etiam obortis lacrimis, audientibus nobis, Deo grates referret quod et dominus rex servitium ejus tam familiariter gratificaret et solitam antecessorum suorum infestationem tam amicabiliter relaxaret[3]. Festinantes itaque per pagum Eduensium[4], Lingonensi urbe tanquam propria sede susceptus honorifice, hominiis et fidelitatibus totius patrie susceptis, cum comite Theobaldo nobisque ibi asistentibus, precipiendo et imperando omnibus, Parisius remeavit, *siluitque terra in conspectu ejus*[5].

[VI.] Sequenti vero anno[6], quoniam subito patris decessu ducatum Aquitanie minus plene subjugaverat, assunt qui referant Pictavorum cives communiam communicasse[7], vallo et glande[8] urbem munisse, urbis municipium[9] occupasse,

---

1. Ce voyage en Champagne et en Bourgogne paraît dater des premiers mois de l'an 1138.
2. On ignore la date exacte de ce séjour à Auxerre.
3. Il semble que le rapprochement entre Thibaut de Champagne et la famille royale se soit effectué dès les dernières années de la vie de Louis VI (D'Arbois de Jubainville, II, 328 et 332). L'alliance subsista jusqu'en 1141.
4. Même remarque que plus haut pour le séjour à Auxerre.
5. Expression fréquente dans l'Ecriture ; voir, entre autres, I, Machab., XI, 32. Citation familière à Suger.
6. Ces mots semblent indiquer que les évènements dont le récit précède (voyage en Bourgogne et alliance avec le comte de Champagne) doivent se placer dans les premiers mois de l'année 1138, avant la fête de Pâques, point de départ de l'année à la cour de France. En 1138, Pâques tomba le 3 avril.
7. Cette révolte de Poitiers n'est rapportée que par Suger ; voir à ce sujet Giry, *Établissements de Rouen*, pp. 345-346. Elle eut lieu, on le verra plus loin, dans l'automne de 1138.
8. C'est-à-dire un mur ou une palissade continue. Voir plus haut, *Vie de Louis VI*, p. 34.
9. Probablement le donjon, qui appartenait au duc d'Aquitaine (Giry, p. 353.)

eorum etiam auctoritate reliquas Pictavie urbes, oppida et firmitates idipsum cum eis confederasse. Quo comperto rumore, rex toto animi rancore in factionis tante ultione rapiebatur, comitemque Teobaldum mandare minime prestolatus, citissime cum expetiit, et ut super tanto Pictavorum fastu consilium et auxilium ultionis conferret, flagitabat : « Age, inquiens, obtime comes, quia me regnumque meum tue credidi tuitioni, rebellantem Pictaviam nostre innitere restituere ditioni. Nostra enim in te omnino redundabit injuria, si te tanto regni periculo quantacunque intraverit imperitia. » Qui , nulla tante inhonestatis compulsus angaria, nichil aliud quam quod cum baronibus suis consilium communicaret respondit. Rex autem, mallens remansisse, Parisius rediit nosque, quasi familiariores ejusdem comitis, statuto termino pro responso destinavit, cujus cum nec personam, que etiam cum paucis sufficeret, nec milites nec pecuniam obtinere prevaleremus, dominus rex, nostro et amicorum consilio, privatim, ducentorum videlicet militum, sagittariorum et balistariorum colligens delectum, Pictaviam tetendit, accitisque terre baronibus, absque sanguinis effusione Pictavum populum ad deditionem coegit, communiam dissolvit, communie juramenta dejerare compulit, et a melioribus obsides, tam pueros quam puellas, per Franciam dispergendos extorsit. Verum, cum Pictavis cum prosequeremur, neque enim cum eo pro beati Dionisii sollempnitate[1] ire potueramus, cives turmatim nobis occurrebant, et non tantum nostris sed etiam equorum nostrorum pedibus se ipsos prosternebant, lugubres elegos decantantes, et ut pro redemptione filiorum suorum apud dominum regem pie intercederemus, amarissime deplorantes. Matronarum vero, puerorum et puellarum alta suspiria, gemitus et clamores, ac si prolem suam in gremio suo mactari viderent, cum patienter ferre minime valerem, dominum regem, de adventu nostro gaudentem, super hoc ipso tam secreto quam amicabiliter conveni, dolorum et miseria-

---

1. Cette fête se célèbre le 9 octobre.

rum quas audieram causas summatim exposui. Qui, ut erat immense nobilitatis et mansuetudinis juvenis, docibilis etiam quod imperialis majestatis potentia de fonte nascitur pietatis, cum tante duritie, immo ut opinabatur crudelitatis, causas utiles patulasque reddidisset, totum tamen consilio et arbitrio nostro quicquid inde fieri approbarem remisit. Tercia vero die, cum miserorum civium cor non inpenitens comperissem, contigit summo mane, sicut imperatum fuerat, birotas, saumarios et carretulas atque asinos a parentibus preparatas, ut in eis per diversas et remotas terrarum regiones tam pueri quam puelle auferrentur, in platea ante palatium -convenisse, ubi profecto mortuorum potius inferias conclamare quam aliquid aliud personare diu multumque auscultando audires. Cujus terribilis clamoris strepitus cum fere ad ethera usque conscenderet, nec regiis auribus nec nostris nec obtimatum pepercit, quin ilico ad palatii fenestras concurrentes dolorem, fletus, genarum disruptionem, pectorum decussionem admirantes, gehennalem arbitramur miseriam. Rex itaque mansuetus, nos in partem reducens, queritabat anxius quid faceret, angebatur enim utrobique, ne si eos dimitteret civitatis et patrie dampnum, si eos sicut dispositum erat auferret, crudelitatem et regie majestatis offensam admitteret. Unde, cum omnes pariter ad hanc consilii discussionem hererent, nos audacter quod videbatur in medium proferebamus : « Domine, inquam, rex regum et dominus dominantium te regnumque tuum administrans, si tantarum miseriarum inopinatis condescenderis tormentis, et tuam misericorditer personam conservabit et hanc et aliás Aquitanie civitates misericors et miserator Dominus subjugabit. Esto securus, quanto siquidem crudelitatis minus admiseris, tanto regie majestatis honorem divina potentia amplificabit. » Qui mox, instinctu divino edoctus : « Venite, inquit, mecum ad fenestras et ex dono regie liberalitatis communie forisfacti remissionem, puerorum suorum liberam et quietam redditionem omnibus exponite, et ne deinceps tale aliquid committant, ne deterius eis aliquid contingat, viriliter interminate. » Quo audito, mirabile dictu, immensa tristitia conversa est in gaudium, luctus in exultationem [1], dolor intolerabilis in aromatum pretiosorum injectionem, que profecto succedit comparatio, cum dolor ad mortem, gaudium et exultatio ad vitam, neque etiam vivit qui misere vivit. Quo regie clementie tam pio quam nobilissimo facto usque adeo totam Pictaviam amori et servitio suo perstrinxit, ut nec deinceps communie aut conspirationis alicujus mentio personaret [2].

[VII.] Cum ergo civitatem tanto exonerata[m] honere paccatisque diversarum questionum multis occasionibus hilariter exissemus, festinantes versus Occeanum, ad castrum quoddam nobile, quod ex re nomen habens aut *Talus mundi* aut *Talis mundus* [3] dicitur, quod his et hujusmodi credentibus tam loci amenitate quam frugum ubertate necnon et castri securitate fatatum [4] estimaretur, cum proximus ejusdem castri vallo omni die bis refluat Occeanus, multorumque tam piscium quam carnium aut diversorum mercatorum commercia navali subsidio bis omni die fluviorum dulcium alveis intus usque ad turris portam referantur [5]. Baronem quendam Guillelmum de Laziaco [6], virum factiosum et subdolum, qui idem castrum occasione custodie sibi usurpaverat, conspectui suo assistere mandavit. Quem cum super retentionem falconum alborum, qui dicuntur *girfaldi*, Guillelmi ducis gravissime cohercuisset, et ad redditionem eorum minis et terroribus coegisset, etiam de castri redditione eum gravissime exagitabat. Qui tam me quam episcopum Suessionensem [7] vocans in partem, per nos dominum regem illuc ire castrumque suum reci-

---

1. Expression biblique, comparez Esther, IX, 22 ; I, Mach., I, 42, etc.
2. Jusqu'au divorce de Louis VII et d'Eléonore, Poitiers fut administré par un prévôt royal. (Giry, p. 356.)
3. Talmont, Vendée, cant. Sables-d'Olonne.
4. Comparez l'expression *fatatam* dans la *Vie de Louis VI*, p. 77.
5. Le port de Talmont est aujourd'hui à peu près comblé et inaccessible aux vaisseaux.
6. Lezay, Deux-Sèvres, arr. de Melle. Voir à ce sujet une note de M. Lair (*art. cit.*, pp. 586-587). Le père de ce Guillaume et lui-même paraissent avoir usurpé la seigneurie de Talmont sur les possesseurs légitimes dont le nom paraît, d'ailleurs, dans les actes du temps.
7. Josselin, auquel Suger dédia la *Vie de Louis VI*.

pere obnixe invitabat. Unde dominum regem illuc festinare et dum castrum ei offertur celeriter recipere ab ipso episcopo et a multis suadebat[ur]. Nos vero, et pauci nobiscum sentientes, perfidie eorum discredebamus, periculosumque fore si absque turris inexpugnabilis receptione infra castri menia nos et dominum nostrum reciperemus, quoddam etiam ad dissuadendum simile factum referentes : videlicet quod quondam rex Francorum Karolus[1], ab expeditione quadam Lotharingie rediens, a comite Veromadensi Herberto quasi ab homine et amico suo gratanter receptus hospitio, tamquam a perfido hoste perpetuo carcere remansit dampnatus; presertim cum idipsum aut simile hunc eundem Guillelmum Guillelmo duci fecisse audissemus, videlicet quod, cum quadam nocte ibidem hospitatus fuisset et in mane castrum exire vellet, vix portam que ei et suis claudebatur intempestive exire potuit, et de nobilioribus exercitus sui ibidem retentos coactus dimisit[2]. Verum cum potius ire quam remanere quamplurimis placeret, stulte eorum audacie cedere sustinuimus. Qui servientes suos ad eligenda hospitia et placitam victualium coemptionem premittentes, eos quasi jocando sequebantur. Nos autem, hujusmodi factum levitati reponentes, quod improvidi, quod inermes dextrarios suos et arma absque se premittebant, invehendo in eos vituperabamus. Nec mora, cum jam prefatus Guillelmus, proditionem suam celare non valens, quosdam de precedentibus qui jam intraverant quasi sub silentio capi fecisset, ipsemet portam amplexatus, quos meliores videbat capiendos recipiebat, et quos nolebat excludebat. Tumultuantes igitur et vociferantes interius capti, exterius fugam exclamabant Quos proditores, apertis ilico portis, insectantes, quosdam capere, quosdam sauciare, quosdam vero spoliare instantissime satagebant, cum

---

1. C'est le cas de rappeler que Suger était particulièrement versé dans l'histoire de France et qu'il aimait à la prendre pour sujet de ses entretiens avec les moines de Saint-Denis. (Voir sa vie par le moine Guillaume, édit. Lecoy, p. 382.) Le roi nommé ici est Charles le Simple, mort à Péronne en 923.
2. Voir à ce sujet une charte du cartulaire de Talmont, citée par M. Lair (p. 587), et qui semble faire allusion au fait rapporté par Suger.

repente, licet tarde, dominus rex cum exercitu suo ad arma concurrens, lorica et galea ocreisque ferreis succinctus, fugantibus occurrit, fugientibus subvenit, vicem cum Francis suis, pene enim soli erant, Pictavis rependit. Videres ibidem eumdem regem duos eorum milites pedibus detruncare, quos quanto tardius, — erat enim exigente etate adhuc debilis viribus, — cedebat[1], tanto angustius eos demorate cesionis angustia deprimebat. Refugans itaque eos et per portam, etiamsi sorderet[2], retrudens, divinitus adjutus, tanta et tam digna ultione sceleratorum punivit proditionem, ut eadem hora ex insperato castrum quod videbatur inexpugnabile in manu forti et brachio extento aggredi maturaret, immunitates prerumperet, armis perfoderet, totum castrum, abbatias etiam et ecclesias usque ad precinctum turris incendio conflagraret. Qui autem de factoribus supererant in turre se receperunt[3]....

[VIII.] *Quomodo contraxit matrimonium cum Aleenoride [r].*

Ea tempestate Willermus, dux Aquitanie, apud Sanctum Jacobum peregre profectus, molestia corporis ibi correptus, viam universe carnis ingressus est[4]. Ipse duas filias tantummodo habebat, altera quarum vocata fuit Alenor, altera Aaliz. Terra autem Aquitanie, domino suo destituta, absque herede mare remansit. Idcirco rex Ludovicus totam Aquitaniam in manu sua retinuit [s], alteramque de duabus predictis sororibus, scilicet Alenordem [t] natu majorem, matrimonio sibi sociavit, alteram vero, videlicet Aaliz juniorem, Radulfo, comiti Viromandensi, in uxorem dona-

---

[r.] Alienorde G. — *Ce titre manque, ainsi que les suivants, dans G. Dans A, ils sont tantôt dans le texte, tantôt à la marge.*
[s.] tenuit A.
[t.] Alienordem G.

---

1. Le manuscrit porte *sedebat*; nous corrigeons avec M. Lair *cedebat*.
2. Rapprocher cette expression d'une phrase de la *Vie de Louis VI*, p. 78. Voir la note.
3. Ici s'arrête le fragment publié par M. Lair d'après le manuscrit D. Ce qui suit est l'*Historia gloriosi regis Ludovici*, telle que la donnent le manuscrit G et les copies de la continuation d'Aimoin (voir la préface).
4. Guillaume, duc d'Aquitaine, mourut le 9 avril 1137.

vit[1]. Rex autem unam filiam ex Aleenoride [u] conjuge sua suscepit, nomine Mariam [2].

[IX.] *Montemgaium castrum expugnavit* [v].

Proinde evoluto non longo [x] dierum curriculo, Gaucherius de Montegaio [3], superbia diaboli inflatus, adversus regem insurgere temptavit, terramque ipsius non tamen impune presumptuose inquietare conatus est. Quod rex, ut magnanimus, non equo animo perferens, exercitu undecumque adunato, adversus Montemgaium convolavit castrumque cum omni municipio destruxit [y].

[X.] *Unde rex et alii principes cruces sumpserunt* [z].

Eodem anno quoddam grave infortunium in Ierosolimitanis partibus Christianis contigit. Nam Parti, diabolico inflati spiritu, Edessam urbem [4] valido bellorum impulsu aggredientes, non sine magna strage suorum eam ceperunt, de qua expugnatione nimium intumescentes, omnes Christianos illius regionis se vastaturos fore comminati fuerunt. Cujus infortunii fama postquam ad aures piissimi regis Ludovici pervenit, zelo sancti spiritus imbutus, ad pietatem commotus est. Qua de causa in paschali sollempnitate ejus-

u. Alienorde G.
v. Ce titre manque dans G.
x. longuo A.
y. Ici A ajoute le passage suivant : « Obiit Hugo abbas. Successit ei Gilo. — Anno ab incarnatione Domini nostri Jesu Christi M° C° XL° V°, felicis memorie Hugo, abbas Sancti Germani Parisiensis, qui prius monachus Sancti Dyonisii extiterat, dominica de ramis palmarum de presenti seculo migravit. Huic successit Gilo, ejusdem ecclesie monachus.
z. Ce titre manque dans G.

1. Cette seconde fille s'appelait aussi Pernelle.
2. Ce paragraphe sur le mariage de Louis VII ne saurait être attribué à Suger ; il renferme en effet une grosse erreur, la mort de Guillaume d'Aquitaine ayant précédé l'avènement de Louis VII.
3. Gaucher II de Châtillon, seigneur de Montjay, avait épousé une dame de la famille comtale de Rochefort (Duchesne, *Hist. de la maison de Châtillon*, 30 et suiv.) Ce dernier date la destruction du donjon de Montjay de l'an 1142, mais sans donner aucune preuve. Les *Annales de Lagny* (*Bibl. de l'École des Chartes*, XXXVIII, 480) donnent cette même date.
4. La prise d'Edesse par l'émir turc Imadeddin date de décembre 1144.

dem anni apud Vizeliacum magnum colloquium tenuit[1], ubi archiepiscopos et episcopos, abbates quoque, plures etiam optimates et barones sui regni congregari fecit, inter quos fuit Bernardus, abbas Clarevallensis[2]. Itaque ipse et pontifices ibidem in consistorio assistentes, predicaverunt de terra in qua Dominus noster Jesus Christus corporaliter conversatus, pro redemptione generis humani passionem crucis sustinuit. Quorum predicationibus et ammonitionibus rex Ludovicus, divina inspirante gratia, inflammatus crucem accepit, et post eum Aleenor [a] uxor sua. Quod videntes optimates ibidem adstantes, postea crucem acceperunt Symon, Noviomensis episcopus [b][3], Godefridus, Linguonensis episcopus[4], Arnulfus, Lexoviensis [c] episcopus[5], Herbertus, abbas Sancti Petri Vivi Senonensis[6], Theobaldus, abbas Sancte Columbe[7], Aufulsus, comes Sancti Egidii[8], Terricus [d], comes Flandrensis, Henricus, filius comitis Blesensis palatini Theobaldi, qui tunc temporis vivebat[9], Guillelmus, comes Nivernensis[10], Reinaldus, frater ejus, comes Tornodorensis[11], Robertus comes, frater regis[12], Ivo, comes

a. Alienor G.
b. Ces mots Symon, Noviomensis episcopus, ont été ajoutés par un contemporain à la marge du manuscrit A.
c. Luxoviensis A.
d. Tierricus G.

---

1. L'assemblée de Vezelay eut lieu au printemps de l'an 1146; Louis VII prit la croix le jour de Pâques, 31 mars.
2. Bernard fut canonisé en 1174 ; de ce que l'auteur anonyme ne lui donne pas le titre de *saint*, on a pu conclure que ce fragment avait été écrit avant cette date.
3. Ce nom a été ajouté après coup dans le manuscrit A ; il s'agit ici de Simon de Vermandois, évêque de Noyon et de Tournay de 1123 à 1146, de Noyon seulement jusqu'en 1148.
4. Geoffroy, évêque de Langres (1140-1163).
5. Arnoul, évêque de Lisieux (1141-1184), qui a laissé un recueil de lettres bien connu de tous ceux qui s'occupent de l'histoire du XII° siècle.
6. Dont l'anonyme notera la mort violente un peu plus loin.
7. Sainte-Colombe de Sens.
8. Alfonse-Jourdain, comte de Toulouse et marquis de Provence, mort en 1148.
9. Henri le Libéral; son père Thibaud mourut le 8 janvier 1152. Les mots *qui tunc... vivebat* ont peut-être été ajoutés au texte primitif.
10. Guillaume III, comte d'Auxerre et de Nevers (1147-1161).
11. Renaud, comte de Tonnerre (1133-1159).
12. Robert, comte de Dreux, fils de Louis VI.

Suessionensis [1], Guido, comes de Pontivo *e* [2], Willermus, comes de Garenna [3], Erchembaudus de Borbono [4], Ingerrannus de Coceio [5], Gaufridus de Rancono [6], Hugo de Lizeniaco *f* [7], Willermus de Cortiniaco [8], Reinaldus de Monteargiso [9], Iterius de Toceio [10], Gaucherius de Montegaio [11], Evrardus de Britolio [12], Drogo de Monceio [13], Manasses de Bugliis [14], Ansellus de Triagnello [15], Guarinus frater ejus, Willermus Buticularius [16], Willermus Aguillon de Tria [17], et plures alii milites, infinita etiam multitudo peditum. Eodem quoque tempore, Conradus, imperator Alemannie, audita Christianorum desolatione, crucem accepit [18], et Ferricus, dux Saxonie [19], nepos ejus, postea imperator, Amatus etiam, comes Moriane [20], avunculus regis Ludovici, in quorum comitatu multi fuerunt. Porro Poncius, venerabilis Vizeliacensis abbas, propter reverentiam sancte Crucis quam rex cum sociis accepit, in loco videlicet in declivo montis in quo consistorii predicatio fuit, hoc est inter Escuanum [21] et

e. Pintivo G.
f. Hugo Lizenanto A.

1. Ives de Nesle (1146-1178).
2. Gui II, comte de Ponthieu.
3. Guillaume, comte de Warenne et de Surrey, dont la fille Isabelle épousa Hamelin, frère bâtard du roi d'Angleterre, Henri II.
4. Fils d'Aimon Vairevache, dont il est question dans la *Vie de Louis VI*.
5. Enguerrand II de Coucy, fils du célèbre Thomas de Marle.
6. Rançon, Haute-Vienne, cant. Châteauponsac.
7. Lusignan.
8. Courtenay, Loiret, ch.-l. de cant. Membre de l'ancienne famille dont les domaines échurent peu après au frère puîné de Louis VII.
9. Montargis, Loiret.
10. Toucy, Yonne, ch.-l. de cant.
11. Montjay, Seine-et-Marne, comm. Villevaudé. Sur ce personnage, voir plus haut.
12. Nous ignorons à quelle famille appartient ce personnage.
13. Dreu de Mouchy, probablement le fils de l'ennemi de Louis VI.
14. Manassé de Bulles, comte de Dammartin. (Le P. Anselme, VI, 59.)
15. Anseau de Traignel, plus tard bouteiller du comte de Champagne, Henri le Libéral.
16. Guillaume le Bouteiller, de Senlis.
17. Trye-le-Château ou Trye-la-Ville, Oise, cant. Chaumont, dans le Vexin français.
18. Conrad III prit la croix après la diète de Francfort (nov. 1146) à Spire, le jour de Noël (25 déc. 1146).
19. Frédéric Barberousse.
20. Amédée II, comte de Savoie.
21. Asquins, Yonne, cant. Vezelay.

Vizeliacum, ecclesiam in honore sancte Crucis construxit, in quam populo fide recta *g* conveniente Dominus multa miracula operatus est[1].

[XI.] *Quamdiu rex crucem portavit.*

Interim rex Ludovicus toto anno, a pascali solempnitate qua crucem accepit usque ad aliud pascha et insuper usque ad pentecosten, antequam ad Ierosolimitanas partes proficisceretur, cum cruce suscepta in regno suo commoratus est[2].

[XII.] *De morte Herberti, Sancti Petri Senonensis abbatis.*

Dum vero hec ita agerentur, Senonensis civitatis burgenses adversus abbatem Sancti Petri Vivi Herbertum in iram concitati, quia communiam eorum dissolvi fecerat, eum truculenter necaverunt. Ob cujus ultionem rex quosdam homicidarum illorum de turre Senonensi precipitari fecit, quosdam autem Parisius detruncari *h*[3].

[XIII.] *Quando rex Ierosolimam profectus est.*

Anno ab incarnatione Domini M° C° XL° VI°, gloriosus rex Ludovicus, magno comitatu ut decebat honorificentissime circumdatus, iter quod voverat peragere cupiens, septimana post pentecosten de Parisiensi civitate egressus est[4]. Unde profectus in itinere multos labores sustinuit, et tandem Ierosolimam pervenit. Postquam autem ad Sepulchrum Domini orationes complevit et cum debita reverentia crucem Dominicam adoravit, de partibus illis regrediens,

g. fideli recte G.
h. Ici A ajoute le passage suivant : *Abbas Gilo abbatiam dimisit, cui substitutus Hugo Crispeiensis.* — Abbas autem Gilo ecclesiam Sancti Germani Parisiensis illo anno integro rexit. Post cujus anni completionem, quoniam tanti regiminis honeri non sufficiebat, pastoralem curam dimisit. In cujus loco Hugo, prior Crispeiensis, substitutus est.

1. Cette église fut donnée aux Cordeliers 100 ans plus tard. (Chérest, *Vezelay*, I, 128.)
2. Le départ de Louis VII n'eut pas lieu en effet avant juin 1147 ; le 12 de ce mois le roi était encore à Saint-Denis.
3. Herbert, abbé de Saint-Pierre-le-Vif, fut tué le 1er mai 1147. L'expédition de Louis VII date donc du mois de mai 1147.
4. La Pentecôte en 1147 tomba le 8 juin.

sanus et incolumis ad propria remeavit[1]. Denique post illam regressionem ipse genuit unam filiam ex Aleenoride [i] conjuge sua, nomine Aaliz[2].

[XIV.] *Quomodo Normanniam Henrico, regi Anglorum, restituit.*

Procedente autem non longo temporis spatio, Gaufridus, comes Andegavorum, et Henricus, filius ejus, qui postea regnum Anglorum optinuit[3], regem Ludovicum adierunt et ei de Stephano, Anglorum rege, conquerentes, monstraverunt quod ipse eis injuste jura sua auferebat, videlicet regnum Anglie et ducatum Normanie. Unde rex, volens omnes juste ac rationabiliter, sicut regiam majestatem condecet, manutenere et unicuique jus suum conservare, cum magno exercitu Normanniam aggrediens, manu forti eam cepit, quam Henrico, filio comitis Andegavorum, reddidit et eum pro eadem terra in hominem ligium accepit[4]. Ille itaque pro collato sibi adjutorio, Gaufrido patre suo concedente, Vilcassinum Normannum[5], quod est inter Itam et Andelam[6], regi Ludovico totum immune dedit, in qua terra continentur hec castella et firmitates : Gisortium[7], Neelfa[8], Stripiniacum[9], Dangutium [j][10], Gamachie[11], Harachivilla [k][12],

i. Alienorde G.
j. Danguncium G.
k. Barachivilla G.

---

1. Louis VII quitta la Syrie aux fêtes de Pâques de l'an 1149 (mars-avril) ; il aborda en Calabre le 29 juillet. On le retrouve à Cluny vers le premier novembre.
2. Qui épousa plus tard Thibaud le Bon, comte de Blois.
3. Couronné roi d'Angleterre le 20 décembre 1154.
4. La Normandie fut conquise place par place sur le roi Etienne par Geoffroy Plantagenet, avec l'appui du roi Louis VII, de 1148 à 1152. (Voir Roger de Hoveden, éd. Stubbs, I, 210-211, et Robert de Torigni, éd. Delisle, I, 235.)
5. Le Vexin normand.
6. L'Epte, affluent de la Seine ; l'Andelle, id.
7. Gisors, Eure, ch.-l. de cant.
8. Néaufle-Saint-Martin, cant. Gisors.
9. Etrépagny, Eure, ch.-l. de cant.
10. Dangu, cant. Gisors.
11. Gamaches, cant. Etrépagny.
12. Hacqueville, cant. Etrépagny.

Castrumnovum[1], Baudemont[2], Braium[3], Tornucium[4], Buschalia[5], Nogentum super Andelam[6]. Hoc modo quo predictum est adquisivit et restituit perfido Henrico Normanniam rex Ludovicus, non previdens perfidiam quam postea ille contra ipsum machinatus est. Nam post modicum tempus contigit quod vulgari proverbio dicitur, *quia quanto magis exaltatur iniquus, tanto amplius adversus benefactorem suum se extollit*. Siquidem Henricus, Normannie per manum regis dux effectus, ultra modum superbiens, ante dominum suum regem Ludovicum defecit a justicia. Quamobrem rex ad iram nimirum concitatus, tantam indignationem graviters ustinens, cum magno exercitu Vernonum profectus est[7], paucisque diebus in obsidione demoratus, potenti virtute castrum illud cepit. Aliud quoque castrum, scilicet Novummarcheium[8] similiter capiens *l* ei abstulit. Porro videns versutus ille Henricus, dux Normannorum, quod potentissimo regi Ludovico nullatenus resistere posset, ad similitudinem dolose vulpis convertit se ad refugium solite fraudis. Siquidem fingens se humiliatum esse, ut quoquomodo amissa recuperaret, falso asserebat quod contra dominum suum regem superbie calcaneum deinceps non elevaret. Cujus falsis assercionibus rex Ludovicus deceptus, sicut semper benignissimus extitit, etiam tunc benignitatem suam ei exhibuit, nam duo predicta castella que illi abstuterat, eidem restituit[9].

l. captum A.

1. Château-sur-Epte, cant. Ecos.
2. Baudemont, cant. Ecos.
3. Non retrouvé.
4. Tourny, cant. Ecos.
5. Probablement la Bucaille, cant. les Andelys, comm. Guisiniers.
6. Non retrouvé.
7. La prise de Vernon est datée par Roger de Hoveden (I, 272 et 277) de juillet 1153. Louis VII soutenait les prétentions d'Eustache, fils du roi Étienne, sur la Normandie. (Henri de Huntingdon, p. 283.)
8. La prise de Neufmarché (Seine-Inférieure, cant. Gournay) est rapportée à 1152 par Robert de Torigni, I, 261, et par Henri de Huntingdon, 283.
9. Cette première paix entre les rois Louis et Henri date de 1154. (Robert de Torigny, I, 285.)

[XV.] *De divortio regis Ludovici et Aleenoridis regine.*

Sequenti tempore, preterita non longa annorum revolutione, accesserunt ad regem Ludovicum quidam propinqui et consanguinei sui et convenerunt eum, dicentes quod inter ipsum et Aleenoridem, conjugem suam, linea consanguinitatis erat, quod etiam juramento firmare promiserunt. Audiens hec rex, noluit eam contra legem catholicam ulterius uxorem habere. Proinde Hugo, Senonensis archiepiscopus [1], convocavit utrumque, regem videlicet Ludovicum et reginam Aleenoridem, ante presentiam suam apud Baugentiacum [2]. Qui convenerunt ibidem precepto ipsius, die veneris ante dominicam de *m* ramis palmarum [3], ubi etiam interfuerunt Sanson Remensis [4], Hugo Rothomagensis [5] et *n* Burdegalensis archiepiscopi [6], quidam quoque suffraganei ipsorum necnon optimatum et baronum regni Francie non minima pars. Quibus congregatis in castro supra memorato, predicti consanguinei regis juramentum quod facturos se fore *o* promiserant exequuti sunt, videlicet quod rex et regina Aleenor, sicut supra taxatum est, affinitate consanguinitatis propinqui erant [7], et sic inter eos matri-

m. in G.
n. Entre et *et* Burdegalensis, *il y a un blanc dans* A.
o. se facturos G.

1. Hugues de Toucy (1142-1168).
2. Beaugency, Loiret, ch.-l. de cant.
3. Le concile de Beaugency fut tenu le 21 mars 1152.
4. Samson de Mauvoisin (1140-1161).
5. Hugues d'Amiens (1129-1164).
6. Geoffroy de Lorroux (1136-1158).
7. Voici la généalogie de Louis VII et d'Eléonore, telle que la donnent les Bénédictins (*Hist. de France*, XII, 117); elle est assez peu certaine :

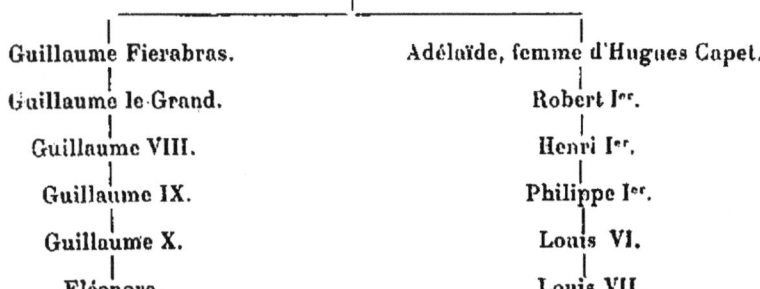

monii copula soluta est*p*. Quo peracto Aleenor terram suam Aquitaniam celeriter requisivit, quam sine mora Henricus, dux Normannie, qui postea in regnum Anglorum sublimatus fuit, uxorem sibi accepit[1]. Rex autem Ludovicus duas filias quas de Aleenoride genuerat maritis desponsavit, primam scilicet Mariam Henrico, comiti palatino Trecensi, juniorem vero, videlicet Aaliz, fratri ejus Theobaldo, comiti Blesensi.

Proinde rex, volens secundum divinam legem vivere que precipit ut *vir adhereat uxori sue et sint duo in carne una*[2], propter spem successive prolis que post ipsum regnum Francie regeret, Constantiam, filiam imperatoris Hispanie [3], conjugio sibi junxit, et Hugo, Senonensis archiepiscopus, Aurelianis eam in reginam inunxit[4] et cum ipsa regem coronavit. Qui postquam per aliquod tempus pariter permanserunt, rex genuit ex ea unam *q* filiam, nomine Margaritam. Dispositione vero Romane ecclesie eadem Margarita sociata fuit matrimonio Henrico, filio Henrici regis Anglorum et Aleenoridis, uxoris sue, qui postea in solio regni Anglie sublimatus fuit. Vilcassinensem autem terram dedit rex Margarite filie sue in matrimonio, quam Henricus, rex Anglorum, pater illius Henrici, ipsi immunem concesserat[5].

[XVI.] Eodem tempore Gaufridus de Giemago[6] quandam

p. Ici, à la marge, dans A, *d'une main contemporaine, la note suivante :* Anno incarnationis dominice M° C° LIII°, dimisit abbatiam Hugo Crispeiensis, que uno anno sine pastore fuit. Quo completo, Gaufridus abbas substitutus est, qui post duos fere annos curam pastoralem reliquit, egritudine cogente, cui successit Theobaldus.

q. unam *deest* G.

---

1. Le mariage d'Henri II et d'Éléonore fut célébré dès le 18 mai 1152. La guerre indiquée plus haut, entre ce prince et Louis VII, suivit cette union.
2. Evang. s. Mat., XIX, 5.
3. C'est-à-dire fille du roi de Castille, Alfonse VIII; ce mariage date de 1154.
4. D'où plainte de l'archevêque de Reims, Samson. (Voir à ce sujet Luchaire, *Institutions*, I, 142.)
5. Le mariage entre le jeune roi Henri Court-Mantel et Marguerite, fille de Louis VII, eut lieu en 1161 (Robert de Torigni, I, 329; Roger de Hoveden, I, 217-218). Henri Court-Mantel fut associé à la couronne par son père en 1170; il mourut en 1183.
6. Geoffroy III de Donzy, seigneur de Gien.

filiam suam Stephano de Sancero[1] in uxorem dedit. Quod astuto consilio fecit, opinabatur etenim quod ipse eum ab infestatione Nivernensis comitis tutari posset. Quin etiam ipse Gaufridus eidem filie sue Giemacum *r*[2] in matrimonio donavit. Quod videns Herveius[3], filius ejusdem Gaufridi, castrum quod sibi hereditario jure contingebat taliter donari prohibuit. Quam ipsius prohibitionem pater suus irritam faciens, Stephanum de Sancero predicto castro investivit. Eapropter Herveius regem adiit, et ei super patre suo conquestus est, eo quod ita eum exheredabat. Proclamabat etiam de Stephano, qui predictum castrum, quod ad ipsius hereditatem spectabat, contra suam voluntatem susceperat atque illud sine suo assensu tenebat. Rex igitur hoc audiens, sicut semper fuit *juris amator et equi*[4], tantam injuriam fieri Herveiumque suo jure destitui diutius sustinere non potuit. Enimvero exercitu collecto adversus Giennium convolavit, quod Stephanus de Sancero militibus munierat, sed seipsum absentaverat. Itaque rex cum milicia sua *s* castrum viriliter assiliens, absque mora illud cepit atque Herveio reddidit, quo completo unusquisque ad propria remeavit[5].

[XVII.] *Regina Constantia dolore partus interiit.*

Deinde rex genuit unam filiam de Constantia regina, que nominata fuit Adelaidis, in cujus partu dum laboraret, in

r. Giemagum G.
s. sua *deest* G.

---

1. Etienne, comte de Sancerre, frère du comte de Champagne, Henri le Libéral.
2. Gien, Loiret, ch.-l. d'arr.
3. Hervé de Donzy, souvent nommé dans les actes de Louis VII.
4. Fragment d'hexamètre que nous n'avons su retrouver.
5. Sur cette affaire, voir d'Arbois, *Comtes de Champagne*, III, 33-37, qui place cette expédition, pour plusieurs bonnes raisons, entre janvier 1152 et août 1153, ce que confirment les termes de notre auteur, *eodem anno*. Le récit de l'*Historia*, est d'ailleurs incomplet. Geoffroy de Donzy avait d'abord fiancé sa fille à Anseau de Traignel, familier du comte Henri de Champagne; revenant ensuite sur sa promesse, il la donna au comte de Sancerre, en lui assignant pour dot le château de Gien. Le roi et Henri intervinrent. D'autres sources, citées par M. d'Arbois, rapportent que Louis VII assiégea non pas le château de Gien, mais celui de Saint-Aignan (probablement Saint Aignan-des-Gués, Loiret, cant. Châteauneuf-sur-Loire).

ipsa hora diem extremum clausit[1]. Unde rex nimium cum omni regno suo contristatus est.

[XVIII.] *Alam duxit uxorem.*

Postquam vero per solatia optimatum suorum tristiciam aliquantulum[2] oblivioni dedit, consilio et monitu archiepiscoporum et episcoporum aliorumque sui regni baronum uxorem desponsare disposuit. Siquidem in mente assidue habebat illud scriptum, quia *melius est nubere quam uri*[3]. Preterea timebat ne regnum Francie ab herede qui de semine suo egrederetur gubernari desisteret. Igitur tam saluti sue [t] quam protectioni reipublice in posterum providens, Alam [u], filiam Theobaldi palatini comitis Blesensis, in matrimonium sibi ascivit. Idem Theobaldus ab hac vita jam decesserat, de cujus semine superstites erant quatuor filii et quinque filie[4] : Henricus videlicet, comes palatinus Trecensis [v], et Theobaldus, comes Blesensis, Stephanus, comes de Sancero, Willermus, archiepiscopus Senonensis[w], ducatissa [x] Burgundie[5], comitissa Barri[6], uxor Willermi Goiet [y], que prius fuerat ducatissa Apulie[7], comitissa Pertici[8], postremo Ala [z] junior, quam Dominus noster adeo

t. sue *deest* G.
u. Adelam G.
v. Trecencis A.
w. Remensis G.
x. ducissa *corrigé* A.
y. Gayeti G.
z. Adela G.

---

1. La reine Constance mourut le 4 octobre 1160.
2. Le veuvage de Louis VII, au rapport de Raoul de Dicet, ne dura pas plus de 15 jours ; l'expression est inexacte ; il faut dire 5 semaines.
3. I ad Corinth., VII, 9,
4. Sur les enfants de Thibaud le Grand, mort en 1152, voir D'Arbois, II, 403. Notre auteur nomme successivement : Henri le Libéral, comte de Champagne et de Brie, Thibaud, comte de Blois, Etienne, comte de Sancerre, Guillaume aux Blanches-Mains, archevêque de Sens, transféré à Reims en 1176.
5. Marie, femme de Eudes II, duc de Bourgogne.
6. Agnès, comtesse de Bar-le-Duc.
7. Isabelle, femme en premières noces de Roger, duc de Pouille, en secondes de Guillaume IV Gouet, seigneur de Montmirail et du Perche-Gouet.
8. Mathilde, épouse de Rotrou III, comte de Perche.

sublimavit quod*a* super fratres suos et sorores suas dominatum optineret que *b* subjecta eis antea fuerat. Ipsa autem tam natura quam industria laudabilis extitit, nam sapientie fulgore irradiavit, elegantia corporis prepolluit, mundicia castitatis emicuit, et quia tot virtutum floribus decorata fuit, tanto honore meruit sublimari. Sicut enim predictum est, serenissimo regi Ludovico maritali lege sollempniter sociata fuit, et Hugo, Senonensis archiepiscopus, ad festum sancti Briccii[1] Parisius in ecclesia Beate Marie Virginis eam inunxit regemque cum ipsa coronavit, missam etiam eodem die ibidem celebravit. Stephanus, Senonensis canonicus, qui postea fuit Meldensis episcopus[2], epistolam legit, et Willermus, Senonensis archidiaconus, postea Autissiodorensis episcopus[3], evangelium, Matheus, precentor Senonensis, et Albertus, cantor Parisiensis, chorum tenuerunt et cantum in processione imposuerunt[4].

[XIX.] His peractis, evoluto non longo *c* temporis intervallo, crescente de die in diem malicia et invalescente cupiditate, Nivilo de Petrafonte[5] et Drogo de Merloto[6], qui duas filias Drogonis de Monceio uxores habebant, discordiam inter se conceperunt. Nivilo namque de Petrafonte *d* Drogoni de Merloto medietatem Munceii[7], que ex matrimonio mulieris sue sibi contingebat, injuste abstulit. Unde ille regi Ludovico querimoniam faciens, quod de tanta injuria ultor esse dignaretur suppliciter rogavit. Petitione cujus exaudita, rex volens omnes tam fortes quam debiles equanimiter in justicia tenere, exercitu congregato, adversus

a. ut *corr.* A.
b. quo G.
c. longuo A.
d. Petrafunte A.

---

1. 13 novembre 1160.
2. Etienne de la Chapelle, évêque de Meaux (1162-1171).
3. Guillaume de Toucy, évêque d'Auxerre (1167-1182).
4. L'auteur anonyme assistait certainement au couronnement de la reine Adèle.
5. Pierrefonds, Oise, cant. Attichy. Sur ces seigneurs, voir Carlier, *Histoire du Valois*, I.
6. Mello, Oise, cant. Creil. Dreu de Mello, troisième du nom.
7. Mouchy-le-Châtel, Oise, cant. Noailles.

Munceium castrum profectus est, quod manu belligera cepit, turremque cum omni municipio dirui fecit et Drogoni de Merloto medietatem castri que sui juris erat restituit. Deinde paucis diebus transactis, Nivilo defunctus est, uxorem cujus rex Ingerranno de Tria *e* [1] maritavit, et dimidiam partem Munceii cum eadem conjuge ei donavit.

[XX.] *De scismate Romane ecclesie.*

Ea tempestatis temperie horribile scisma ortum est in Romana ecclesia, que cum suo pontifice viduata esset, divina cooperante gratia, cardinales unanimiter elegerunt in antistitem bone memorie Alexandrum tercium [2]. Porro Victor, qui et ipse Octovianus appellatus fuit, arrogantia plenus atque terrenis honoribus admodum inhians, sine canonica electione Romane ecclesie pontificium sibi presumptuose voluit usurpare [3]. Nam clerici sui fautores sue abusive electionis tantummodo extiterunt, verum cardinalium seu episcoporum, duobus exceptis, consortio et suffragio caruit, omnes enim tam cardinales quam episcopi domino pape Alexandro equanimiter consenserunt *f*. Proinde idem venerabilis papa Alexander, ad Gallicanas partes proficiscens, apud Montempessulanum [4] transmeavit. Cujus adventum postquam ad aures domini Ludovici regis fama detulit, consilio quid super hoc faceret exquisito, memoratus *g* rex dominum Theobaldum, abbatem Sancti Germani Parisiensis, ad ipsum destinavit [5]. Denique nego-

e. Triea A.
f. Les mots nam clerici:.. consenserunt *manquent dans* G. *Ils ont été en partie conservés dans les* Chroniques de Saint-Denis, III, p. 410.
g. memorandus A.

1. Trye-Château ou Trye-la-Ville, Oise, cant. Chaumont.
2. Alexandre III fut élu le 7 septembre 1159. Les mots *bone memorie* sembleraient indiquer que l'*Historia* a été écrite après 1181, date de la mort de ce pape, mais ils ont dû être ajoutés au texte primitif.
3. L'antipape Octovianus, qui prit le nom de Victor III, fut élu le même jour qu'Alexandre III.
4. Alexandre III était à Montpellier le 15 avril 1162.
5. Les envoyés de Louis VII étaient Thibaud, abbé de Saint-Germain, et Cadurcus, ancien chancelier du roi. Ils furent assez mal reçus par le pape. Ils repartirent pour la France peu après le 10 juillet. (*Hist. de France*, XV, 780.) L'auteur de l'*Historia*, moine à Saint-Germain-des-Prés, accompagnait peut-être l'abbé Thibaud.

tio domini regis peracto, cum gratia domini pape totiusque Romane curie remeare disposuit. Dumque in itinere regressionis esset, apud Claromontem gravi molestia corporis correptus est. Ipse vero in extera regione morari diutius nolens, ut erat egrotus, apud Vizeliacum festinavit et in ecclesia Beate Marie Magdalene, in qua ab adolescentia nutritus [h] fuerat et habitum religionis susceperat et professionem fecerat, tercia die ante festum ejus [i] sancte Marie venit, et infirmitate ingravescente [j], in crastino festivitatis sancte Marie Magdalene in eadem ecclesia migravit a seculo [1]. In cujus loco Hugo, monachus [k] Sancte Marie Vizeliacensis, substitutus est anno Domini M° C° LX° II° [l].

[XXI.] *Ludovicus rex et alii principes terrarum ejus exemplo Alexandrum papam susceperunt.*

Eisdem diebus Ludovicus rex Alexandrum papam in pastorem cum omni regno Francie suscepit [2]. Cujus rei fama circumquaque regiones pervolante, Constantinopolitanus [3] et Hispanus [4] imperatores, rex Anglie [5], rex Jerosolimitanus [6], rex Sicilie [7] et rex Ungarie [m] [8] omnesque reges Christianorum, sequentes regis Ludovici exemplum, cum debita reverentia eundem susceperunt, excepto Ferrico, Alemannie imperatore, qui consueta tyrannide furens,

---

h. alitus A.
i. ejus *deest* G.
j. ingrav. infirm. G.
k. monacus A.
l. *Dans A, on trouve la note suivante, en rubrique, à la marge :* Obiit Theobaldus abbas, cui successit Hugo, Vizeliacensis monachus. *De plus, dans le texte, la phrase est coupée et la date* 1162 *transportée maladroitement devant les mots* infirmitate ingravescente.
m. Hungarie G.

---

1. 23 juillet 1162.
2. Louis VII hésita quelque temps à se déclarer; la première entrevue entre lui et le pape eut lieu le 19 août 1162, à Souvigny.
3. Manuel Comnène.
4. Alfonse IX, roi de Castille.
5. Henri II.
6. Amauri Ier.
7. Guillaume Ier.
8 Etienne III.

predictum scismaticum Octovianum contra leges et jura manutenuit et omni vita illius sicut papam eum habuit. Quo defuncto, Guidonem Cremensem [n], unum scilicet de duobus cardinalibus eidem scismatico adherentibus[1], nefandus ille imperator successorem ejus subrogavit. Cujus inhortationibus idem imperator Romam, ut eam perderet, profectus est, ubi maxima strages suorum non vi Romanorum nec aliorum mortalium, sed sola divina ultione facta est. [2] Mirabile dictu, contigit quod Dominus, super exercitum ejusdem nefandissimi tiranni manum ultionis extendens, per aeris corruptionem ferventem pluviam super ipsos effudit, unde infinita multitudo tam militum quam peditum inexpugnabili gladio divine virtutis perculsi, morte miserabili vitam finierunt, inter quos filius Conradi [o] imperatoris[3] interiit, et Reinaudus Coloniensis archiepiscopus[4], cujus corpus frustatim [p] divisum et in ferventi aqua decoctum saleque conditum Coloniam usque sui deportaverunt. Imperator autem, pre timore flagelli divini ab eadem obsidione recedens, in Tusciam fugitivus pervenit[5], unde egrediens et Lombardiam pertransiens, ab incolis ejusdem regionis viriliter fugatus, apud Susam [q] [6] festinavit. Exinde cum paucis sociis furtive fugiens, Alpes transmea-

[n]. Remensem G.
[o]. Corradi A.
[p]. frustratim G.
[q]. Stelam G; en Frise, *Chroniques*, III, 412.

---

1. L'antipape Victor III mourut le 20 avril 1164; les cardinaux, ses adhérents, qui étaient au nombre d'une dizaine, élurent Gui de Crème, qui prit le nom de Pascal III (22 avril 1164).
2. Sur cette expédition désastreuse, voir Godefroy de Viterbe (*Monumenta Germaniæ, SS.*, XXII, 321 et suiv.), *Appendix ad chronic. Ottonis Freisingensis* (XX, 492-493), *Chronicon Magni presbiteri* (XVII, 488-489), *Gerlacus abbas Milovicensis* (XVII, 683-685). Elle eut lieu en 1167. Frédéric fut couronné à Rome le 1er août.
3. Frédéric, fils de Conrad III, mourut de la peste le 19 août.
4. Réginald de Dasselle, archevêque de Cologne et chancelier de l'Empire, mort à Tusculum le 14 août.
5. L'empereur battit bientôt en retraite; il était à Pontremoli le 4 septembre; il atteignit Pavie le 12 et hiverna en Piémont avec les débris de son armée.
6. Frédéric Barberousse ne franchit les Alpes qu'au printemps de l'an 1168; il était à Suze en mars et se réfugia à Genève en traversant la Maurienne.

vit, siquidem amissa multitudine in eadem obsidione episcoporum et baronum suorum, ita perterritus et confusus extitit quod ulterius ibi *ᵣ* morari non audens, miserabili fuga Alemaniam repedavit.

[XXII.] *Comitem Claromontensem cum sociis suis expugnavit.*

Quoniam in dies crescit malitia, regiam celsitudinem decet regno providere et ab impugnatoribus subjectos sibi protegere. Nisi enim regia potestas protectioni reipublice attentius insisteret, fortiores ultra modum impotentes opprimerent. Quod etiam eodem tempore contigisse vera enarratione *ˢ* manifestum est. Nam Claromontensis comes *ᵗ* et nepos ejus, comes Podiensis Willermus, atque vicecomes de Polinaco *ᵘ*[1], instinctu diaboli exagitati, rapinis miseram vitam agere *ᵛ* consueverant. Depopulabantur etenim ecclesias, peregrinos impediebant, pauperes *ʷ* opprimebant. Quam eorum tirannidem Claromontensis [2] et Podiensis episcopi [3] et abbates provincie illius [4] diutius sustinere non valentes, quoniam ipsis resistendi per se vel per suos vim non habebant, prudenti usi consilio regem Ludovicum adierunt, cui querelam super eisdem tyrannis deponentes, crudeles ecclesiis illatas injurias insinuaverunt

r. ibi *deest* G.
s. ratione G.
t. *Ici il y a un petit blanc dans* A.
u. Polinato A.
v. agitare G.
w. homines G.

---

1. Sur l'intervention de Louis VII en Auvergne et en Velay, voir D. Vaissete, *Hist. de Languedoc*, nouv. éd., III, 825-826, et VI, 8-9, et Luchaire, II, 279. Le vicomte de Polignac ici mentionné est Pons, qui succéda vers 1163 à Armand IV. Le comte du Puy ou de Velay paraît être Guillaume VIII, qui appartenait à la famille comtale d'Auvergne. (Voir à ce sujet D. Vaissete, IV, 89-90.) Quant au comte de Clermont, c'est sans doute l'oncle de Guillaume VIII, Guillaume VII, mais la généalogie de la famille d'Auvergne au XIIᵉ siècle est assez obscure. — D. Vaissete rapporte cette expédition à l'an 1165 (voir éd. citée, t. VII, pp. 8-10), mais on pourrait tout aussi bien la dater de 1163; il semble même qu'elle venait d'avoir lieu au mois de juin de cette année. (Voir à ce sujet une lettre d'Alexandre III, citée *Hist. de France*, XII, 131, note.)
2. Etienne de Mercœur.
3. Pierre III.
4. C'est-à-dire les abbés de Brioude et de la Chaise-Dieu.

et eum piissimis precibus ad vindictam pauperum et captivorum exortati sunt. Unde piissimus rex, audita tirannorum predicta nequitia, nec mora, congregavit exercitum et in virga ultionis, ad quam non erat difficilis, adversus illos adversarios militavit. Cum quibus manu belligera congrediens, factum regia majestate dignum, in ore gladii eos expugnavit et expugnatos cepit, captos etiam [x] secum abduxit, quos captivos tamdiu tenuit quoad usque firma fide promiserunt quod ab inquietatione ecclesiarum, pauperum et peregrinorum deinceps perpetuo cessarent [1].

[XXIII.] *Vindicta quam fecit Cluniacensibus.*

Expleto non longo tempore post [2], quoddam execrabile factum et nostris temporibus inauditum per diversas regiones circumquaque divulgatum est. Etenim Willermus, comes Cabilonensis, diaboli vestigia sequens qui Dominum temptare presumpsit, ecclesiam Cluniacensem atrociter persequebatur. Ipse equidem infinitos [y] predones, vulgo dictos Brabantiones [3], qui nec Deum diligunt nec viam veritatis cognoscere volunt, ad crudelitatem sue tirannidis explendam colligens, sceleratis satellitibus fretus, adversus predictam ecclesiam ut eam depredaretur predo profectus est. Monachi vero in eadem ecclesia Deo servientes, non ferro aut clipeo protecti, sed solum divinis armis et ecclesiasticis vestimentis induti, cum sanctorum reliquiis et crucibus tiranno [z] obviam cum magna multitudine populi processerunt. Illa autem satellitum predictorum pessima

x. etiam *deest* G.
y. inimicos G.
z. Ici, lacune d'un feuillet dans A; *nous la comblons à l'aide de* A² (ms. lat. 12712), *copie de* A.

---

1. L'anonyme doit faire allusion ici à l'accord de 1162, analysé par D. Vaissete, III, 825-826.
2. La date de l'expédition contre le comte de Chalon est mal connue; un passage de la chronique d'Hugues de Poitiers permet pourtant de la rapporter au printemps de l'an 1166. (Voir *Hist. de France*, XII, 132, note.)
3. C'est-à-dire des mercenaires, des routiers; voyez à ce sujet un article de Géraud, *Bibl. de l'école des Chartes*, I, 3, r 123 et suiv., et Boutaric, *Institutions militaires de la France*, p. 240 et suiv.

turba monachos sacris vestimentis spoliaverunt et more ferarum que fame urgente ad cadavera concurrunt, quingentos et eo amplius burgensium *a* Cluniacensium atrociter sicut oves mactaverunt. Fama vero illius inauditi sceleris diversas regiones circumlustrans, ad noticiam piissimi regis Ludovici pervenit [1], qui tantum flagitium *b* in sanctam ecclesiam gravissime perferens, ad ultionem nefandissime cladis exuberanti fervore sancti Spiritus animatus est. Quid plura ? Bellicosorum Francigenarum fortissimas phalanges ad se regali edicto convocavit, quibus fulcitus adversus predictum tirannum in ejus exterminacionem festinavit. Idem autem nequissimus comes Cabilonensis, cognito regis adventu, presentiam ejus *c* non audens expectare, relicta terra sua, profugus abiit. Dum vero rex, gressu concito, per partes Cluniacensis provincie transmearet, mulieres viris suis viduate, virgines et nati patribus orbati obviam ei processerunt. Cujus pedibus provoluti, flentes et ejulantes, lugubri clamore erumnas suas ei ostenderunt et piissimis precibus regiam majestatem exorantes, ut eis manum consilii et auxilii misericorditer porrigeret, piissimum regem totumque exercitum eorum calamitatibus fere usque ad lacrimas compacientes, magis ac magis ad perditionem scelerate gentis animaverunt. Nec mirum, videres enim ibi pupillos adhuc pendentes ad ubera matrum, virginiculas plorantes et paterno solatio se destitutas miserabiliter clamantes, audires totum aerem vagitibus infancium resonantem. Ne longius verba protrahantur, rex propositum peragere satagens, cum exercitu suo terram nefandi comitis Cabilonensis, nullo prepeditus obstaculo, audacter intravit atque Cabilonensem civitatem et Montem Sancti Vincencii [2], insuper omnem illius tiranni terram in ore gladii perdomitam cepit et ejusdem terre mediam partem duci Burgundie donavit, reliquam partem comiti Niver-

a. burgensium et A 2.
b. flagellum G.
c. ipsius A 2.

1. Il était alors à Vézelay (janvier 1166).
2. Partie de Chalon-sur-Saône renfermant la cathédrale.

nensi contradidit. Quoscumque autem ex predictis[d] Brabantionibus divinam voluntatem contemnentibus diabolique sequacibus capere potuit, in vindictam ecclesie Dei furcis suspendi fecit. Quorum unus vitam suam redimere infinita pecunia volens, non impetravit, sed eadem pena plexus est. Peracta denique condigna ultione[e] nefandissime stragis et persecutionis que sancte Dei ecclesie Cluniacensi inferebatur, rex tanto potitus tropheo, cum gaudio remeavit.

[XXIV.] Igitur quoniam[f] regie majestati congruit ecclesias Dei contra quoslibet persecutores protectionis clipeo defensare, benignissimus rex, nolens eas, justicia per negligenciam suam deficiente, a raptoribus devastari, egregie vindicatis Cluniacensis ecclesie injuriis, Vizeliacensem nichilominus ecclesiam ab impugnationibus adversariorum liberavit. Contigit enim quod Vizeliacenses burgenses communiam inter se facientes[1], adversus dominum suum abbatem et monachos, superbia inflati, insurrexerunt eosque diutissime infestacione permaxima[g] afflixerunt. Communiter siquidem conjuraverant quod ecclesie dominio ulterius non subjacerent, quod quidem assensu et consilio comitis Nivernensis[2] fecerant, qui eidem ecclesie adversabatur. Abbas vero et monachi, acerrimis infestacionibus burgensium coacti, turres monasterii ad suam defensionem munierunt, quos deforis burgenses pluvia sagittarum et immissione balistarum assidue perurgebant, et tamdiu inclusos armata manu tenuerunt ut[h] carentes panis edulio,

d. de supradictis A[2].
e. ultione condigna G.
f. quia A[2].
g. maxima A[2].
h. quod G.

---

1. L'histoire de la commune de Vézelay fait l'objet des *Lettres* XXII-XXIV *sur l'Histoire de France*, d'Augustin Thierry ; à ce récit pittoresque, mais souvent peu exact, on doit préférer l'ouvrage de Chérest, *Vézelay, étude historique*, Auxerre, 1865-1868, 3 vol. in-8°. — L'auteur de l'*Historia* a résumé assez exactement l'histoire de la révolte. Le soulèvement des habitants et l'établissement de la commune date de 1152. L'abbé ici nommé est Pons de Montboissier, cité plus haut.
2. Guillaume III (mort en 1161).

tantummodo carnibus vitam suam sustentarent *i*. Pars quoque monachorum excubiis noctis insistebat *j*, pars lassata membra sopore aliquantulum recreabat. Cumque tanta vexatione coarctarentur, abbas videns quod iniqui homines, ab impietate sua nullatenus desistentes, magis ac magis eos assiliebant, per quorundam amicorum suorum conductum clam monasterium exivit et regem Ludovicum Corbeye demorantem celeriter adiit[1], cui querelam suam deponens, super injusta inquietatione Vizeliacensis communie ei proclamavit *k*. Quo per insinuationem abbatis cognito *l*, rex semper promptus ad ecclesiarum protectionem, Lingonensem episcopum[2] ad comitem Nivernensem, qui predictam communiam manutenebat, destinavit et mandavit ei quod pacem ecclesie reformaret et communiam dissipari faceret. Comes vero, regio mandato obtemperare negligens, in sua perversitate homines Vizeliacenses perdurare non prohibuit. Cujus contumacia auribus regis relata, ipse tantam indignationem comprimere digne cogitans, exercitum congregavit, quo adunato adversus predictum comitem equitabat. Quod ille audiens, episcopum Autissiodorensem[3] ad regem dirigens, mandavit ei quod secundum suam voluntatem de predicta communia faceret. Deinde ipse apud *m* castrum Moretum[4] regi obviam veniens, ei fiduciavit quod communie deinceps non consentiret, sed eam penitus dissiparet. Unde rex, fiducia comitis accepta et *n* exercitu dimisso, Autissiodorum[5] cum eodem comite venit, ubi Vizeliacenses burgenses convocati juramento firmaverunt *o* quod ad voluntatem Poncii[6] abbatis

i. sustentabant G.
j. subsistebat A[2].
k. proclamaverunt G.
l. agnito A[2].
m. ad A[2].
n. quod A[2].
o. affirmaverunt A[2].

1. Dans l'été de 1155.
2. Geoffroi.
3. Alain.
4. Moret, Seine-et-Marne, ch.-l. de cant.
5. Louis VII résidait à Auxerre les 5 et 6 novembre 1155.
6. Pons de Montboissier, déjà nommé.

successorumque ejus se haberent, communiam quoque *p* relinquerent et eam *q* deinceps non iterarent[1]. Proinde regis decreto iidem burgenses Poncio abbati quadraginta milia solidorum donaverunt, et ita pax ecclesie restituta est. Expleto deinde paucorum annorum curriculo, Willermus, comes Nivernensis[2], ejusdem ecclesie paci adversari *r* cepit, nam quasdam indebitas consuetudines in ea clamabat, quas Willermus, abbas Vizeliacensis[3], et monachi se debere ei infitiabantur. Unde comes, postposita Dei reverentia, monachis alimenta subtraxit. Illi autem victualibus carentes, regem Ludovicum pedestres adierunt et ei Parisius[4] occurrentes, solotenus prostrati, lacrimis obortis, querelam suam super injuriis a prefato comite sibi illatis ei deposuerunt. Iccirco rex, compatiens monachis lacrimabiliter conquerentibus, Vizeliacensi ecclesie firmissimam pacem restitui fecit[5].

[XXV.] Igitur propter hec et alia multa opera justicie, que piissimus rex Ludovicus predicte ecclesie et pluribus aliis intuitu divine majestatis exhibuit, necnon propter ultionem quam in hostes Cluniacensis *s* ecclesie et plurium aliarum ecclesiarum multociens exercuit, divina bonitas tot bonorum operum remunerationem condignam ei contulit. Rex etenim divine gratia largitatis ex Ala *t*, nobilissima regina, unum filium genuit. Anno incarnationis dominice M° C° LXV°, sabbato in octava assumptionis beate Marie

p. communiamque A².
q. et ad eam A².
r. eidem eccl. adversari A².
s. Cluniacensis *deest* G.
t. Adela G.

1. La sentence est analysée plus longuement par Hugues de Poitiers dans l'*Historia Vizeliacensis monasterii*, mais l'anonyme et lui sont d'accord sur les faits.
2. Dans l'intervalle le comte Guillaume III était mort et avait été remplacé par son fils Guillaume IV (1161).
3. Guillaume de Mello, successeur de Pons de Montboissier (14 octobre 1161).
4. En novembre 1165, le comte profita d'une révolte des moines contre l'abbé pour faire envahir le monastère par des hommes d'armes et expulser les religieux. (Chérest, *Vézelay*, II, 35 et suiv.)
5. Louis VII vint lui-même à Vézelay ; il y était le 6 janvier 1167.

virginis[1], nocte, dum matutina synaxis celebraretur, hec nobilissima proles [u] processit ad ortum[2]. Cujus nativitatis gaudium deferens nuntius, ad Sanctum Germanum de Pratis veniens, hos felices rumores enarravit eadem hora qua monachi incipiebant cantare propheticum canticum : *Benedictus Dominus, Deus Israel, quia visitavit et fecit redemptionem plebis sue*[3]. Quod divino oraculo contigisse manifestis indiciis conici potest. Fama vero tam desiderate prolis circumquaque percurrens, omnes Francigenas maximo [v] gaudio replevit, quippe qui successionem masculini sexus de semine regis Ludovici procedentem diu multumque desideraverant, qui post gloriosi patris decessum solium regie majestatis obtineret, quorum *desiderium attulit eis Dominus nec sunt fraudati a desiderio suo*[4]. Itaque regia prole exorta, in crastino ortus sui, hoc est die dominica[5], pater ejus rex Ludovicus filium suum baptismatis sacramento confirmari fecit. Ad quod exequendum Mauricius, Parisiensis episcopus, mandato regis sacerdotalibus vestimentis[w] se induit et regiam sobolem in ecclesia Sancti Michaelis de Platea[6] sollempniter regeneravit baptismate. Hugo etiam, abbas Sancti Germani Parisiensis[7], patrinus puerum super fontem baptismatis in ulnis suis tenuit. Herveius[x] quoque, abbas Sancti Victoris[8], et Odo,

u. *Ici* A *reprend.*
v. maxime A.
w. indumentis G.
x. Henricus G.

---

1. 21 août 1165.
2. Voir à ce sujet le petit poème de Pierre Riga, publié par M. Fr. Delaborde, dans *Notices et documents publiés par la Société de l'hist. de France*, pp. 123-127. L'auteur de l'*Historia*, moine à Saint-Germain, n'apprit l'événement qu'à l'heure de matines, mais le petit prince vint au monde vers 10 ou 11 heures du soir.
3. Évang. sel. s. Luc, I, 68.
4. Psaumes, LXXVII, 29-30.
5. 22 août 1165.
6. Chapelle dépendant du Palais en la cité. Voir à ce sujet Lebeuf, *Hist. de la ville... de Paris*, nouv. édit., I, 179-180.
7. Hugues VI de Monceaux, moine de Vezelay (1162-1182).
8. Abdiqua vers 1172.

quondam abbas Sancte Genovefe [1], patrini extiterunt. Constantia, soror regis Ludovici, uxor Reimundi, comitis Sancti Egidii [2], et due vidue Parisienses matrine fuerunt *y*.

Explicit *z*.

y. On a ajouté plus tard dans A *les mots suivants :* qui vocatus fuit Philipus.

z. Explicit *deest* A.

---

1. Il avait abdiqué vers 1154 et mourut en 1173.
2. Raimond V, comte de Toulouse, marquis de Provence.

TABLE ALPHABÉTIQUE

DES

NOMS DE LIEUX ET DE PERSONNES

CONTENUES DANS

LA VIE DE LOUIS LE GROS ET L'HISTOIRE DU ROI LOUIS VII

N.B. — Les chiffres renvoient aux pages; la lettre n. *à la suite d'un chiffre indique que le nom se trouve dans les variantes ou dans les notes.*

A

Aaliz, fille de Louis VII et d'Eléonore de Guyenne, 161, 164.

Aaliz ou Pernelle, fille du duc d'Aquitaine, épouse Raoul, comte de Vermandois, 156.

Aanor. Eléonore.

Ada de Roucy, première femme d'Enguerrand de Boves et mère de Thomas de Marle, 15, n.

Adalbert de Sarrebruck, archevêque de Mayence, chancelier de l'empereur Henri V, 23, 148.

Adam, abbé de Saint-Denis, 9, 26, 38, 63, 96, 132.

Adam, châtelain d'Amiens, 83.

Addo, évêque de Plaisance, 27, 28.

Adélaïde, reine de France, femme d'Hugues Capet, 163, n.

Adélaïde de Crécy, comtesse de Corbeil, 41, n., 42.

Adélaïde de Savoie, reine de France, 94, 116, n., 141 ; querelles entre elle et Louis VII, 150.

Adélaïde, fille de Louis VII et de Constance de Castille, 165.

Adèle, comtesse de Chartres et de Blois, 61, 86, n., 147.

Adèle (*Ala*) de Champagne, épouse Louis VII, 166-167 ; met au monde Philippe-Auguste, 176-177.

Adelin. Guillaume.

Adriatique (Mer), 32.

Agnès de Blois, comtesse de Bar-le-Duc, 166.

Agnès, sœur d'Henri V, empereur, 148.

Aimeri, abbé de la Chaise-Dieu, puis évêque de Clermont, 106, 107, 108.

Aimon Vairevache, seigneur de Bourbon, 140, 157, n. ; expédition de Louis VI contre lui, 84-85.

Aix-la-Chapelle, 126, n.

Ala. Adèle.

Alain, évêque d'Auxerre, 175.

Alard Guillebaud, seigneur de La Roche-Guillebaud et de Château-Meillant, 84.

Albanensis episcopus et legatus. V. Mathieu.

Albemarlensis comes. Aumale.

Albert, chantre de Paris, 167.

Alcenor, Alienor. Eléonore.

Alemannia, Alemanni. V. Allemagne, Allemands.

Alençon (Ville et château d'), pris sur le roi d'Angleterre, 89-90.

Alexandre II, pape, 22.

Alexandre III, pape, 169, 171, n. ; se réfugie en France, 168.

Alfonse VIII, roi de Castille (*imperator Hispanic*), 164.

Alfonse IX, roi (*imperator*) de Castille, 169.

Alfonse-Jourdain (*Anfulsus*), comte de Toulouse, 158.

Alix, reine de Danemark, tante de Louis VI, 110, n.

Alix, femme d'Ebrard, seigneur du Puiset, 60, n.

Alix, femme d'Hugues I du Puiset, 60, n., 70, n.
Allaines (Eure-et-Loir), 66, n.
Allemagne, *Alemania*, *Alemannorum regnum*, *Teutonicum*, *Theutonicorum regnum*, 32, 119, 144, 146, 169.
Allemands, *Allemanni*, *Alemanni*, *Teutonici*, 14, 28, 29, 101, 102, 142, 143, 144.
— *Theutonici episcopi*, 122.
Allier (*Hileris*), rivière, 107.
Allones (Château d'), *Alona*, 66, 139.
Alpes, montagnes, 170.
Alvernia, *Alverni*. V. Auvergne.
Amauri I, roi de Jérusalem, 169.
Amauri de Montfort, 57, 58, 106, 109, 116.
Amédée II, comte de Savoie, 159.
Amiens (Bourgeois d'), *Ambianenses*, 83, n., 103, 143.
— *Ambianensis civitas*, 83.
— Châtelain : Adam.
— Comte : Enguerrand de Boves.
— Evêque : Geoffroi.
— *Ambianensis pagus*, 81.
Amiens. Hugues.
Anaclet, antipape, 32.
Andegavensis superducta. V. Bertrade.
Andelle (L'), rivière, 89, 159.
Andelys (Les), *Andeliacum*, château, 89, 92.
André de Baudement, sénéchal du comte Thibaut, 66, 139.
André, comte de Ramerupt et d'Arcis, 17.
Anfulsus. Alfonse.
Angleterre, *Anglia*, *Anglie*, *Anglorum regnum*, 7, 8, 46, 69, 85, n., 132, 133, 144, 145, 147, 149, 161, 164.
— *Angli episcopi*, 122.
— *Anglie proceres*, 47.
— *Anglorum reges*, 86.
Anjou (Comte d'), 85, n. Foulques, Geoffroi Plantagenet.
— Comtesses : Bertrade, Mathilde.

Anne, femme d'Henri I, fille du roi des Ruthènes, 126.
Ansean de Traignel, 159, 165, n.
Ansel de Garlande, sénéchal de France, 42, 43, 66, 138, 139 ; tué par Hugues du Puiset, 79.
Antioche, *Antiochia*, 18, 24, 135.
— Princes : Bohémond, Tancrède.
Apulia. Pouille.
Aquila (*De*). Gilbert de Laigle.
Aquitaine, *Aquitania*, 138, 146, 153, 156 ; duché, 128, 151.
— Duc, 146, 151, n. Guillaume, Thibaut.
— *Aquitani episcopi*, 122.
Aravium mons, 46.
Archambaud, seigneur de Bourbon, 159.
Archambaud le Jeune, seigneur de Bourbon, 84.
Arcis. Comte : André.
Arezzo, 29, n.
Argenteuil (Prieuré d'), restitué à l'abbaye de Saint-Denis, 100-101, 145.
Armand IV, vicomte de Polignac, 171, n.
Arnoul, évêque de Lisieux, 158.
Arpajon. V. Châtres.
Arras, 112, n.
Asquins (*Escuanum*), 159.
Aubervilliers, 105, n.
Aumale. Comte : Etienne.
Aurelianenses, *Aurelianis*. V. Orléans.
Austrasii, peuple d'Allemagne, 142.
Autisiodorum. Auxerre.
Autun (*Eduensium pagus*), 151.
Auvergne, *Alvernia*, *Alvernorum terra*, 6, 107, 108, 109, 110 ; — *Alverni*, 106, 107.
— (Comte d'), 145. Guillaume.
Auxerre, 122, 149, 173,
— Comte : Guillaume, comte de Nevers.
— Evêques : Alain, Geoffroi, Guillaume de Toucy, Humbaud.

B

Baioarii, Bavarois, 101, 142.
Balgentiacum, *Baugentiacum*. Beaugency.
Bari, *Barensis civitas*, 149.
— Eglise Saint-Nicolas, 100, 142.
Bar-le-Duc. Comtesse : Agnès.
Baudement. André.
Baudemont (Eure), 162.
Baudoin V, comte de Flandre, 112, n.
Baudoin VII dit à la Hache, comte de Flandre, 71, n., 87, 88, 110 ; — sa mort, 90.
Bavière. Duc : Welf.

Beauce (*Belsa*, *Belsia*), 62, 63, 139.
Beaugency (Concile de), 163.
— Lancelin, Raoul.
Beaumont. Comte : Mathieu.
Beauvais (Eglise de), *Belvacensis*, 10, 133.
— Concile de 1114, 81-82.
— *Belvacenses*, 103, 143.
— *Belvacensis conductus*, 80.
Belesme. Robert.
Belsa, *Belsia*. Beauce.
Bénévent (S. Barthelemi de), 100, 142.
Beneventana provincia, 149.

Bernard (S.), abbé de Clairvaux, 99, n., 145, 158.
Berry, *Bituricensium partes, fines*, 6, 36, 83, 84, 138.
Berthe, reine de France, 7, 110, n.
Bertrade de Montfort, comtesse d'Anjou, maîtresse de Philippe I, *Andegavensis superducta*, 7, 18, 38, 39, n., 57, 58, 63, n.
Bertulphe ou Berthold, prévôt de Bruges, assassin du comte Charles, 111; son supplice, 113.
Béthizy (Oise), 127, 128, n.
Bitonto (Calabre), 96.
Bituricae. V. Bourges.
Bituricensium partes. V. Berry.
Blankenburg. Réginald.
Blois, *Blesensis exercitus*, 62.
— Comte : Thibaut.
— Comtesse : Adèle.
— Isabelle, Marie, Mathilde.
Boamundus. Bohémond.
Bohemani, 142.
Bohémond I, prince d'Antioche ; son éloge, son voyage en France, s'allie à la maison royale, 21-23, 135.
Bohémond II, prince d'Antioche ; son éloge, sa mort, 23-24.
Bonneval (Abbaye et bourg de); ce dernier est pris et brûlé par Louis VI, 124.
Bordeaux. Archevêque : Geoffroi de Lorroux.
Bordelais, *Burdegalensium fines*, 128.
Bouchard II, comte de Corbeil, 41 n, 60, n., 70.
Bouchard, seigneur de Montmorency, 91, 141 ; Louis VI lui fait la guerre, 9, 10, 132, 133.
Bouchard, assassin du comte de Flandre, Charles, 111; son supplice, 113.
Bourbon. Seigneurs : Aimon, Archambaud.
Bourges, *Bituricae*, 107.
— Archevêque : Vulgrin.

Bourgogne, *Burgundionum ducatus*, 6, 151.
— Duc, 142, 173. Eudes, Hugues.
— Duchesse : Marie de Blois.
— Comtes : Étienne, Guillaume.
Bourgogne. Gui.
Bouteiller (Le), Guillaume.
Boves. Enguerrand.
Brabançons, routiers, punis par Louis VII, 172-174.
Braium, dans le Vexin normand, 162.
Bray. Milon.
Bray-et-Lu (Eure), 49.
Brémule (Combat de), 91-92, 141.
Bretagne (Comte de), *Britannie*, 85, n., 91, n., 141, 143. Conan.
Breteuil, attaqué par Louis VI en 1118, 92. Evrard.
Brie. Comte : Thibaut.
Brienses, 35, 69, 78, 137.
Briensis pagus, 68.
Briensium partes, 86.
Brioude (Abbé de), 171, n.
Britannia. Bretagne.
Britoilum. V. Breteuil.
Bruges, 111, 112, 114 ; église Saint-Donatien, 111, n., 112, 113.
— *Brugenses*, 114.
— Châtelain : Désiré Haket.
— Prévôt : Bertulphe.
Brunon, évêque de Segni, légat du pape, préside le concile de Poitiers, 23.
Brunon, archevêque de Trèves ; son discours au pape, 27.
Bucaille (La), Eure, 162.
Buchardus, Burcardus. Bouchard.
Bulles. Lancelin, Manassé.
Burchard de Holte, évêque de Munster, 27, 32.
Burdegalensium fines. V. Bordelais.
Burdin, archevêque de Braga, antipape, 93, 140, 141 ; pris à Sutri et enfermé pour la vie, 95.
Burgundia. Bourgogne.
Buticularius. Guillaume le Bouteiller.

C

Cabilonensis civitas. Chalon.
Cadurcus, chancelier de France, 168, n.
Calabre, 22 n., 161, n.
Calixte II, pape, 90, n., 93, n., 97, 99, 100, 101, 142 ; élu à Cluny ; son éloge, ses succès, 94 et suiv., 141. V. Gui de Vienne.
Calvusmons. Chaumont.
Cambrai, 119, n.
Campani. Champenois.

Campanie, pays d'Italie, 22, 32, 95.
Canliacum. Chambly.
Canut (S.), roi de Danemark, père de Charles le Bon, 90, n., 110.
Cappy. Seigneur : Robert de Péronne.
Capuana provincia, 149.
Caritas. Charité (La).
Carloman, roi de France, 130.
Carnotensis, etc. Chartres.
Carolus. Charles.
Castellumforte. Châteaufort.

Castellumrainardi. Châteaurenard.
Castille. Rois : Alfonse.
Castre. Châtres.
Castrum Landulfi. Châteaulandon.
Castrumnovum. Château-sur-Epte.
Castrumnovum. Neufchâtel.
Catalaunenses. Châlons-sur-Marne.
Cava (Monastère de la), en Italie, 95, n.
Cécile, fille de Philippe I et de Bertrade d'Anjou, épouse Tancrède d'Antioche, 135.
Cergiacum, villa, 144.
Chaise-Dieu (Abbé de la), 171, n. Aimeri.
Chalon-sur-Saône. Cité, 173.
— Comte : Guillaume.
Châlons-sur-Marne, 26.
— *Catalaunenses*, 102, 143.
— Abbaye Saint-Menge.
Chambly (Siège du château de), par le prince Louis, 11-12, 133-135.
Champagne. Comtes : Henri, Hugues, comte de Troyes.
Champenois, *Campani*, 137.
Charité-sur-Loire (La), 25.
Charlemagne, empereur, 5, 26, 100, 145.
Charles le Bon, comte de Flandre, 90, n., 93, 103, 108, 143, 145 ; assassiné à Bruges, 110-111.
Charles le Chauve, empereur et roi de France, 126, n., 130.
Charles le Simple, 155.
Charles V, 42, n.
Chartres, *Carnotum*, 61, 79, 119.
— Menacé, puis épargné par Louis VI, 92-93.
— (Assemblée à), en 1106, 23.
— Église Notre-Dame, 93 ; mention de la sainte Chemise, 92.
— Comte : Thibaut.
— Comtesse : Adèle.
— *Carnotensis episcopus*, 145.
— Evêques : Geoffroi de Lèves, Ives.
— Vicomte : Hugues.
— *Carnotenses*, 69, 86.
— *Carnotensis exercitus*, 62.
— *Carnotensis pagus*, 68, 86.
Châteaufort (Seine-et-Oise), 19.
Château-Landon (Tour de), 66, n., 70, n., 140.
Château-Meillant. Seigneur : Alard Guillebaud.
Châteauneuf-sur-Loire, 124, n.
Châteaurenard, forteresse prise par les troupes de Louis VI, 124.
Château-Saint-Ange, à Rome, 22.
Château-sur-Epte (Eure), 162.
Châtillon. Gaucher.

Châtres ou Arpajon, 58.
Chaumont. Enguerrand.
Chaumont-en-Vexin (Oise), 51.
— Seigneurs, 89, n., 91, n. Eudes, Gauthier, Hugues, Otmond.
Cholet. Hugues.
Cinomannorum pars. V. Mans (Le).
Citta di Castello (Italie), 30.
Clairvaux (Abbaye de), 140. Abbé : Bernard (S).
Clarembaud, évêque de Senlis, 98.
Clermont. Hugues.
Clermont-Ferrand, *Clarus mons*, 106, 107, 108, 145, 169.
— *Ecclesia Beate Marie episcopalis*, 106, 107.
— Doyen, 106.
— Comte : Guillaume.
— Evêques : Aimeri, Etienne de Mercœur.
Clermont-sur-Oise. Comte : Gui.
Cliton. Guillaume.
Clovis I, roi de France, 40.
Cluny (Abbaye de), 24, n., 25, 94, n., 118, 141, 161, n., 174, 176.
— Persécutée par le comte de Chalon, 172-173.
— Bourgeois, 173.
— *Cluniacensis provincia*, 173.
Cologne, 170.
— Archevêques : Frédéric, Réginald.
Comnène. Manuel.
Compiègne, *Compendium*, 121, 150, n.
Conan III, comte de Bretagne, 103, 107, 108.
Conciles. V. Beaugency, Beauvais, Etampes, Latran, Lyon, Poitiers, Reims, Troyes, Vienne.
Conon, évêque de Préneste, légat en France, 81.
Conrad III, empereur, 24, n., 148.
— Se croise, 159.
Constance, reine de France, 62.
Constance de Castille, reine de France, 164.
— Meurt en couches, 165-166.
Constance, fille de Philippe I, épouse Bohémond d'Antioche, 22, 23.
Constance, comtesse de Toulouse, 178.
Constantinople (Empereur de), 22.
Constantinopolitani thesauri, 21.
Corbeil, *Carboilum*, 19, 71, 72.
— *Curboilenses oppidani*, 42, 45.
— Comte, 138. Bouchard, Eudes.
— Comtesse : Adélaïde.
Corbie, 175.
Coucy (Château de), 114, 115.
— Seigneur : Enguerrand de Boves, Enguerrand, Thomas de Marle.
Courtenay. Guillaume.

Crécy. Adélaïde, Hugues.
Crécy-sur-Serre, pris par Louis VI sur Thomas de Marle, 81, 82.
Crême. Gui.
Crescentiani turris, à Rome, 22.
Crespy. Hugues.
Crispin, Guillaume.
Curboilum. V. Corbeil.

D

Daimbert (*Dembertus*), archevêque de Sens, 39, 63.
Dammartin. Seigneur ou comte : Lancelin de Bulles.
— Comte : Manassé.
Danemark. Reine : Alix. Roi : Canut.
Dangu (Eure), 161.
Dani, 47, 48.
Dasselle. Réginald.
Denis (S.), patron du royaume, 101 ; ses reliques, 25.
Désiré Haket, châtelain de Bruges, assassin de Charles le Bon, 111, n.

Domnus Martinus. Dammartin.
Donzy. Geoffroi. Hervé.
Dreu (*Drogo*) de Mello, 167, 168.
Dreu de Mouchy, 78, 132, 133 ; expédition du prince Louis contre lui, 10, 133.
Dreu de Mouchy, fils du précédent (?), 159, 167.
Dreux (*Drocæ*), 58.
— Comte : Robert.
Dunenses, 69.
Dunensis exercitus, 62.
Durazzo (Siège de), 21, 22.

E

Eble (*Ebalus*) de Roucy, 13, 14, 16.
Ebrard, seigneur du Puiset, 60, n.
Edesse (Prise d') par les Turcs, 157.
Eduensium pagus. V. Autun.
Eleonore de Guyenne, 128, 146, 161.
— Epouse le jeune prince Louis à Bordeaux, est couronnée duchesse d'Aquitaine à Poitiers, 129, 156.
— Prend la croix (1146), 158.
— Divorce entre elle et Louis VII, 1163 ; elle épouse Henri d'Angleterre, 164.
Enguerrand de Boves, sire de Coucy, comte d'Amiens, 15, 16, 17, 83, n.
Enguerrand de Chaumont, ennemi du roi d'Angleterre, 89, 90.
Enguerrand II de Coucy, fils de Thomas de Marle, 116, n., 159.
Enguerrand de Trie, 89, n.
Enguerrand de Trie, 168 ; *fils ou parent du précédent*.
Epte (L'), rivière, servant de limite entre la France et la Normandie, 48, 49, n., 86, 89, 161.
Erchenbaldus. Archambaud.
Escuanum. Asquins.
Espagne, 13, 108.
— *Hispani episcopi*, 122.
Etampes, *Stampæ*, 37, 76, 138.
— (Concile d'), décide Louis VI à reconnaître pour pape Innocent II, 118 et n.
— *Stampenses*, 103, 143.
— *Stampensis pagus*, 69.
— *Stampensis via*, 72.

Etienne, comte de Mortain et de Boulogne, plus tard roi d'Angleterre, 41, n., 70, 86, 89, n., 146, 149, 161.
Etienne, comte d'Aumale, 88.
Etienne, duc (*corr*. comte) de Bourgogne, 141.
Etienne de la Chapelle, évêque de Meaux, 166.
Etienne de Garlande, chancelier et sénéchal de France ; brouille et guerre entre lui et Louis VI, 116-117.
Etienne III, roi de Hongrie, 169.
Etienne de Mercœur, évêque de Clermont, 171.
Etienne, comte de Sancerre, 165, 166.
Etienne de Senlis, évêque de Paris, 100, 129.
Etrépagny (Eure), 161.
Etta. V. Epte (L').
Eu (Château d'), *Oense castellum*, 90.
— Comte : Henri.
Eudes II, duc de Bourgogne, 166, n.
Eudes de Chaumont-en-Vexin, 89, n.
Eudes, comte de Corbeil, 45, n.
— Fait prisonnier par son demi-frère Hugues de Crécy, délivré par Louis VI, 41-45.
— Sa mort, 70.
Eudes, abbé de Sainte-Geneviève de Paris, 177-178.
Eustache, fils du roi d'Angleterre, Etienne, 162, n.
Evrard de Breteuil, 159.

F

Ferricus. Frédéric.
Ferté-Alais (La), *Firmitas Balduini*, 41, 42, 138; assiégée et prise par Louis VI, 43-45.
Ferté-Milon (La). Hugues.
Flandre, *Flandria*, 71, 88, 110, 112, 114.
— Comte, 85, n., 139, 140, 145. Baudoin, Charles, Guillaume Cliton, Robert, Thierry.
— *Flandrense iter*, 74.
— *Flandrenses*, 52, 133.
— *Flandrie barones*, 112.
Flandre. Philippe.
Florus, fils de Philippe I et de la comtesse d'Anjou, 7.
Fontevrauld (Abbaye de), 91, n.
Foulques Réchin, comte d'Anjou, 57.
Foulques V le Jeune, comte d'Anjou, puis roi de Jérusalem, 57, 87, 88, 89, 90, 91, 103, 107, 108, 143, 145.
France, *Francia, Francie, Francorum regnum*, 23, 69, 85, 101, 102, 103, 106, 114, 118, 132, 135, 142, 143, 145, 150, 152, 163, 166.
France. Chanceliers : Cadurcus, Etienne de Garlande.
— Connétable : Hugues de Chaumont.
— Sénéchaux : Etienne et Païen de Garlande.
— V. *Gallia*.
Francfort (Diète de), 159, n.
Franci, Francigene, 48, 49, 50, 51, 55, 56, 76, 84, 85, 90, 92, 94, 102, 104, 107, 108, 109, 133, 137, 138, 140, 141, 143, 144, 149, 156, 173, 177.
— *Franci episcopi*, 122.
— *Francorum jus regium*, 102, 143.
— *Francorum mos*, 9, 133.
— *Francorum rex*, 61.
— *Francorum reges*, 147.
Frédéric de Friaul, archevêque de Cologne, 148.
Frédéric Barberousse, duc de Saxe, plus tard empereur, 148, n., 159.
— Soutient les antipapes contre Alexandre III ; récit de son expédition en Italie (1167), 169-171.
Frédéric de Hohenstaufen, beau-frère de l'empereur Henri V, 148, n.
— Duc de Souabe, compétiteur de Lothaire à l'Empire, 148.
Frédéric, fils de Conrad III, empereur, 170.
Frise, 170, n.

G

Gades Herculis, 75.
Galcherius. Gaucher.
Galdricus. Gaudri.
Galeran, comte de Meulan, 106, n.
Galliarum ecclesie, 121.
Gallicana ecclesia, 24, 25, 119, 140.
Gallicane partes, 168.
Gallorum partes, 21. V. France.
Galon, *Galo, Walo*, évêque de Paris, 25, 38, 39.
Galterius. Gautier.
Gamaches (Eure), 161.
Garin de Traignel, 159.
Garlande (Famille de), *Garlandenses*, 19 n., 21, 33, 36, 116, 136, 137. Ansel, Etienne, Guillaume, Païen.
Garonne, fleuve, 128.
Gascogne, 129.
Gasny (Eure), surprise de cette ville par Louis VI, 86-87.
Gaucher II de Châtillon, seigneur de Montjay, 159 ; se révolte contre Louis VII, 157.
Gaudry, évêque de Laon, tué en 1112, 81, n., 82.
Gaufridus. Geoffroi.
Gautier de Chaumont-en-Vexin, 89, n.
Gautier Tirel, 8.
Gélase II, auparavant Jean Gaëtani se réfugie en France, aborde à Maguelonne, meurt à Cluny, 93-94, 140.
Gemblours. Sigebert.
Genève, 170, n.
Geoffroi, évêque d'Amiens, 83, n.
Geoffroi, évêque d'Auxerre, 61.
Geoffroi III de Donzy, seigneur de Gien ; démêlés entre lui et son fils Hervé, 164-165.
Geoffroi, évêque de Langres, 158, 175.
Geoffroi de Lèves, évêque de Chartres, 100.
Geoffroi de Lorroux, archevêque de Bordeaux, 163.
Geoffroi Plantagenet, comte d'Anjou, 149, 161.
Geoffroi de Rançon, 159.
Geoffroi, abbé de Saint-Germain-des-Prés, 164, n.
Germigny (Château de), 84.
Gervais de Rethel, trésorier de l'église de Reims, 40, n.
Gien, *Giennium, Giemacum*, pris par Louis VII, 165.
— Seigneur : Geoffroi de Donzy.
Gilbert de Laigle, 6, 7.

Gilduin, abbé de Saint-Victor de Paris, 129.
Gilon, abbé de Saint-Germain-des-Prés, 157, n.
Gisèle, comtesse de Maurienne, 94, n.
Gisors (Château de), 49, 51, 52, 139, 161.
— Fortifié par Guillaume le Roux, 7.
— Henri Beauclerc en dispute la possession à Louis VI, 48 et suiv.
— (Entrevue près de) entre Louis VI et Henri Beauclerc, 52, n.
Gisors. Païen.
Goffridus. Geoffroi.
Goslenus. Josselin.
Gouet. Guillaume.
Gournay. Hugues.
Gournay-sur-Marne (Château de), assiégé par le prince Louis, 33-36, 136-138.
Grèce, 21.
Grégoire le Grand (S.), 27.
Grégoire VII, 13, n.
— Délivré par Robert Guiscard, 22.
Grégoire, cardinal-diacre de Saint-Ange, élu pape sous le nom d'Innocent II, 117.
Guarinus. Garin.
Gui de Bourgogne, archevêque de Vienne, 32, n., 141; pape sous le nom de Calixte II. V. ce nom.
Gui, fils de Hugues, comte de Clermont, 91, 141.
Gui de Crème, antipape (Pascal III), 170.
Gui II, comte de Ponthieu, 159.
Gui du Puiset, 60 et n.
Gui le Rouge, comte de Rochefort, 19, 20, 21, 25, 35, 41, 136, 137.
— Rupture entre lui et le prince Louis, 32-36.
Gui, comte de Rochefort, fils du précédent, 58, 69, 76.
Gui de la Roche-Guyon, père du suivant, 53, n.
Gui de la Roche-Guyon, 54.
— Assassiné avec sa famille, 53-55.
Gui de Senlis, 12, 134.
Gui Troussel, seigneur de Montlhéry, 18, 19, 20.
Guichard de Roucy, 13.
Guillaume Adelin, fils d'Henri Beauclerc, 48, n., 52, 91.
Guillaume le Conquérant, roi d'Angleterre, 5, 6, 112, n., 119, n.
Guillaume le Roux, roi d'Angleterre, 46, 132.
— Ses guerres contre le prince Louis, 5-7; sa mort, 8.
Guillaume le Grand, duc d'Aquitaine, 163, n.

Guillaume Fierabras, duc d'Aquitaine, 163, n.
Guillaume VII, duc d'Aquitaine, 104.
Guillaume VIII, duc d'Aquitaine, 163, n.
Guillaume IX, duc d'Aquitaine, 143, 163, n.
Guillaume IX ou Guillaume X, duc d'Aquitaine, 109, 110.
Guillaume X, duc d'Aquitaine, 154, 155, 157, n., 163, n.
— Meurt à Saint-Jacques de Compostelle, après avoir remis au roi Louis VI le soin de marier sa fille et de disposer de ses états, 127-128, 156.
Guillaume VI, comte d'Auvergne, 106, 108, 110.
Guillaume, comte d'Auxerre et de Nevers. V. Guillaume II de Nevers.
Guillaume Tête-Hardie, comte de Bourgogne, 94, n.
Guillaume le Bouteiller, de Senlis, 159.
Guillaume, comte de Chalon, 172, 173.
Guillaume VII, comte de Clermont, 171.
Guillaume Cliton, fils de Robert Courteheuse, 85, n., 86, n., 88, n., 90, n.
— Devient comte de Flandre, 112, 145.
Guillaume de Courtenay, 159.
Guillaume Crispin, 141.
Guillaume de Garlande, 44, 73.
Guillaume IV Gouet, seigneur de Montmirail et du Perche-Gouet, 166.
Guillaume de Lezay, usurpateur de la seigneurie de Talmont; sa trahison; son châtiment, 154-156.
Guillaume de Mello, abbé de Vezelay, 176.
Guillaume de Nangis, chroniqueur, 139.
Guillaume I, comte de Nevers, 61.
Guillaume II, comte de Nevers et d'Auxerre, 49, 103, 107.
Guillaume III, comte de Nevers, 158.
— Soutient la commune de Vezelay contre les moines, 174-175.
Guillaume IV, comte de Nevers; démêlés entre lui et l'abbaye de Vezelay, 176.
Guillaume le Normand, assassin de Gui de la Roche-Guyon; son châtiment, 53-56.
Guillaume VIII, comte du Puy ou de Velay, 171.
Guillaume I, roi de Sicile, 169.
Guillaume aux Blanches-Mains, archevêque de Sens, puis de Reims, 166.

Guillaume de Toucy, évêque d'Auxerre, 166.
Guillaume, comte de Warenne et de Surrey, 159.
Guillaume d'Ypres ou le Bâtard, fils naturel de Philippe de Flandre, 113, n., 114.
Guillebaud. Alard.
Guiscard. Robert.
Guyenne Eléonore. — V. Aquitaine.

H

H., chambellan du roi d'Angleterre ; sa trahison, son supplice, 88.
Hacqueville (Eure), 161.
Haimo. Aimon.
Haket. Désiré.
Halberstadt. Evêque : Réginald.
Hamelin, frère bâtard d'Henri II d'Angleterre, 159, n.
Henri I Beauclerc, roi d'Angleterre et duc de Normandie, 8, 51, 52, 55, 66, 69, 71, 79, n., 87, 92, 101, 103, 108, 112, 124, 132, 133, 135, 138, 139, 140, 141, 142, 143, 144, 145, 146.
— Eloge de ce prince, 45-48.
— Guerre entre lui et Louis VI pour la possession de Gisors, 48-52.
— Paix entre lui et Louis VI, 80.
— Nouvelle guerre entre lui et Louis VI, 85 et suiv.
— Sa malheureuse situation en 1118, 88-90.
— Ses affaires se relèvent, 90 et suiv.
— Gagne la bataille de Brémule, 91-92.
— Allié de l'Empereur en 1124, 101.
— Attaque la frontière française en 1124, est repoussé par Amauri de Montfort, 105-106.
— Reconnaît l'autorité d'Innocent II, 119.
— Sa mort, 149.
Henri II, duc de Normandie, épouse Eléonore de Guyenne, 164.
— Roi d'Angleterre, 161, 169.
— Guerre entre lui et Louis VII, 162.
Henri Court-Mantel, fils aîné d'Henri II, associé à la couronne, 164.
Henri le Libéral, comte de Champagne, 158, 159, 165, n., 166 ; comte palatin de Troyes, 164.
Henri IV, empereur, 22, 24, 132, 135.
Henri V, empereur, 24, 26, 93, 132, 133, 135, 138, 139, 140, 141, 144, 148.
— Son expédition en Italie ; entrée à Rome, captivité du pape Pascal II, 28-31.
— Son expédition contre Louis VI (1124) ; ses alliances, ses projets, 101-103, 142-144.
— Sa retraite honteuse, sa mort, 103-104, 105.

— Fin de son règne, 32.
Henri, comte d'Eu, 88.
Henri I, roi de France, 62, n., 163, n.
Henricus, cubicularius regis Anglie. V. H.
Herbert, abbé de Saint-Pierre-le-Vif, 158.
— Massacré par les bourgeois de Sens, 160.
Herbert, comte de Vermandois, 155.
Herluin de Paris, 12, 134.
Hervé de Donzy, querelles entre lui et son père Geoffroi, 165.
Hervé, évêque de Nevers, 40, n.
Hervé, prieur de Saint-Denis, 130.
Hervé, abbé de St-Victor de Paris, 177.
Hileris. Allier (L').
Hispania. Espagne.
Hongrie. Roi : Etienne.
Honorius II, auparavant évêque d'Ostie, 100, 142, 145.
— Sa mort, 117.
Horace (Citations d'), 1, 20.
Hubert, évêque de Senlis, 38.
Hue, *cubicularius regis Anglie*. V. H.
Hugues d'Amiens, archevêque de Rouen, 163.
Hugues II, duc de Bourgogne, 49, 103.
Hugues, vicomte de Chartres, 60, n.
Hugues de Chaumont, connétable de France, 89.
Hugues Cholet, comte de Roucy, 13, n.
Hugues de Clermont, 11, 12, 13, 133, 134, 135.
Hugues de Crécy, fils du comte de Rochefort, 20, 42, 43, 44, 58, 59, 69, 76.
Hugues de Crespy, abbé de Saint-Germain-des-Prés, 164, n.
Hugues le Blanc de la Ferté-Milon, 17.
Hugues Capet, roi de France, 163, n.
Hugues de Gournay, 88.
Hugues de Lusignan, 159.
Hugues de Monceaux, moine de Vezelay, abbé de Saint-Germain-des-Prés, 169, 177.
Hugues, évêque de Nevers, 39.
Hugues de Pomponne, châtelain de Gournay, 33, 136.
Hugues I du Puiset, 60, 63, n.
— Défait le roi Philippe I, 61.
Hugues II du Puiset, 63, 65, 66, 72, 139, 140.

— Sa généalogie, ses rapines, 60, 61, 62, 63.
— Héritier du comté de Corbeil ; le roi se réconcilie avec lui, 70-71.
— Recommence les hostilités contre le roi et s'allie au comte Thibaut, 71 et suiv.
— Se révolte une troisième fois contre le roi ; va s'établir en Terre-Sainte, 79.
Hugues IV, abbé de Saint-Germain-des-Prés, 96, 157, n.
Hugues de Saint-Victor, 144.

Hugues de Toucy, archevêque de Sens, 163, 164, 166.
Hugues I, comte de Troyes ou de Champagne, 23, 69, 103, 143.
Hugues le Grand, comte de Vermandois, 69, 78, n., 103, n.
Humbaud, évêque d'Auxerre, 40.
Humbaud de Sainte-Sévère, 36, 37, 137, 138.
Humbert II, comte de Maurienne, 94, n.
Huntingdon. Comte : Simon.

I

Ierosolimitana via. Jérusalem.
Imadeddin, émir turc, 157, n.
Indictum. Lendit.
Indre, rivière, 37.
Ingerrannus. Enguerrand.
Innocent II, 32, 117, 145, 149.
— Il se réfugie en France, rencontre Suger à Cluny, 117-118 ; il a à Saint-Benoît-sur-Loire une entrevue avec Louis VI, 119 ; a une entrevue avec l'empereur Lothaire à Liège, 119 ; célèbre la Pâques à Saint-Denis, 119-121.
— Ses voyages en France, 121.
— Tient le concile de Reims, et sacre roi le jeune Louis, fils de Louis VI, 122.
— S'établit à Auxerre, puis retourne en Italie, accompagné de l'empereur Lothaire, 122-123.

Isaac, un des meurtriers de Charles le Bon, mis à mort, 113.
Isabelle de Blois, 166.
Isabelle, fille du comte de Warenne, 159, n.
Italie, 32, 95.
— Expédition de Lothaire, 32, 148-149 ; expédition de Frédéric I, 170-171.
Itier de Toucy, 159.
Iveline (Forêt d'), 129, n.
Ives, évêque de Chartres, 39, 40, n.
— Son incarcération au château du Puiset, 63 et n.
Ives de Nesle, comte de Soissons, 158-159.
Ivry-la-Bataille (Eure), 92.

J

Jaffa (Comtes de), 79, n.
Janville (*Yonis villa*), 77.
Jean Gaëtan, pape sous le nom de Gélase II, 140.
Jean II, évêque d'Orléans, 38, 39, 63.
Jean, fils de Bohémond et de Constance de France, 23.
Jérusalem, 6, 160.
— Roi, 145. Amauri, Foulques.
— Fille du roi, 143.

— Chemin de Jérusalem, *Ierosolimitana via*, 19, 23, 60, 67, 79.
— *Ierosolimitane partes*, 157, 160.
Johannes. Jean.
Josselin (*Goslenus*), évêque de Soissons, 100, 132, 154. — Suger lui dédie la *Vie de Louis VI*, 1.
Juifs de Paris, 120.
Juvénal (Citation de), 88.

K

Karolus. Charles.
Kerbogha, émir d'Antioche, 18.

Kœnigslutter (Monastère de), près de Brunswick, 149, n.

L

La Chapelle (De). Étienne.
Lagny-sur-Marne, 67.
Laigle. Gilbert.
Lancelin de Beaugency, 61.

Lancelin de Bulles, seigneur de Dammartin, 68 ; comte de Dammartin, 80.
Langres, 151.

— Evêque : Geoffroi.
Laon, 114, 115.
— *Laudunensis civitas*, 82 ; punition des auteurs de la commune de Laon, 83.
— *Laudunenses*, 103, 139, 143.
— (Notre-Dame de), 139.
— Evêque : Gaudri.
— *Laudunensis pagus*, 15, 81.
— Abbaye Saint-Jean.
Latiniacum. Lagny.
Latran (Concile de), de 1112, 31 ; de 1123, 100
Laudunum, Laudunenses. Laon.
Lausanne, 28, n.
Lemovicensium confinia. Limousin.
Lendit (Le), donné à Saint-Denis, 105 et n., 144.
Léon. Pierre.
Léon de Meung-sur-Loire, 15.
Lèves. Geoffroi.
Lezay. Guillaume.
Liège (Entrevue de) entre l'empereur Lothaire et le pape Innocent II, 119.
Ligeris. Loire.
Lille, 113, n.
Limousin (*Limovicensium partes*), 128.
— *Limovicensium, Lemovicensium confinia*, 36, 138.
Lingones. Langres.
Lions, près de Rouen, 149.
Lisieux, 91, n.
— Evêque : Arnoul.
Lithuise, vicomtesse de Troyes, 18, n., 20.
Livry (Château de), 80.
— Pris par Louis VI, 116-117.
Loherius. Lothaire.
Loire, fleuve, 124.
Lombardie, 170.
Lorraine, *Lotharingia*, 155 ; duché, 135 ; *Lotaringorum regnum*, 9, 151 ; *partes*, 119.
Lorrains, *Lotaringi*, 14, 94, 101, 141, 142.
Lorroux. Geoffroi.
Lothaire, duc de Saxe, empereur, 32, 146.
— Elu empereur en 1125 ; ses expéditions, son éloge, 148-150.
— Rencontre Innocent II à Liège, 119.
— Reconduit le pape Innocent II en Italie, 123.
Louis le Pieux, empereur, 26, n., 100, 145.
Louis VI, roi de France ; *jusqu'en* 1100, Suger *l'appelle* famosus juvenis ; *de* 1100 *à* 1108, defensor regni ; *à dater de* 1108, rex.
— Enfance du jeune prince, elevé à Saint-Denis, 5.

— Eloge de sa prudence, 6, 9 ; guerre entre lui et Bouchard de Montmorency, 9-10, 132-133.
— Expéditions contre Dreu de Mouchy, 10 ; contre Mathieu, comte de Beaumont, 11-13, 133-134 ; contre Ebles de Roucy, 13-14.
— Punit Léon de Meung-sur-Loire, 15.
— Défend Thomas de Marle contre ses ennemis, 15-17.
— Fiancé à Lucienne, fille du comte de Rochefort, 19.
— Assiège et prend le château de Gournay-sur-Marne, 33-36, 136-137.
— Expédition contre Humbaud de Sainte-Sévère, 36-37, 137-138.
— Sacré roi, 39-40.
— Première guerre entre lui et Henri d'Angleterre pour la possession de Gisors, 48-52.
— Ses démêlés avec son demi-frère, Philippe de Mantes, 57-58.
— Donne Montlhéry à Milon de Bray, 59.
— Marche contre Hugues du Puiset, assiège et prend le château de ce nom, 63-66.
— Diplôme pour les tenanciers de Saint-Denis, habitant aux environs du Puiset, 66, n.
— Attaqué par Thibaut de Chartres, ligué au roi d'Angleterre ; combats dans la Brie, 66-68, 139-140.
— Est abandonné par une partie de ses barons ligués avec Thibaut, comte de Chartres, 68 et suiv.
— Pardonne à Hugues du Puiset et lui octroie le comté de Corbeil, 70-71.
— Nouvelle campagne contre Hugues du Puiset et ses alliés, 73 et suiv.
— Défaite de l'armée du roi devant le Puiset, 74-75.
— Assiège une seconde fois le château du Puiset, 76 et suiv.
— Assiège une troisième fois le château du Puiset, 79.
— Paix entre lui et Henri d'Angleterre, 80.
— Première expédition contre Thomas de Marle, 81-83.
— Réduit le château d'Amiens, 83.
— Expédition contre Aimon Vairevache, seigneur de Bourbon, 84-85.
— Nouvelle guerre entre ce prince et le roi d'Angleterre, 85 et suiv.
— Défait à Brémule, 91-92, 141.
— Reprend les hostilités après la défaite de Brémule, menace, puis épargne Chartres, 92-93.

— D'abord hostile à l'élection de Suger à Saint-Denis, finit par l'approuver, 97, 98.

— Se dispose à résister à l'invasion de l'Empereur (1124) ; ses dévotions à Saint-Denis, ses préparatifs militaires ; actions de grâces, 101-104, 142-144.

— Donations faites par lui à Saint-Denis en 1124, 105 et note.

— Première expédition d'Auvergne, 106-108 ; seconde expédition dans le même pays, 108-110.

— Expédition en Flandre pour venger la mort de Charles le Bon, 112-114.

— Nouvelle expédition contre Thomas de Marle, 114-116.

— Guerre entre lui et les Garlandes, 116-117.

— Se déclare pour le pape Innocent II, 118.

— Rencontre le pape à Saint-Benoit-sur-Loire, 119.

— Douleur du roi à la mort de son fils aîné Philippe ; sur le conseil de Suger, il fait couronner roi son second fils, Louis, 121-122.

— Eloge du vieux roi ; sa sagesse ; son expérience des choses de la guerre, 123.

— Ses dernières expéditions ; il tombe malade à *Mons Treherius*, 124-125 ; se prépare à la mort ; ses recommandations au jeune prince Louis, 125.

— Ses libéralités envers les églises et surtout envers l'abbaye de Saint-Denis, 125-126 ; confession de foi faite par lui ; communie sous les deux espèces, recouvre la santé, 126-127.

— Va s'embarquer sur la Seine à Melun, et vient remercier saint Denis de sa guérison, 127.

— Ses dernières paroles à son fils, au moment du départ de celui-ci pour l'Aquitaine, 128.

— Ses derniers moments ; sa mort édifiante, 129 ; enterré à Saint-Denis, par les soins de Suger, à la place même qu'il avait désirée, 130-131.

Louis, fils de Louis VI, 139, 146 ; Louis VII, 168, 176, 177, 178. — Couronné roi à Reims, par le pape Innocent II, 122.

— Dernières recommandations que lui fait son père, 125.

— Son père l'envoie en Aquitaine accompagné de Suger et d'une petite armée, pour prendre possession du pays ; il épouse Eléonore de Guyenne à Bordeaux et est couronné duc d'Aquitaine à Poitiers, 127-128.

— Succède à son père ; quitte l'Aquitaine et revient à Paris en toute hâte, 147.

— Dissensions entre lui et sa mère Adélaïde, 150.

— Voyage en Bourgogne, 151.

— Détruit la commune de Poitiers, pardonne aux coupables à la persuasion de Suger, 151-154.

— Marche contre le seigneur de Talmont et punit sa trahison, 154-156.

— Prend le château de Montjay, 157.

— Prend la croix (1146), 157-158.

— Punit la révolte des bourgeois de Sens, 160 ; part pour la Terre-Sainte, 160.

— Aide Henri II à conquérir la Normandie, moyennant la cession du Vexin normand, 161-162.

— Se brouille avec Henri II ; lui prend les places de Vernon et de Neufmarché, 162.

— Divorce entre lui et Eléonore, 163.

— Epouse Constance de Castille, 164.

— Intervient à main armée dans la querelle entre Geoffroi et Hervé de Donzy, 165.

— Epouse Adèle de Champagne, 166-167.

— Intervient entre Nevelon de Pierrefonds et Dreu de Mello, 167-168.

— Reconnaît l'autorité du pape Alexandre III, 169.

— Expédition en Auvergne et en Vélay, 171-172.

— Expédition contre Guillaume, comte de Chalon, 172-174.

— Intervient en faveur des moines de Vezelay, 174-176.

Lucain (Citations de), 17, 28, 33, 43, 53, 55, 70, 76, 79, 85, 106, 118, 130.

Lucienne, fille du comte de Rochefort, fiancée au prince Louis, 19, 20.

— Rupture du projet de mariage entre elle et Louis VI, 32.

Lucques, 100.

Lusignan. Hugues.

Luzarches (Château de), pris par le prince Louis sur Mathieu, comte de Beaumont, 11, 133, 135.

Lyon, 24, n.

— Concile provincial (1112), 32, n.

M

Maguelonne, île et évêché, 93, 140.
Mahaud de Vermandois, femme de Raoul de Beaugency, 69, n.
Malesessum, castrum, 87.
Manassé de Bulles, comte de Dammartin, 159.
Manassé, évêque de Meaux, 39.
Manassé, archevêque de Reims, 40, n.
Mans (Le), *Cinomannorum pars*, 88, 89.
Mantes (*Medunta*), 18, 57, 135.
— Pris par Louis VI, 58.
— Comte : Philippe.
Manuel Comnène, empereur de Constantinople, 169.
Marguerite, fille de Louis VII et de Constance de Castille, 164.
Marie de Blois, duchesse de Bourgogne, 166.
Marie, fille de Louis VII et d'Eléonore, 157, 164.
Marle. Thomas.
Marne, rivière, 33, 67, 68, 136.
Martigny. Renaud.
Mathieu, évêque d'Albano, légat en France, 100, 101, n., 144, 145.
Mathieu, comte de Beaumont, 7, 9, 11, 12, 13, 133, 134, 135.
Mathieu de Montmorency, 150, n.
Mathieu, préchantre de Sens, 167.
Mathilde, reine d'Angleterre, femme de Guillaume le Conquérant, 112, n.
Mathilde d'Anjou, épouse de Guillaume Adelin, 91.
Mathilde, veuve de l'empereur Henri V et femme de Geoffroi Plantagenet, 145, 149.
Mathilde de Blois, comtesse de Perche, 166.
Matrona, Materna. Marne.
Maudunum. Meung-sur-Loire.
Maurice (Lance de saint), 24.
Maurice de Sully, évêque de Paris, 177.
Maurienne (La), 170, n.
— Comte : Humbert.
— Comtesse : Gisèle.
Mauvoisin. Samson.
Mayence (Diète de), en 1125 ; Lothaire y est élu empereur, 148.
— Archevêque : Adalbert de Sarrebruck.
Meaux, attaqué vainement par Louis VI, 67.
— Evêques : Etienne de la Chapelle, Manassé.
Medunta. Mantes.
Meldensis. Meaux.
Mello. Dreu, Guillaume.
Melun (*Melodunum*), 38, 124, n., 127.
— Eglise Notre-Dame, 38.

— (Assemblée à), en 1110 ou 1111, 62.
Merlin l'enchanteur, 139.
— Application au roi d'Angleterre, Henri, de l'une de ses prophéties, 45-48.
Meulan. Comtes : Galeran, Robert.
Meung-sur-Loire (Château de), brûlé par le prince Louis, 15.
Mercœur. Etienne, Léon.
Milesinde, femme de Thomas de Marle, 116, n.
Milon I de Montlhéry, dit *Magnus Milo*, 18, 19, n., 59.
Milon II de Montlhéry ou de Bray, vicomte de Troyes, 18, n., 20, 21, 59, 69, 70, 76, 80.
Moissy-Cramayel (Entrevue de), 70-71.
Monceaux. Hugues.
Monciacensis. Mouchy.
Mons Gaudii, colline près de Rome, 29.
Monspessulanus. Montpellier.
Montaigu (Château de), appartenant à Thomas de Marle, 15, 135.
Montargis. Renaud.
Montboissier. Pons.
Mont-Cassin (Saint-Benoît du), 100, 142.
Monte-Gargano (Les SS. Anges de), 100, 142.
Montereau, 124, n.
Montferrand (Château de), près Clermont, assiégé par Louis VI, 108-109.
Montfort (Comte de), 145.
— Amauri, Bertrade, Simon.
Montis-Treherii (*Castellum novum*), peut-être Châteauneuf-sur-Loire, 124.
Montjay (Château de), détruit par Louis VII, 157.
— Gaucher, Païen.
Montlhéry (Château de), 18, 19, 20, 21, 57, 58, 135.
— Cédé au roi Philippe, son importance, 18-19.
— Son enceinte est détruite par le prince Louis, 21.
— Donné par le roi à Milon de Montlhéry, 59.
— (Gens de), 20.
— Seigneurs : Gui Troussel, Milon.
Montmirail. Seigneur : Guillaume Gouet.
Montmorency (Château de), assiégé par le prince Louis, 10, 133.
— Bouchard, Mathieu.
Montpellier, 168.
Mont-Saint-Vincent à Chalon-sur-Saône, 173.
Moret, 175.

Mortain. Comte : Etienne.
Mouchy (Château de), pris par le prince Louis, 10, 133.
— Pris par Louis VII, 167-168.
— Dreu.

Mouzon (Entrevue de), entre le pape Calixte II et les envoyés de l'Empereur, 94.
Munciacensis. Mouchy.
Munster. Evêque : Burchard.

N

Nangis. Guillaume.
Neaufle-Saint-Martin (Eure), 161.
— (Entrevue de), entre Louis VI et Henri Beauclerc, 48, n., 49-51.
Nesle. Ives.
Neufchâtel-sur-Aisne, 14.
Neufmarché, 162.
Nevelon de Pierrefonds, 167, 168.
Nevers (Comte de), *Nivernensis comes*, 143, 165, 173.
— Comtes : Guillaume.
— Evêques : Hervé, Hugues.
Nogentum super Andelam (Vexin normand), 162.
Normandie, *Normannia*, 7, 57, 58, 69, 72, 86, 87, 90, 91, 92, 106, n., 139, 140, 161, 162.
— (Duché de), *Normannie, Normannicus ducatus*, 6, 47, 49.

— *Normannie marchia et ducatus*, 52.
— *Normannorum marchia*, 86.
— *Normannicus pagus*, 86.
— *Normannorum partes*, 45.
— *Normanni duces*, 86. Henri, Robert.
— *Normanni milites*, 75.
— *Exercitus de Normannia*, 108.
— *Normanni*, 48, 50, 51, 55, 76, 77, 86, 141.
Nouvion-l'Abbesse, repris sur Thomas de Marle par Louis VI, 81, 82, 83.
Nova Sylva ; Guillaume le Roux y est tué, 8.
Novum marcheium. Neufmarché.
Noyon. Evêque : Simon de Vermandois.

O

Octovianus, antipape (Victor III), 168, 170.
Odo. Eudes.
Oc..se castellum. Eu.
Oriflamme, 102, 142.
Orléans, *Aurelianis*, 39, 66, n., 76, 93, n., 110, 164.
— *Aurelianis castellum*, 97.
— La commune d'Orléans est détruite par Louis VII, 147.

— Eglise, 135.
— Evêque, 15. Jean.
— *Aurelianenses*, 19, 69, 103, 142, 143.
Ormeteau-Ferré (Paix de l'), près de Gisors, entre les rois de France et d'Angleterre, 80, n.
Otmont de Chaumont-en-Vexin, 89, n.
Ovide (Citations d'), 45, 47, 83.

P

Païen de Garlande, sénéchal de France, 19, n.
Païen de Gisors, 7, 48.
Païen de Montjay, 7, 68, 69, 80.
Papes : Alexandre II, Alexandre III, Calixte II, Gélase II, Grégoire, Honorius II, Innocent II, Urbain II.
Paris, *Parisius, Parisiensis civitas*, 13, 37, 58, 69, 116, 121, 122, 134, 138, 139, 147, 151, 152, 160, 176.
— *Parisienses*, 19, 69, 103, 143.
— *Parisienses vidue*, marraines de Philippe-Auguste, 178.
— *Parisiensis, Parisiacus pagus*, 19, 69.
— Eglise, 105, n.
— Eglise Notre-Dame, 167.
— *Parisiensis episcopus*, 145.
— Evêques : Etienne de Senlis, Galon, Maurice de Sully.
— Chantre : Albert.

Paris. Herluin.
Parti. Turcs.
Pascal II, pape, 23, 40, n., 135, 139.
— Récit de son voyage en France, 24-28.
— Reçoit à Rome l'empereur Henri V ; incarcéré par lui, il doit lui céder les investitures, 29-31.
— Sa mort, 93, 140.
Pavie, 170.
Pépin le Bref, 26, n., 100, 145.
Perche. Comte : Rotrou.
— Comtesse : Mathilde de Blois.
Perche-Gouet (Le). Seigneur : Guillaume Gouet.
Pernelle. V. Aaliz.
Péronne, 155, n.
— Robert.
Petrafons. Pierrefonds.
Petrus. Pierre.
Philippe I, roi de France, 14, 18, 19,

26, 63, n., 69, n., 78, n., 103, n., 133, 135, 138, 163, n.
— Guerre entre lui et Hugues I du Puiset, 61.
— Sa mort, ses funérailles, 37-39.
— Don de sa couronne à Saint-Denis, 105.
Philippe-Auguste, 10, n.
— Récit de sa naissance et de son baptême, 176-178.
Philippe, fils aîné de Louis VI, 145; associé à la couronne, meurt d'un accident, 101, n., 121-122.
Philippe, fils de Philippe I et de la comtesse d'Anjou, 7; comte de Mantes, 18, 39, n., 57, 135, 139.
— Ses démêlés avec Louis VI, 57-58.
Philippe de Flandre, fils de Robert le Frison, 114.
Pictavia, *Pictavi*. Poitou, Poitevins.
Piémont, 170, n.
Pierre III, évêque du Puy, 171.
Pierre Léon, antipape, 117, 118, 145; sa mort, 123.
Pierre Riga. Poème sur la naissance de Philippe-Auguste, cité, 177, n.
Pierrefonds. Nevelon.
Pinciacum. Poissy.
Pise, 93, n.
Pithiviers (*Piveris*), 76.
Plaisance. Evêque : Addo.
Plance Nufeoli. Néaufle.
Plantagenet. Geoffroi.
Podiensis. Puy (Le).
Poissy (*Pinciacum*), 9, 132.
Poitevins (*Pictavi*), 156.
Poitiers, 129.

— (Commune de); punition des coupables ; clémence du roi Louis VII, 151-154.
— Concile de 1106, 23.
Poitou (*Pictavia*), 129, 152, 154.
Polignac. Vicomtes : Armand, Pons.
Pomponne (Combat de). 67-68.
Pomponne. Hugues.
Pons de Montboissier, abbé de Vezelay, 159, 174, 175, 176.
Pons, vicomte de Polignac, 171.
Pont-du-Château, pris par Louis VI, 107.
Pont-Saint-Pierre, 89.
Ponthieu. Comte : Gui.
— Gens du Ponthieu, *Pontivi*, 52, 88, 103, 143.
Pontremoli, 29, n., 170, n.
Pouille, *Apulia*, 22, n., 23, 24, 32, 95, 96, 135, 149.
— Duc : Roger.
Prémontré (Ordre de), 140, 141.
Proverbe cité, 69.
Puiset (Château du), *Puteolum*, *Puisiacum*, 60, n., 61, 65, 71, 75, 78, 139.
— Siège de cette place en 1080, 61.
— Prise du château par Louis VI, 63-66.
— Assiégé une seconde fois par Louis VI, 76 et suiv.
— Se rend à Louis VI, 78.
— Châtellenie, 139.
— *Potestas Puteoli*, 66.
— *Puteolenses*, 77.
— Généalogie des seigneurs, 60, n.
Ebrard, Gui, Hugues.
— Dame : Alix.
Puy (Le). Evêque : Pierre III.
— Comte : Guillaume.

R

Raimond V, comte de Toulouse, 178, n.
Ramerupt. Comte : André.
Rançon. Geoffroi.
Raoul de Beaugency, 69, 74.
Raoul le Vert, prévôt, puis archevêque de Reims, 40.
Raoul, comte de Vermandois, 78, 103, 114, 115, 117, 143, 156.
— Accompagne le jeune prince Louis en Aquitaine, 128.
— Quitte la cour après la mort de Louis VI, 150.
Réginald de Dasselle, archevêque de Cologne et chancelier de l'Empire, 170.
Réginard de Blankenburg, évêque d'Halberstadt, 27.
Reims, *Remi*, 14, 101, 102, 121, n., 140, 142, 143.
— Concile d'octobre 1119, 94, 141; de 1131, 122.

— *Remensis pagus*, 81.
— *Remenses*, 103, 143.
— Eglise, 13, 40, 135, 138.
— Archevêque : 145. Guillaume, Manassé, Raoul, Renaud, Samson.
— Trésorier de l'église : Gervais.
Reimundus. Raimond.
Reinaldus. Renaud.
Remi (S.), 40.
Renaud de Martigny, archevêque de Reims, 100.
Renaud de Montargis, 159.
Renaud, comte de Tonnerre, 158.
Renaud, vicomte de Troyes, 18.
Rethel. Gervais.
Riga. Pierre.
Robert de Belesme, 52.
Robert, comte de Dreux, fils de Louis VI, 158.
Robert le Frison, comte de Flandre, 114, n.

Robert le Jérosolimitain, comte de Flandre, 7, 10, 49, 50, 67, 110, 133.
Robert I, roi de France, 163, n.
Robert Guiscard, 21, 22.
Robert, comte de Meulan, 49.
Robert Courteheuse, duc de Normandie, 6, 8, 86, n., 90, n., 112, 132, 135.
Robert de Péronne, seigneur de Cappy, 17.
Rochefort (Château de), 19.
— (Famille comtale de), 157, n.
— Comtes : Gui.
Rochefort. Lucienne.
Roche-Guyon (Château de la), 53, 55, n. ; repris sur Guillaume le Normand par les nobles du Vexin, 55-56.
— Seigneur, 139. Gui.
Roger, duc de Pouille, 166, n.
Roger, comte, puis roi de Sicile, 32, 149.

Rome, *Roma*, 24, 25, 28, 29, 95, 99, 118, 123, 133, 146, 149.
— Prise par Robert Guiscard, 22.
— Expédition de Frédéric Barberousse contre cette ville, 170.
— *Romani*, 94, 100, 117, 118, 123, 140, 149, 170.
— *Romani nobiles*, 24.
— *Romani quirites*, 29, 30, 31.
— *Romana ecclesia*, 94, 97, 99, 117, 141, 164, 168.
Rotrou III, comte de Perche, 166, n.
Roucy (Comte de), 135. Comtes : Ebles, Guichard, Hugues Cholet.
Roucy : Ada.
Rouen, *Rotomagum*, 56.
— Archevêché, 90.
— Archevêque : Hugues d'Amiens.
Rougemoutier (Combat de), 106. n.
Rupes Guidonis. Roche-Guyon (La).
Ruppesfortis. Rochefort.

S

Saint-Aignan (Château de), 165, n.
Saint-Benoît-sur-Loire (Abbaye de), 119.
— Philippe I y est enterré, 39.
Saint-Brisson (Château de), assiégé et pris par Louis VI, 124.
Saint-Denis (Abbaye de), 5, 25, 39, 72, 100, n., 101, 122, 126, 129, 132, 142, 143, 145, 160, n.
— Le pape Innocent II y célèbre la fête de Pâques en 1131, 119-121.
— Louis VI y est enterré entre l'autel de la Trinité et celui des Saints-Martyrs, 130.
— Abbés : Adam, Suger.
— Prieur : Hervé.
— *Sancti Dionysii exercitus*, 103, 143.
Saint-Denis de l'Estrée (Eglise de), 120.
Saint-Evroul, 79, n.
Saint-Germain-des-Prés (Abbaye de), 96, n., 177.
— (Assemblée à) en 1129, 101, n.
— Abbés : Geoffroi, Gilon, Hugues de Crespy, Hugues de Monceaux, Hugues, Thibaut.
Saint-Jean-de-Laon (Abbaye de), 81, 83, 145.
Saint-Jean-de-Thérouanne (Abbaye de), 113, n.
Saint-Marc (Basilique de), à Rome, 117.
Saint-Menge-lès-Châlons, abbaye, 26.
Saint-Michel *in Platea*, église à Paris, 177.
Saint-Pierre-le-Vif. Abbé : Herbert.
Saint-Quentin, *Sanctus Quintinus*, 103, 143.

Saint-Rémi (Eglise), à Saint-Denis, 121.
Saint-Victor de Paris. Abbés : Gilduin, Hervé, Hugues.
Sainte-Colombe de Sens. Abbé : Thibaut.
Sainte-Geneviève de Paris. Abbé : Eudes.
Sainte-Sévère (Château de), assiégé et pris par le prince Louis, 37, 38, 138. Humbaud.
Saintonge, *Sanctonia, pagus Sanctonicus*, 129.
Salerne (Saint-Mathieu de), 100, 142.
Samson de Mauvoisin, archevêque de Reims, 163, 164, n.
Sancerre. Comte : Etienne.
Sancti Medardi Suessionensis ecclesia. Soissons.
Sancti Sepulchri expeditio, 8 ; *via*, 18.
Sanctus Benedictus in Campania, 95.
Sanctus Memmius. Saint-Menge.
Sanctus Quintinus. Saint-Quentin.
Santiago de Compostelle, 128, 156.
Sarrasins, *Sarraceni*, 21, 22, 23, 67, 93, 102, 140, 143.
Sarrebruck. Adalbert.
Savoie. Comte : Amédée.
— Adélaïde.
Saxe, *Saxonie ducatus*, 149.
— Ducs : Frédéric, Lothaire.
— *Saxones*, 101, 142.
Segni (Evêque de). Brunon.
Seine, *Sequana*, 19, 38, 52, 56, 69, 105, n., 124, n., 127.
Senlis ; *Silvanectenses*, 69.
— Etienne, Gui, Guillaume le Bouteiller.
— Evêques : Clarembaud, Hubert.

Sens (Bourgeois de), punis sévèrement par Louis VII, 160.
— Archevêques : Daimbert, Guillaume, Hugues de Toucy.
— Préchantre : Mathieu.
Sequana. Seine.
Sicile, 22.
— Roi : Guillaume.
— Comte, puis roi : Roger.
Sigebert de Gemblours, *chronographus*, 139.
Silvaneclenses. Senlis.
Simon, comte de Huntingdon, 6.
Simon de Montfort, 7.
Simon de Vermandois, évêque de Noyon, 158.
Soissons, *Suessionenses*, 103, 143.
— Comte : Ives de Nesle.
— *Sancti Medardi ecclesia*, 123, n.
Souabes, *Suevi*, 101, 142.
— Duc : Frédéric.
Souvigny, 169, n.
Spire, 159, n.
Stampe. Etampes.
Stephanus. Etienne.
Suessionenses. Soissons.
Suevi. Souabes.
Suger *(Suggerius)*, 1.
— Prévôt de Toury, 63.
— Abbé de Saint-Denis, 139, 142, 145, *et passim*.
— Assiste en 1106 au concile de Poitiers, 23.
— Assiste en 1107 à la consécration de l'église de La Charité-sur-Loire par Pascal II, 25.
— Assiste au concile de Latran (1112), 31.
— Chargé d'une mission par Hugues du Puiset auprès de Louis VI, 72-73.

— Défend Toury contre les attaques de ce baron, 73.
— Vient trouver le pape Gélase II à Maguelonne, 93.
— Se rend en Italie près du pape Calixte II en 1122, 96.
— Apprend à son retour la mort de l'abbé Adam et sa propre élection comme abbé de Saint-Denis, 96-97.
— Consacré abbé de Saint-Denis; réflexions de lui-même sur son administration, 98-99.
— Nouveau voyage en Italie (1123); assiste au concile de Latran et fait divers pèlerinages, 99-100, 142.
— Nouveau voyage en Italie en 1124, interrompu par la mort du pape Calixte II, 100.
— Envoyé par le roi au devant du pape Innocent II, 118-119.
— Reçoit le pape Innocent II à Saint-Denis (1131), 119-121.
— Décide Louis VI à faire couronner roi son second fils, Louis, après la mort de l'aîné, Philippe, 122.
— Est auprès de Louis VI pendant la maladie du roi à *Mons-Treherius*, 125-127.
— Accompagne le jeune prince Louis en Aquitaine, 128.
— Assiste à la diète de Mayence de 1125, 148.
— Tuteur et conseiller du jeune roi Louis VII, 150 et suiv.
— Décide Louis VII à pardonner aux habitants de Poitiers, 152-154.
— Accompagne Louis VII dans son expédition contre Talmont, 154-156.
Sully. Maurice.
Sutri, 95.
Surrey. Comte : Guillaume.
Suze, 170.

T

Talmont; description de cette place, 154.
Tancrède d'Antioche, 135.
Tauriacum. Toury.
Temple (Ordre du), 141.
Térence (Citation de), 59.
Terricus. Thierry.
Teutonici. V. Allemands.
Theobaldus. Thibaut.
Thérouanne. Abbaye Saint-Jean.
Thessalonicenses gaze, 21.
Thibaut Tête-d'Étoupe, duc d'Aquitaine, 163, n.
Thibaut IV dit le Grand, comte de Chartres, de Blois et de Brie, comte palatin, 35, 36, 49, 52, n., 61, 64, 66, 70, 71, 72, 76, 78, 79, 80, 85, 86, 89, n., 90, 92, 103, 105, 112, 116, 135, 137, 139, 140, 143, 149, 158, 166.

— S'allie avec le roi d'Angleterre contre Louis VI, 66 et suiv.
— Se ligue contre Louis VI avec un certain nombre de seigneurs du domaine royal, 68-70.
— S'allie à Hugues du Puiset contre Louis VI, 72 et suiv.
— Défait devant Janville; est obligé d'abandonner le château du Puiset, 77-79.
— Dernières guerres entre lui et le roi Louis VI, 124.
— Accompagne le jeune prince Louis en Aquitaine, 128.
— Promet son appui au jeune roi Louis VII, 151.
— Refuse d'accompagner Louis VII dans son expédition contre Poitiers, 152.

— Noms de ses enfants, 164.
Thibaut le Bon, comte de Blois, fils du précédent, 161, 164, 166.
Thibaut, abbé de Sainte-Colombe de Sens, 158.
Thibaut, abbé de Saint-Germain-des-Prés, 164, n.
— Va à Montpellier trouver le pape Alexandre III de la part de Louis VII, meurt au retour à Vezelay, 168-169.
Thierry, comte de Flandre, 158.
Thomas de Marle, sire de Coucy, 17, n., 140, 145, 159, n.
— Défendu par le prince Louis contre ses ennemis, 15-17.
— Persécute les églises du Laonnais ; expédition de Louis VI contre lui, 81-83.
— Nouvelle expédition de Louis VI contre lui ; il est blessé grièvement, fait prisonnier et meurt à Laon, 114-116.
Tirel. Gautier.
Toceium. Toucy.
Tonnerre. Comte : Renaud.
Torcy (Combat de), 35-36.
Tornucium. Tourny.
Toscane *(Tuscia),* 29, n., 100, 170.

Toucy. Guillaume, Hugues, Itier.
Toulouse. Comtes : Alfonse, Raimond.
— Comtesse : Constance.
Tourny *(Tornucium),* 162.
Tours (Saint-Martin de), 25.
Toury *(Tauriacum),* 63, 72, 76, 77.
— Assiégé par Hugues du Puiset, 72-73.
Traignel. Anseau, Garin.
Trecenses. Troyes.
Trente, 32, n.
Trèves (Archevêque de). Brunon.
Trie (Seigneurie de), 89, n. Enguerrand.
Troussel. Gui.
Troyes, 28.
— *Trecenses,* 69.
— Concile, 19, 28, 135, 136.
— Comte : Hugues.
— Vicomtes : Milon de Montlhéry, Renaud.
— Vicomtesse : Lithuise.
Trulla leporis, château, 87.
Trusellus. Gui Troussel.
Trye-le-Château ou Trye-la-Ville, 159. V. Trie.
Turcs, *Parti,* 157.
Tuscia. Toscane.

U

Urbain II, 63, n.

Utrecht, 105, n.

V

Velai. Comte : Guillaume.
Vermandois, *Viromandenses,* 78.
— Comtes : Herbert, Hugues, Raoul.
— Comtesses : Auliz, Mahaud.
Vermandois. Simon.
Vernon, 162.
Verteuil (Château de), 53, n.
Vexin, *Vilcassinum, Vulcassinum, Vilcassinensis terra,* 6, 164.
— Vexin français, 48, n.
— Vexin normand, 161.
— Comté, 102, 143.
— Comtes, avoués et vassaux de Saint-Denis, 102, 142.
— Gens du Vexin, *Vilcassinenses, Vulcassinenses,* 52, 91, 141.
— *Vilcassinensis exercitus,* 106.
— (Chevaliers du), reprennent le château de La Roche-Guyon sur le meurtrier Guillaume, 55-56.

Vezelay, *Vizeliacum,* 93, 140, 160, 173, n.
— Assemblée de 1146, 158.
— Abbaye de la Madeleine, 169.
— Lutte entre les moines et les bourgeois, ceux-ci soutenus par le comte de Nevers ; intervention de Louis VII, 174-176.
— Abbés : Guillaume de Mello, Pons de Montboissier.
Victor III, antipape. Octovianus.
Vienne (Concile de la province de) en 1112, 31, n.
— Archevêque : Gui de Bourgogne.
Vilcassinum. Vexin.
Virgile (Vers imité de), 51.
Viromandenses. Vermandois.
Vizeliacum. Vezelay.
Vulcassinum. Vexin.
Vulgrin, archevêque de Bourges, 98.

W

Walo. Galon.
Warenne. Comte : Guillaume.
Welf II, duc de Bavière, 27.

Wido. Gui.
Willermus. Guillaume.
Worms, 101, n.

Y

Yonis villa. Janville.
Ypres, 113, n. ; occupé par Louis VI, 114.

Ypres. Guillaume.

TABLE DES MATIÈRES

	PAGES
Préface..............	
Vie de Suger......................	I
Les œuvres historiques de Suger...............	
La vie de Louis le Gros......................	XII
Histoire du roi Louis VII........................	XXX
Sommaire...........................	XL
Vie de Louis le Gros......................	XL
Histoire du roi Louis VII....................	XLVII
Vie de Louis le Gros.......................	
Table et extraits du manuscrit latin 5949 A de la Bibl. nationale...	13
Histoire du roi Louis VII........................	14
Table alphabétique des noms de lieux et de personnes............	17

LIBRAIRIE ALPHONSE PICARD, ÉDITEUR
82, Rue Bonaparte, 82

COLLECTION DE TEXTES

POUR SERVIR A

L'ÉTUDE ET A L'ENSEIGNEMENT DE L'HISTOIRE

Les professeurs d'histoire des Facultés, des Lycées et des Collèges, les étudiants et les amis des études historiques ont souvent l'occasion de regretter l'insuffisance et l'imperfection des moyens de travail mis à leur disposition. Nos grandes collections de documents sont très coûteuses; il faut aller les consulter dans les bibliothèques, qui ne prêtent pas au dehors leurs *in-folios*; elles ne se trouvent pas d'ailleurs partout, et plus d'une ville de province ne possède même pas une bibliothèque.

Un certain nombre de membres de l'Institut, de l'Université, de l'École des Chartes et de l'École des Hautes-Études, se sont préoccupés de cet état de choses et ont cherché les moyens d'y remédier. MM. Bréal, Geffroy, Giry, Himly, Lavisse, Lemonnier, Luchaire, Auguste Molinier, Monod, Prou, Roy, Thévenin, Jules Zeller et Berthold Zeller se sont réunis, au mois de janvier 1886, au Cercle Saint-Simon. MM. Fustel de Coulanges et Rambaud, empêchés, avaient exprimé par lettres, ainsi que M. Liard, directeur de l'enseignement supérieur, leur sympathie pour l'œuvre qu'il s'agissait d'entreprendre.

Après une intéressante discussion, il a été décidé qu'il convenait d'organiser, sous le patronage de la *Société historique*, la publication d'une *Collection de textes pour servir à l'étude et à l'enseignement de l'histoire*. Ce recueil contiendrait soit des documents historiques, tels que biographies et chroniques, réédités avec soin, soit des choix de textes propres à éclairer l'histoire d'une époque déterminée ou d'une grande institution. Aucune période de l'histoire, aucun pays ne serait exclu, mais on commencerait par l'histoire de France qui garderait toujours la place principale dans la Collection.

La réunion a chargé un comité de s'entendre avec un éditeur et de diriger la publication. Ce comité est composé de MM. Giry, Jalliffier, Lavisse, Lemonnier, Luchaire, Prou et Thévenin.

Après avoir recueilli de nombreuses adhésions et reçu des promesses et des engagements pour un certain nombre de publications, le comité a traité avec M. Alphonse Picard, éditeur, rue Bonaparte, n° 82. Il a publié les ouvrages suivants :

1° EXERCICE 1886 :

RAOUL GLABER. *Les cinq livres de ses histoires* (900-1046), publiés par M. Maurice Prou, ancien membre de l'école française de Rome............ 3 50

GRÉGOIRE DE TOURS. *Histoire des Francs*, livres I-VI; texte du manuscrit de Corbie, accompagné d'un fac-similé, publié par M. H. OMONT, de la Bibliothèque Nationale... 7 »

2° EXERCICE 1887 :

Textes relatifs aux institutions privées et publiques aux époques mérovingienne et carolingienne, publiés par M. M. THÉVENIN. 1re partie. *Institutions privées*.. 6 50

Vie de Louis le Gros par SUGER, suivie de la *Vie du roi Louis VII*, publiées par M. Aug. Molinier... 5 50

Les fascicules suivants paraîtront prochainement :

Textes relatifs à l'histoire du Parlement depuis les origines jusqu'au XIV° *siècle*, publiés par M. CH.-V. LANGLOIS, chargé de cours à la Faculté des lettres de Montpellier.

Les traités de la guerre de Cent ans, publiés par M. E. COSNEAU professeur au Lycée Henri IV.

GRÉGOIRE DE TOURS. *Histoire des Francs*, livres VII-X, publiés par M. H. OMONT, de la Bibliothèque Nationale.

Lettres de Gerbert, publiées par M. Julien HAVET, bibliothécaire à la bibliothèque nationale.

Le comité a, en outre, réuni des engagements pour les publications suivantes qui sont en préparation :

Textes relatifs aux institutions privées et publiques aux époques mérovingiennes et carolingiennes publiés par M. M. THÉVENIN. 2° partie. *Institutions publiques*.

Textes relatifs à l'histoire ecclésiastique depuis les origines jusqu'au XI° *siècle*, publiés par M. C. BAYET, professeur à la Faculté des lettres de Lyon.

Annales de Flodoard, publiées par M. COUDERC, ancien élève de l'Ecole des Chartes et de l'Ecole des Hautes-Etudes.

AIMÉ DU MONT-CASSIN. *Histoire de li Normant*, publiée par M. l'abbé DELARC.

Textes relatifs aux institutions publiques et privées à l'époque des Capétiens directs, publiés par M. A. LUCHAIRE.

GUIBERT DE NOGENT, *Histoire de sa vie*, publiée par M. LEFRANC, ancien élève de l'Ecole des Chartes et de l'Ecole des Hautes-Etudes.

Les statuts du royaume d'Angleterre, publiés par M. BÉMONT, maître de conférences à l'Ecole des Hautes-Etudes.

VILLEHARDOUIN. *Histoire de la conquête de Constantinople*, publiée par M. E.-Daniel GRAND, ancien élève de l'Ecole des Chartes et de l'Ecole des Hautes-Etudes.

Textes relatifs à l'histoire des Etats généraux au XIV⁰ et au XV⁰ siècle, publiés par M. A. Coville, maître de conférences à la Faculté des lettres de Caen.

Textes relatifs à l'histoire des Etats provinciaux de la France, publiés par M. L. Cadier, ancien élève de l'Ecole des Chartes et de l'Ecole des Hautes-Etudes.

Textes relatifs aux rapports de la royauté avec les villes en France depuis le XIV⁰ jusqu'au XVIII⁰ siècle, publiés par M. A. Giry.

Textes relatifs à l'histoire de l'industrie et du commerce de la France au moyen-âge, publiés par M. Gustave Fagniez.

Textes relatifs à l'histoire des institutions de la France depuis 1515 jusqu'en 1789, publiés par M. J. Roy, professeur à l'Ecole des Chartes.

Les grands traités du règne de Louis XIV, publiés par M. Vast, professeur au Lycée Condorcet.

Textes relatifs aux rapports du clergé avec la royauté de 1682 à 1789, publiés par M. Mention, professeur au Lycée Henri IV.

Cette liste donne une idée assez exacte du caractère de la Collection, et des séries diverses qu'elle contiendra. *Grégoire de Tours*, *Raoul Glaber* et *Suger* inaugurent les textes originaux de notre histoire, que nous nous proposons de mettre, sous une forme commode, à la portée de tous. Les textes relatifs aux institutions des périodes mérovingienne et carolingienne, empruntés aux documents législatifs et juridiques et aux historiens, permettront au lecteur d'acquérir des notions exactes sur la vie politique et la vie sociale dans leurs manifestations principales pendant cette période. Les autres textes éclaireront l'histoire d'une grande institution, Église, États généraux, Parlement, Royauté.

D'autres séries pourront s'ajouter à celles-là, par exemple des recueils bibliographiques donnant pour une période ou pour une question le catalogue des sources et des ouvrages.

Comme il s'agit de créer des instruments d'étude, aucun des volumes n'apportera sur aucune question un travail tout fait, mais tous seront pourvus de notes qui seront soit des explications de mots difficiles, soit des indications bibliographiques, qui renverront aux sources ou aux travaux sur tel ou tel sujet.

Dorénavant, à la demande de plusieurs de nos adhérents, nos éditions de chroniques seront accompagnées de courts sommaires en français, qui faciliteront la lecture du texte et y rendront les recherches plus aisées.

En ce qui concerne le mode de la publication, nous avons pensé qu'il fallait tout d'abord chercher des adhérents à notre projet, et leur demander une souscription. Cette souscription ne saurait être élevée, car nous nous adressons, entre autres personnes, aux étudiants. Il nous a paru que nous ne devions pas excéder le chiffre de *dix francs* par an. Chaque année, sera publié un certain nombre de fascicules qui seront payés par le souscripteur, au moment où il les recevra, à raison de 0 fr. 25 par feuille, et le prix des publications d'une année ne s'élèvera pas au dessus de dix francs par an. Chaque volume sera, du reste, vendu séparément.

Nous n'avons pas besoin de dire que tout le rôle du comité consiste à trouver des collaborateurs, à provoquer les publications, à maintenir l'unité de la méthode et les règles que nous avons indiquées tout à l'heure.

Nous ne saurions trop insister sur l'utilité évidente de cette *Collection de textes pour servir à l'étude et à l'enseignement de l'histoire*. Ces fascicules pourront servir de textes à des explications et à des exercices dans les Facultés et dans les Écoles; ils pourront être employés pour les épreuves du concours de l'agrégation d'histoire; ils contribueront ainsi à l'éducation historique d'un grand nombre de jeunes gens; mais il n'est pas un d'entre nous à qui ils ne puissent rendre service. Réunis, ils formeront une bibliothèque que voudront posséder les professeurs des Facultés, des Lycées et des Collèges, les étudiants des Facultés, les élèves de l'École normale, de l'École des Chartes et de l'École des Hautes-Études, et enfin tous ceux qui sont curieux d'étudier l'histoire à ses sources mêmes.

> A. GIRY, professeur à l'Ecole des Chartes;
> R. JALLIFFIER, professeur au lycée Condorcet;
> E. LAVISSE, directeur d'études pour l'histoire à la Faculté des lettres de Paris;
> H. LEMONNIER, professeur à l'Ecole des Beaux-Arts et au lycée Louis-le-Grand;
> A. LUCHAIRE, chargé de cours à la Faculté des lettres de Paris;
> M. PROU, attaché à la Bibliothèque Nationale;
> M. THÉVENIN, maître de conférences à l'Ecole des Hautes-Etudes.

Adresser les adhésions à M. Alphonse Picard, éditeur, rue Bonaparte, n° 82, à Paris.

www.ingramcontent.com/pod-product-compliance
Lightning Source LLC
Chambersburg PA
CBHW060123170426
43198CB00010B/1008